Michael Juntao Yuan

Sviluppare applicazioni Blockchain

Guida per creare sistemi decentralizzati su reti distribuite

APOGEO

Sviluppare applicazioni Blockchain

Autore:
Michael Juntao Yuan

Authorized translation from the English language edition, entitled BUILDING BLOCKCHAIN APPS, 1st Edition by MICHAEL JUNTAO YUAN, published by Pearson Education, Inc, publishing as Addison-Wesley Professional,

Socio Unico Giangiacomo Feltrinelli Editore S.r.l.
Viale Pasubio 5, 20154 Milano
Centralino: 023596681
libri@apogeonline.com
http://www.apogeonline.com

ISBN 978-88-503-3471-1

Realizzazione editoriale:
PMT sas – Monza

Traduzione:
Paolo Poli

Immagine di copertina:
Laura Pittaccio

Finito di stampare
nel mese di novembre 2019
presso Nuovo Istituto Italiano
d'Arti Grafiche – Bergamo

Parte I

Introduzione

In questa prima parte del libro, introduciamo i concetti di base della tecnologia blockchain, come il consenso trustless, le criptovalute e la cripto-economia. Per gli sviluppatori di applicazioni e i dirigenti aziendali, è fondamentale comprendere questi concetti, in quanto essi definiscono un vocabolario comune per ogni discussione. È necessario apprendere le funzionalità essenziali e caratteristiche chiave delle reti blockchain per poter progettare e sviluppare applicazioni blockchain.

In questa parte

Capitolo 1

Introduzione alla blockchain

In questo capitolo

- **La blockchain**
- **Il registro collaborativo**
- **Criptovalute**
- **Smart contract**
- **Una rete trustless**
- **Nuovi modi per collaborare**
- **Un protocollo "grasso"**
- **"In Code We Trust"**
- **Conclusioni**

La parola "blockchain" è nata come un termine informatico per descrivere una struttura dati astratta. Col tempo la tecnologia è divenuta molto popolare e addirittura pervasiva, e così ha catturato l'immaginazione di molti. Oggi, la parola blockchain ha molti significati in molti ambiti.

La blockchain

Per chi lavora in campo informatico, la blockchain è costituita da una serie di blocchi di dati interconnessi. Ogni blocco di dati può memorizzare qualsiasi tipo di informazione, ma tipicamente conserva un insieme di "transazioni". L'informazione contenuta in un blocco è rappresentata da un codice "hash" univoco. Ogni blocco di dati contiene il codice hash del blocco (*block*) che lo precede nella catena (*chain*) (Figura 1.1).

NOTA

Un codice hash crittografico è una rappresentazione abbreviata di una grande quantità di dati ed è estremamente facile da calcolare. Ma se conoscete solo il codice hash, è estremamente difficile risalire ai dati originali che hanno prodotto questo codice hash.

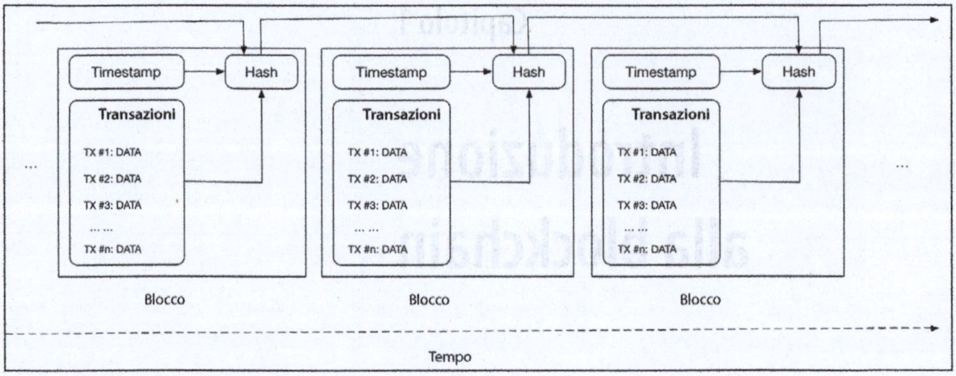

Figura 1.1 Una blockchain.

Perché vogliamo memorizzare dei dati in questa struttura blockchain? Perché non potremmo usare un database? Una funzionalità chiave della blockchain è che è difficile modificare i dati contenuti nella catena.

Immaginate di avere una blockchain con 1000 blocchi. Ora, qualcuno vorrebbe modificare il contenuto del blocco 10. Così questo qualcuno altera i dati, ma in questo modo cambia anche il codice hash del blocco 10. Poiché il blocco 11 contiene il codice hash del blocco 10, questo significa che deve cambiare anche il contenuto del blocco 11, il che a sua volta provoca un cambiamento nel codice hash del blocco 11. Questo processo si propaga lungo la blockchain. E così, per apportare una modifica in un blocco, occorre rigenerare tutti i blocchi che lo seguono. Questo prende il nome di *hard fork*: si tratta della creazione una nuova blockchain che è incompatibile con quella attuale, anche se entrambe usano lo stesso software. In questo senso, una blockchain è immutabile. È impossibile che qualcuno modifichi "silenziosamente" la cronologia di una blockchain.

Come possiamo vedere, più è lunga la blockchain, più diviene stabile. Quando si effettuano transazioni sulla rete Bitcoin, spesso si legge che la vostra transazione è "confermata" dopo 6 o più blocchi (circa un'ora, in quanto la rete Bitcoin crea un blocco ogni 10 minuti). Dopo 6 blocchi, è improbabile che emerga una fork di una blockchain alternativa e venga accettata dalla comunità. E così, si è sostanzialmente certi che la vostra transazione è stata registrata come parte della cronologia permanente.

Anche se in una blockchain potete memorizzare qualsiasi tipo di dato, l'utilizzo più frequente della blockchain consiste nel memorizzare i record delle transazioni. Questo è perfettamente logico, in quanto l'accuratezza cronologica e la validità delle transazioni monetarie sono critiche. In pratica, le blockchain vengono usate come registri digitali per memorizzare le transazioni.

Il registro collaborativo

Ora, anche un database può memorizzare cronologie. Noi tutti abbiamo usato spreadsheet o database come registri di transazioni fin dall'invenzione del personal computer. Il registro stesso non complica né offre un significativo valore aggiunto.

Rimane la domanda: perché abbiamo bisogno di usare una nuova struttura dati, pesante dal punto di vista computazionale, come la blockchain? La risposta sta nella seconda funzionalità chiave della blockchain: è facile organizzare una rete collaborativa basata su blockchain.

Dal momento che ogni blocco viene aggiunto alla catena singolarmente, possiamo progettare una rete in cui una o più parti propongono il blocco successivo e poi tutti i nodi della rete (ovvero i computer che costituiscono la rete) possono convalidare il blocco proposto e raggiungere un consenso sul fatto che debba essere aggiunto alla blockchain. Se un blocco proposto è considerato non valido dalla maggior parte dei partecipanti alla rete, la blockchain può annullarlo e perfino punire i suoi proponenti. Per ulteriori dettagli tecnici sul consenso e la blockchain, consultate il prossimo capitolo.

La regola di convalida dipende dalla specifica blockchain. Per esempio, i miner della blockchain Bitcoin esaminano le firme crittografiche e i saldi dei conti per ogni transazione registrata nel blocco per assicurarsi della sua validità.

Facendo questo, la blockchain diviene un registro collaborativo.

Criptovalute

Il registro può, appunto, registrare i movimenti di una qualche valuta. Una grande innovazione è stata rappresentata dal fatto di aver immaginato che la blockchain può anche definire una propria "valuta" e conservarne le transazioni. È chiamata criptovaluta perché la validità di tale valuta è garantita dalla crittografia impiegata nelle reti blockchain. Per esempio, ogni transazione in tale valuta è firmata digitalmente per garantire che sia autentica e unica. Quando si parla di una criptovaluta si usano anche i termini "criptotoken" o anche solo "token". In questo libro impiegheremo questi termini come sinonimi.

Le regole di convalida di una transazione consentono a una blockchain di creare una propria "politica monetaria" che governa la sua criptovaluta. Per esempio, la blockchain Bitcoin definisce le seguenti regole per la creazione e il consumo della sua criptovaluta (per esempio, i bitcoin).

- I proponenti di un nuovo blocco riceveranno nuove unità appena create della valuta bitcoin.
- Vi saranno solo 21 milioni di bitcoin in totale e pertanto la ricompensa per il blocco si riduce nel corso del tempo.
- Ogni bitcoin può essere diviso in cento milioni di satoshi, da usare nelle transazioni.
- I miner di bitcoin riceveranno bitcoin per la convalida delle transazioni in un nuovo blocco.

L'aspetto interessante, qui, è che tali politiche monetarie sono codificate nel software della blockchain Bitcoin. Nessuno può modificarlo senza creare una nuova blockchain (come nel caso di una *hard fork*).

La criptovaluta creata dalla blockchain ha una funzione cruciale. Fornisce un meccanismo tecnico, tramite una struttura a incentivi (una tecnica economica), per ottenere qualcosa che la tecnica software, da sola, non può ottenere: creare fiducia.

Mettendo insieme la tecnologia blockchain e l'idea della criptovaluta possiamo realizzare reti trustless (non fidate) ma tuttavia collaborative.

NOTA

Per molto tempo, la comunità tecnologica ha ritenuto che un uso "enterprise" della tecnologia blockchain consistesse nel realizzare un registro distribuito all'interno di un'azienda o di un gruppo di aziende che già intrattenevano relazioni fidate. I sistemi di convalida di reti fidate e i nodi semplificano lo sviluppo di protocolli di consenso ad alte prestazioni. Aziende come IBM e Microsoft hanno promosso l'uso di tali blockchain a permesso o fidate. Tuttavia, dopo molti anni di sperimentazione, è chiaro che tale uso "enterprise" delle blockchain in un ambiente fidato/interno/centralizzato ha un impatto molto limitato sulle pratiche aziendali. La blockchain fidata è solo un'altra soluzione software di gestione dei dati a disposizione dei dipartimenti IT di un'azienda. Tale uso delle blockchain non crea alcun effetto in rete.

Smart contract

Quando i miner della blockchain Bitcoin convalidano le transazioni, controllano solo le più semplici regole contabili. Per esempio, il mittente della transazione deve avere fondi sufficienti nel proprio conto e deve firmare la transazione con la propria chiave privata. È facile per i miner di bitcoin verificare queste transazioni e raggiungere un consenso.
Ora, invece di controllare le semplici regole contabili, i miner della blockchain possono lanciare ogni genere di programma e poi raggiungere un consenso sulla correttezza dei risultati del calcolo eseguito. I risultati in termini di consenso possono poi essere salvati sulla blockchain per la registrazione permanente. Questa è l'idea sulla quale si basa lo smart contract. Il meccanismo di consenso sviluppato per i bitcoin può essere impiegato per garantire la sicurezza per ogni tipo di calcolo.
La blockchain Ethereum è fra le prime blockchain pubbliche a supportare gli smart contract. Offre una macchina virtuale Turing completa, chiamata EVM (*Ethereum Virtual Machine*). La EVM opera su tutti i nodi per convalidare la correttezza di attività di calcolo di natura arbitraria. I programmi scritti per la EVM cono conservati all'interno di conti nella blockchain. Ogni transazione che coinvolge il conto verrà convalidata dal programma stesso tramite i miner Ethereum e solo a questo punto la transazione potrà essere registrata nella blockchain. Gli smart contract sono diventati fra le più importanti applicazioni blockchain.
L'idea davvero rivoluzionaria della blockchain è la possibilità di ottenere risultati fidati di calcoli generati da partecipanti non cooperativi su reti trustless.

Una rete trustless

L'applicazione originale e più nota di una blockchain è la rete Bitcoin, creata e gestita interamente su una rete trustless. Chiunque può accedere alla rete Bitcoin per convalidare transazioni, proporre nuovi blocchi e ricevere ricompense in bitcoin se il blocco viene accettato da parte del sistema di consenso. Coloro che partecipano alla rete Bitcoin non si conoscono fra loro e non si fidano gli uni degli altri. Tuttavia, il sistema è concepito in modo da impedire che uno dei partecipanti possa applicare modifiche truffaldine alla blockchain.

L'esatto meccanismo impiegato dalla rete Bitcoin per ottenere il consenso è chiamato *Proof-of-Work* (PoW). Presenteremo i dettagli tecnici di PoW nel prossimo capitolo. Per il momento basti sapere che vi sono meccanismi mediante i quali i partecipanti a questa rete trustless si accordano su quali transazioni sono valide e devono essere registrate nella blockchain. Centrale per il meccanismo di consenso è l'uso delle criptovalute, che incentivano i partecipanti a comportarsi secondo le regole (ovvero a non convalidare transazioni non valide). Questo uso delle criptovalute come incentivi è alla base della cripto-economia.

La possibilità di raggiungere un consenso senza un'autorità fidata centrale è davvero potente. Oggi tutte le più grandi aziende che operano su Internet si fondano sull'effetto rete. Aziende come Uber e Airbnb operano come autorità centrali per le reti che hanno costruito. Sono le aziende a definire le regole, specialmente quelle regole che riguardano le transazioni di denaro sulla rete. Si assicurano che ognuno segua le regole e da questo processo traggono grandi profitti. Ma queste autorità sono davvero necessarie? Le loro reti non potrebbero funzionare anche senza che la società funga da "creatore delle regole" e "arbitro"? Perché non possono essere gli stessi partecipanti della rete a possedere la rete e a trarne i profitti?

Tuttavia, tutti gli sforzi di sostituire Uber e di realizzare una "rete cooperativa" di trasporto non-profit sono ampiamente falliti. I motivi sono vari.

- La sostituzione dell'azienda centralizzata con un'organizzazione non-profit altrettanto centralizzata non risolve il problema della fiducia. Molte organizzazioni non-profit sono corrotte e perlopiù arricchiscono i loro ideatori. I *driver* e i *rider* continuerebbero a non avere alcuna reale "proprietà" della rete.
- Un'organizzazione non-profit centralizzata non è dotata dei mezzi per ricompensare i primi adottatori del sistema e quindi per lanciare la rete. Uber, al contrario, può raccogliere denaro dagli investitori e trasformarli in grandi incentivi, fino a che l'effetto rete non cominci a funzionare da sé.

Una rete blockchain basata su cripto-token può risolvere entrambi questi problemi. La rete opera da entità trustless e pertanto non può essere corrotta. La rete può emettere dei token per ricompensare i primi adottatori tramite un processo come l'*Initial Coin Offering* (ICO). Inoltre, trasformando i partecipanti alla rete (i *driver* e i *rider* nell'esempio di Uber) in proprietari di token, si può stabilire una rete monetaria e creare quella fedeltà alla rete che Uber non è mai stata in grado di conseguire.

Nuovi modi per collaborare

Questa rete trustless dà origine a nuovissimi metodi di collaborazione. Per esempio, immaginate che vi sia un prezioso insieme di dati, ma che nessuno possieda tutti quei dati. Ogni partecipante alla rete possiede una parte di tale insieme, ma è riluttante a condividere la propria parte, in quanto colui che condividerà la propria parte per ultimo trarrà il massimo dei vantaggi da tale condivisione. In questo scenario, è l'intero sistema a non poter far uso di tale insieme di dati.

NOTA

Un caso molto concreto è rappresentato dai dati medici in possesso degli ospedali in un assetto di sanità privata: anche se, collettivamente, tali dati sono estremamente preziosi, nessun ospedale è incentivato a condividere la propria parte di dati.

Ora, immaginiamo una rete in cui tutte le parti possono contribuire con i loro dati. Quando l'uso di tali dati genera un profitto, la rete distribuirà la ricompensa alle parti in base agli accordi preventivi e ogni distribuzione viene convalidata in modo indipendente dai partecipanti alla rete, in modo che non vi sia alcuna possibilità di frodi.
Tale rete dati collaborativa è possibile anche senza blockchain, ma richiede un'autorità centrale che tutti considerano fidata per determinare e distribuire i profitti. L'autorità centrale fidata ha sia gli incentivi sia l'opportunità di "barare" e questo complica la realizzazione di tali reti fidate.

Un protocollo "grasso"

La caratteristica peculiare di una rete blockchain è che permette di creare valore senza avere alle spalle una corporation. Il valore della rete non dipende da un'azienda, ma dal protocollo della rete e si riflette nel valore dei token della rete. Questa teoria è chiamata *Fat Protocol* (protocollo "grasso"), ed è stata originariamente proposta da Joel Monegro di Union Square Ventures. Per esempio, sulle reti Bitcoin o Ethereum di oggi, non esiste una società che abbia raggiunto una valutazione oggettiva significativa, ma ciononostante tali reti fanno circolare e "valgono" decine di miliardi di dollari. La Figura 1.2 mostra come i protocolli Internet siano *thin*, "magri" e pertanto come siano le applicazioni a catturare la maggior parte del valore; al contrario i protocolli blockchain sono *fat*, "grassi" e sono in grado loro stessi di catturare il valore.

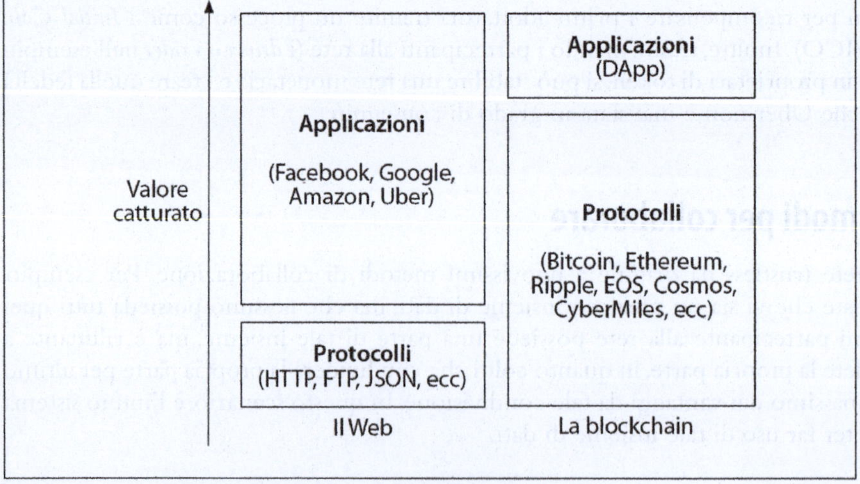

Figura 1.2 Protocolli "magri" (thin) e protocolli "grassi" (fat).
Figura adattata da https://www.usv.com/blog/fat-protocols.

L'essenza stessa delle grandi corporation si basa sul fatto che i costi delle transazioni esterne fra la corporation e i suoi partner sono molto più elevati dei costi delle transazioni fra i dipartimenti interni all'azienda. Questo è dovuto alla struttura di comando e controllo che le corporation possono imporre ai dipartimenti interni. Tuttavia, nell'economia attuale, dove i costi di comunicazione calano continuamente, il costo delle transazioni esterne precipita al punto in cui le aziende ricorrono sempre di più all'*outsourcing* e al lavoro a contratto (è esattamente il caso degli esempi di Uber e Airbnb).

Le reti blockchain trustless riducono ulteriormente i costi delle transazioni esterne. Queste reti snelliscono le transazioni non solo delle informazioni ma anche del denaro. La rete blockchain pubblica, insieme ai cripto-token, permette di attuare nuovi modelli commerciali che hanno le potenzialità di sostituire le attuali corporation o di creare nuove opportunità che non possono essere risolte dalle corporation.

Le regole della collaborazione e del consenso di una rete blockchain sono incorporate e applicate nello stesso protocollo di rete. Questo assetto è naturalmente molto differente rispetto alle regole "a natura umana" applicate dalle corporation. La regole di collaborazione basate su blockchain sono algoritmiche, automatiche, veloci, eque e coerenti. Per sfruttare appieno le reti blockchain, occorre codificare il più possibile le regole di collaborazione nel protocollo di rete.

"In Code We Trust"

Gli smart contract spesso somigliano ai classici contratti del mondo reale. Per esempio, le due parti di una transazione si possono impegnare sul fatto che i fondi verranno pagati solo se si sono verificate determinate condizioni. Ora, è compito dei validatori e dei gestori della rete stabilire se tali condizioni si sono verificate e in quale modo la transazione debba essere eseguita quando i nuovi blocchi verranno aggiunti alla blockchain.

Tuttavia, a differenza dei contratti "fisici", che sono garantiti dalla forza del governo e della legge, gli smart contract possono applicare automaticamente le regole di collaborazione della blockchain. Le regole sono scritte nel codice e verificate dai partecipanti non fidati della rete, per prevenire ogni corruzione o collusione. Per questo motivo, consideriamo il codice degli smart contract la "legge" nelle reti blockchain. Il codice viene eseguito così come è stato scritto. Anche se il codice contiene bug o effetti collaterali non previsti dal suo autore, è comunque considerato la "fonte della verità" e applicato come una "legge".

Conclusioni

In questo capitolo abbiamo trattato i concetti chiave delle reti blockchain. Tramite le criptovalute, la rete blockchain combina il software e la tecnica economica per generare fiducia in una rete di partecipanti non cooperanti. Questo meccanismo ha le potenzialità per sovvertire le aziende che oggi operano sulla base di Internet, in quanto gli effetti rete non vengono più gestiti dalle grandi aziende situate al centro di tali reti. La rete, al contrario, viene gestita dal software, condiviso da ogni partecipante. Tutta la fiducia si basa sul codice: "In Code We Trust".

Capitolo 2

Raggiungere il consenso

In questo capitolo

- Che cos'è il consenso sulla blockchain?
- Proof-of-Work (PoW)
- Proof-of-Stake (PoS)
- Delegated Proof of Stake (DPoS)
- Conclusioni

L'idea attorno alla quale ruotano le reti blockchain non è davvero tecnologica: gli algoritmi hash e le tecnologie PKI (*Public Key Infrastructure*) esistevano già da molti anni. Come abbiamo visto nel capitolo precedente, l'innovazione principale di Satoshi Nakamoto con Bitcoin è la sua nuova struttura a incentivi la quale assicura che, anche se ogni persona della rete non è cooperativa (per esempio, la rete è decentralizzata), collettivamente essi si comportano in un modo che garantisce l'integrità e la sicurezza della rete. Gli incentivi economici delle criptovalute collaborano con le soluzioni tecnologiche della blockchain per risolvere problemi che precedentemente era impossibile risolvere con la sola tecnologia.

Il più importante esempio di questa perfetta collaborazione fra tecnica software e struttura economica è il meccanismo di consenso della blockchain.

Che cos'è il consenso sulla blockchain?

Poiché una blockchain pubblica è un registro distribuito gestito da partecipanti non fidati, è fondamentale raggiungere un consenso a livello di rete su quali transazioni sono valide e devono essere registrate nella blockchain. Il consenso automatizzato è l'idea di base dietro le blockchain. Come migliorare l'efficienza del consenso senza compromettere la sicurezza è una delle più importanti sfide che oggi affrontano le blockchain.

In tutta onestà, la società umana ha sviluppato da molto tempo dei modi per raggiungere un consen-

so. Per esempio, tutti i tipi di sistemi di votazione sono concepiti per raggiungere un consenso. Grazie alle tecnologie, oggi abbiamo anche dei sistemi di votazione informali come i "like" di Facebook e i voti di Reddit. Tuttavia, la votazione umana è troppo lenta e soggetta a un'interpretazione umana delle regole. Non è in grado di gestire alte velocità ed elevati volumi di transazioni, come richiesto da una rete di calcolo globale.
Gli algoritmi possono aiutarci a raggiungere un consenso più velocemente su Internet. Gli esempi includono i *page rank* di Google, le *ad auction* Google, i punteggi di reputazione online, gli algoritmi di valutazione di Uber e Tinder e così via. Tuttavia, tali algoritmi sono, tipicamente solo specificatamente corretti. Non possono garantire l'accuratezza delle singole transazioni. La rete blockchain si spinge un passo più avanti e fornisce un metodo computazionale automatizzato per convalidare e registrare con sicurezza le transazioni.
Anche se molti progetti blockchain innovano il meccanismo di consenso a *Proof-of-XYZ*, crediamo che, sostanzialmente, vi siano solo due tipi di consenso: *Proof-of-Work* e *Proof-of-Stake*.

Proof-of-Work (PoW)

La rete Bitcoin è un classico esempio di blockchain con consenso a PoW. Anche se soffre di vari problemi tecnici come basse prestazioni, scarsa scalabilità e elevato spreco di elettricità, si è dimostrata sicura resistendo agli attacchi fortemente motivati di individui, organizzazioni e perfino Stati. Tiene in piedi una rete globale multimiliardaria senza richiedere la fiducia in nessuno dei suoi partecipanti. Finora, nessuno è stato in grado di creare una transazione fraudolenta nella blockchain, nonostante l'elevata refurtiva che tali attacchi potrebbero fornire. Questo è un risultato monumentale per il creatore di Bitcoin, Satoshi Nakamoto.
In un sistema a PoW, i miner sono in competizione per risolvere un problema matematico per ogni blocco. Il primo a risolvere questo problema sarà il primo a proporre un nuovo blocco e a ricevere la ricompensa in bitcoin associata al blocco. Il "vincitore" può includere nel blocco ogni transazione pendente che desidera, ma non può includere transazioni non valide (perché tutte le transazioni devono essere correttamente firmate e i loro conti di origine devono avere fondi sufficienti). Se altri miner rilevano che nel blocco vi sono transazioni non valide, proporranno blocchi concorrenti.
La comunità dei miner "voterà" ognuno di questi blocchi in modo indipendente, scegliendo fra i blocchi concorrenti quello che entrerà nella catena. Supponiamo che vi sia un miner disonesto che intenda includere una grossa transazione non autorizzata in bitcoin a suo favore nel momento in cui vince la gara matematica che gli consente di proporre un nuovo blocco. Ma nessun altro sosterrà il suo blocco, in quanto anche gli altri miner sono egoisti, e non hanno alcun interesse a infrangere le regole per avvantaggiare un altro. Se costui continua a costruire la catena sul suo blocco truffaldino, si ritroverà da solo su tale ramo della blockchain. Sarà quindi ovvio che il suo ramo (o *fork*) della blockchain è illegale.
Ora, se la maggioranza dei miner (misurata in termini di potenza di calcolo) dovesse essere collusa, potrebbe anche sostenere intenzionalmente il blocco illegale e far cosi sembrare che la *fork* appaia come un ramo legittimo della blockchain Bitcoin. Questa situazione è chiamata "Attacco del 51%". In una grossa rete blockchain, come quella Bitcoin, le risorse necessarie per accumulare una potenza di calcolo tale da raggiungere

il 51% del consenso sarebbero enormi. Con tale potenza di calcolo, un potenziale hacker avrebbe più vantaggio a non seguire per nulla le regole di mining dei nuovi blocchi Bitcoin invece di tentare di attaccare e distruggere il valore di Bitcoin di ogni blocco.

NOTA

Un attacco del 51% è un modo con cui la comunità può raggiunge un consenso e accettare un blocco contenente transazioni non valide.

Proof-of-Stake (PoS)

Anche se la PoW è una grande invenzione, che ha dimostrato la sua sicurezza operando nel mondo reale, soffre comunque di molti problemi. Richiede un'enorme quantità di potenza di calcolo per eseguire il dispendioso lavoro computazionale necessario per rendere, artificialmente, economicamente inattuabile ogni potenziale attacco. Incoraggia ognuno a partecipare al processo di mining, rallentando il processo di emersione e convergenza del consenso. Quando vi sono più blocchi concorrenti, ci vuole molto tempo (un'ora o più) perché il sistema raggiunga un consenso su un ramo.

Per risolvere i problemi della PoW, è stato proposto un nuovo meccanismo di consenso chiamato *Proof-of-Stake* (PoS). Un sistema a PoS consente un voto per ogni nuovo blocco da parte degli stakeholder della rete (i possessori di conti per la criptovaluta o il token nativi della blockchain). Il proponente di un nuovo blocco viene scelto in modo casuale. Il vostro potere di voto è proporzionale ai token che possedete nel vostro conto. Con la votazione, la blockchain può raggiungere l'accettazione di ogni blocco con una minima quantità di calcolo. Il proponente di un nuovo blocco accettato riceve una ricompensa nella criptovaluta nativa della blockchain.

Questo processo è chiamato *minting* (coniazione) della nuova criptovaluta, al contrario del "mining" (estrazione, da una "miniera") della PoW. Un sistema a PoS è tipicamente molto più veloce di un sistema a PoW. Fra gli esempi di grandi blockchain pubbliche a PoS sono le seguenti.

- Il progetto Casper (`https://github.com/ethereum/casper`) punta a trasformare la blockchain Ethereum da un sistema a PoW a un sistema a PoS. Una volta completato, sarà il più grande ecosistema con blockchain a PoS del mondo.
- La blockchain QTUM (`https://qtum.org`) è stata concepita per essere una blockchain a PoS basata su un'infrastruttura bitcoin-like.

NOTA

Un effetto collaterale molto interessante di una criptovaluta a PoS è che gli stakeholder sono incoraggiati ad accumulare (*stake*, appunto) i loro token per partecipare al processo di votazione e ricevere la ricompensa per il nuovo blocco. Ci vuole coraggio per vendere i token. Questo riduce la quantità di denaro in circolazione, e può rendere tale criptovaluta più preziosa sul mercato.

Il meccanismo di votazione di un sistema a PoS è soggetto a un'intensa ricerca e innovazione. In particolare, il sistema deve presumere la presenza di votanti non cooperativi o anche disonesti. Questo è il classico *Problema dei generali bizantini* della Teoria dei giochi.

Un meccanismo di votazione per il quale si possa dimostrare matematicamente che può sopportare fino a 1/3 di votanti disonesti si dice che è *Byzantine Fault Tolerant* (BFT). Oggi i motori di consenso BFT sono ampiamente usati nella progettazione di blockchain. Tuttavia, un sistema a PoS semplice ha anche alcuni difetti significativi.

- I partecipanti potrebbero non avere niente da perdere nell'accettare proposte di blocchi non validi. Occorre introdurre una sorta di penalità (o "taglio") per "punire" i partecipanti che "si comportano male".
- Il sistema di voto è un'impresa tecnica che poche persone possono permettersi, in quanto le prestazioni e i requisiti di sicurezza sono elevati in una rete ad alte prestazioni.
- Il fatto di consentire il voto a tutti gli stakeholder (anche quelli che detengono un unico token) può provocare lo stesso degrado prestazionale che abbiamo visto nei sistemi a PoW.
- Il grande potere di voto dei grandi stakeholder può portare a una concentrazione di potere, nel corso del tempo.

Sono stati suggeriti alcuni miglioramenti alla PoS. Uno dei migliori candidati è chiamato *Delegated Proof-of-Stake* (DPoS).

Delegated Proof-of-Stake (DPoS)

Un sistema a DPoS ha solo un numero limitato di validatori che possono proporre e votare per i nuovi blocchi. Gli stakeholder possono "delegare" le loro criptovalute ai validatori di loro scelta e questi validatori voteranno per loro procura. Questo consente ai validatori di diventare operatori professionali (simili ai *mining pool* in un sistema a PoW) e li espone a penalità se dovessero votare per blocchi non validi (o se non dovessero proteggere la propria sicurezza, venendo colpiti da hacker). Fra gli esempi di blockchain DPoS vi sono le seguenti.

- Il progetto bitshares (`https://bitshares.org`) è stato pionieristico del concetto di DPoS. Si tratta di una blockchain pubblica con 21 validatori eletti.
- Il progetto Cosmos (`https://cosmos.network`) è una rete pubblica di più blockchain, tutte basate sul motore di consenso Tendermint DPoS e in grado di scambiarsi informazioni fra loro. Parleremo di Cosmos nei prossimi capitoli.
- Il progetto CyberMiles (`http://cybermiles.io`) è una rete blockchain pubblica specificatamente ottimizzata per gli smart contract e l'emissione di token controllati per attività commerciali. Nei prossimi capitoli impiegheremo CyberMiles come esempio di progettazione di un sistema blockchain.

In termini di economia politica, DPoS è simile a una democrazia rappresentativa con un suffragio limitato ai grandi proprietari.

- I validatori, o rappresentanti, sono delegati dalla comunità a decidere le questioni quotidiane, come il consenso per ogni blocco e ogni transazione, con lo scopo di mantenere l'integrità del registro (evitando così le "doppie spese"), e l'esecuzione degli smart contract.

- Il diritto di voto ai rappresentanti viene dato a quei partecipanti che detengono una certa forma di proprietà. Questa proprietà rappresenta un impegno nei confronti della comunità e anche una perdita di liquidità. Nel nostro caso, la proprietà è di cripto-token che rappresentano il valore dell'intera rete blockchain. La situazione è simile all'antica pratica del voto riservato solo ai grandi proprietari terrieri.

Notate che, come in un sistema democratico, la proprietà (i token) vengono usati solo per nominare un delegato. I token accumulati sono bloccati dalla rete per prevenirne il commercio e per trattenerli per le eventuali penalità. La proprietà dei token accumulati non viene mai trasferita al validatore.

Alla fine, lo scopo della blockchain è quello di raggiungere un consenso. È naturale, per noi, modellare i meccanismi di consenso sulla base di quelli che la società umana ha usato per migliaia di anni.

Conclusioni

In questo capitolo abbiamo spiegato come funziona la tecnica economica quando lavora insieme alla tecnica software per rendere sicura una rete blockchain. Una rete trustless di questo tipo richiede l'uso di criptovalute per poter funzionare e, nel contempo, ne permette l'uso.

Capitolo 3

Una prima app basata su blockchain

In questo capitolo

- **Lo smart contract**
- **Front end HTML**
- **JavaScript e web3.js**
- **Il codice in azione**
- **Condividere la DApp**
- **Conclusioni**

Il modo più semplice per partire con lo sviluppo di un'applicazione blockchain consiste nell'usare lo strumento open source BUIDL, un IDE online che funziona in ogni browser web recente. Basta andare all'URL `http://buidl.secondstate.io` e iniziare a programmare! BUIDL fornisce un esteso ambiente di programmazione per la creazione e il deployment di applicazioni blockchain end-to-end (Figura 3.1). In BUIDL potete creare anche un'intera applicazione blockchain, dagli smart contract di base al codice HTML di interfaccia e tutto quello che sta fra i due. Per i principianti (e anche per gli esperti), BUIDL elimina molta della complessità e molti dei dubbi relativi allo sviluppo di blockchain e consente di concentrarsi solo sulla programmazione. Non richiede alcun download di software e alcuna installazione. Elimina anche la necessità per gli sviluppatori di preoccuparsi di cose come i wallet, le chiavi private, le criptovalute e di lunghe conferme delle transazioni. Tuttavia, cura anche il deployment delle applicazioni su vere blockchain pubbliche e rende l'applicazione accessibile a tutti coloro con cui vorrete condividerla. In questo capitolo, imparerete a creare la vostra prima applicazione blockchain e poi la potrete condividere con tutto il mondo. Esamineremo i concetti chiave delle applicazioni blockchain, chiamate anche DApp (app decentralizzate).

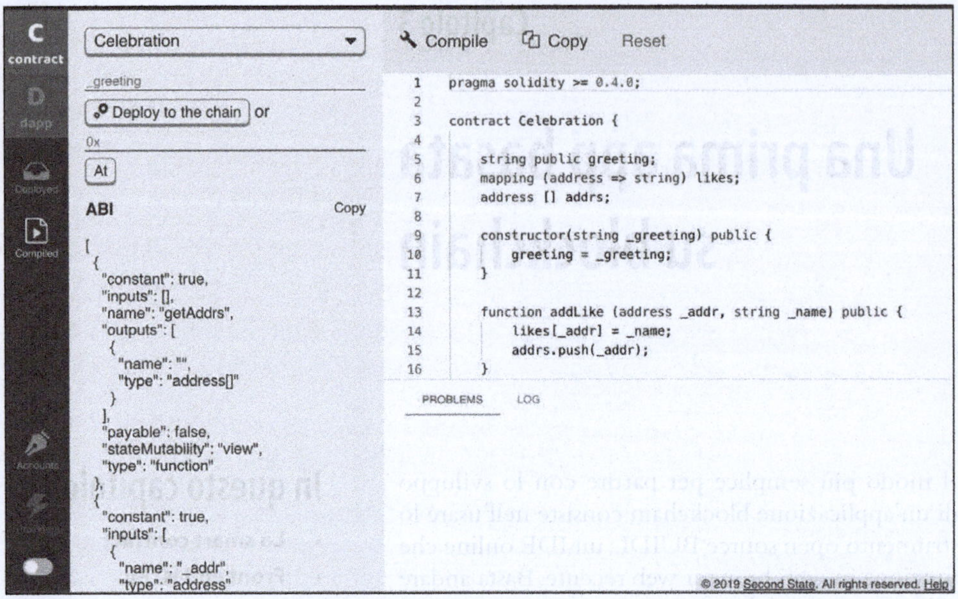

Figura 3.1 BUIDL è un IDE open source online per lo sviluppo di applicazioni blockchain end-to-end.

Lo smart contract

In breve, uno smart contract rappresenta il codice "back end" (ovvero il codice "retrostante", di effettivo funzionamento) che vive nella blockchain. Una volta eseguito il deployment, una o più applicazioni esterne possono richiamare le funzioni e il codice contenuto in uno smart contract per eseguire dei compiti e per registrare i risultati nella blockchain mediante il meccanismo del consenso. Il linguaggio di programmazione più utilizzato per scrivere smart contract si chiama *Solidity*, derivante da Ethereum. In questo esempio, creeremo uno smart contract molto semplice e ne eseguiremo il deployment con BUIDL.

Caricate BUIDL nel vostro browser web.Vedrete un semplice smart contract, già presente nella finestra dell'editor online (Figura 3.2).

Il contratto vi consente semplicemente di memorizzare un numero nella blockchain. Potete esaminare o aggiornare il numero memorizzato richiamando le sue funzioni `get()` e `set()`. Il codice è il seguente. La sintassi di Solidity dovrebbe risultare familiare alla maggior parte degli sviluppatori, in quanto è simile a JavaScript.

```
pragma solidity >=0.4.0 <0.6.0;

contract SimpleStorage {
  uint storedData;

  function set(uint x) public {
    storedData = x;
  }
```

```
  function get() public view returns (uint) {
    return storedData;
  }
}
```

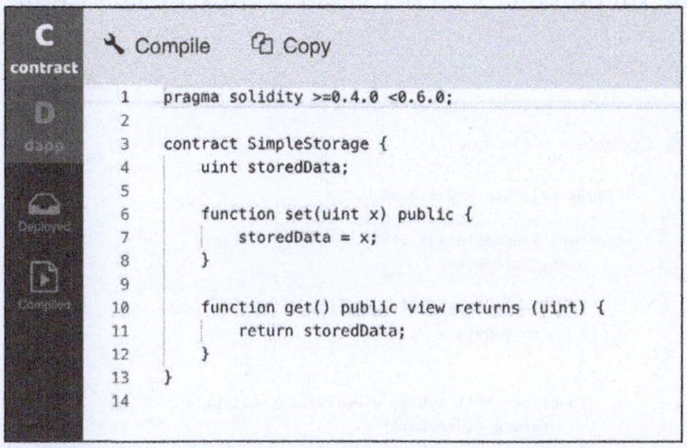

Figura 3.2 Un semplice smart contract in BUIDL.

Fate clic sul pulsante *Compile* e avvierete la compilazione del contratto. Si aprirà una barra laterale che vi mostrerà l'ABI (*Application Binary Interface*, un oggetto JSON usato dalla blockchain per facilitare le chiamate a funzioni remote) compilata e il *bytecode* del contratto (Figura 3.3).

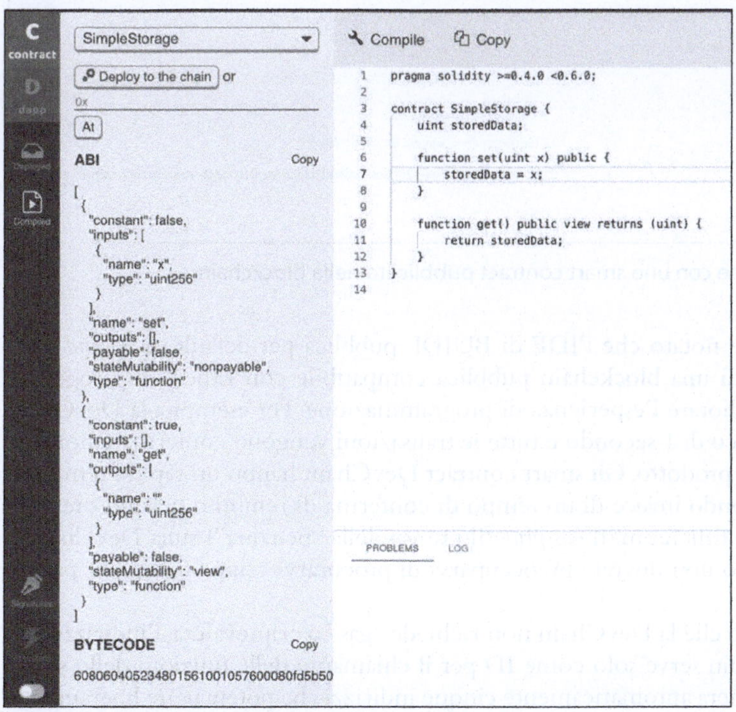

Figura 3.3 Smart contract compilato pronto per il deployment.

Poi, potete fare clic sul pulsante *Deploy to the chain* nel riquadro a sinistra per istanziare ed eseguire la pubblicazione del contratto in una blockchain pubblica. Potete interagire con i contratti che avete pubblicato richiamando i loro metodi pubblici direttamente da BUIDL. Per esempio, potete impostarne il valore e fare clic sul pulsante *Transact* per salvarlo nella blockchain e poi fare clic sul pulsante *Call* per veder comparire tale valore nel riquadro *LOG* (Figura 3.4).

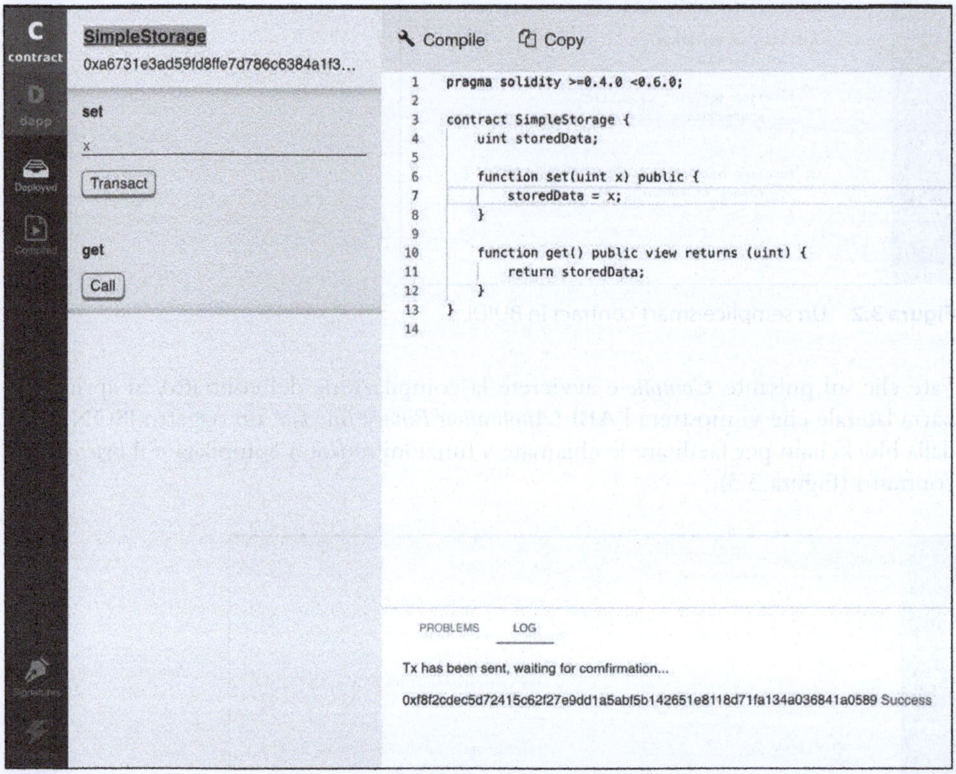

Figura 3.4 Interazione con uno smart contract pubblicato nella blockchain.

Avete probabilmente notato che l'IDE di BUIDL pubblica per default su *Second State DevChain*. Si tratta di una blockchain pubblica compatibile con Ethereum progettata con lo scopo di migliorare l'esperienza di programmazione. Per esempio, la DevChain ha un tempo di blocco di 1 secondo e tutte le transazioni vengono confermate non appena il blocco viene prodotto. Gli smart contract DevChain hanno un rapido tempo di interazione di 1 secondo invece di un tempo di conferma di minuti o perfino ore sulla blockchain pubblica Ethereum. Il *gas price* (il prezzo della "benzina") sulla DevChain è pari a zero e pertanto non dovrete preoccuparvi di procurarvi cripto-token per pagare il "gas".

Inoltre, dal momento che la DevChain non richiede "gas" o criptovaluta, l'indirizzo o il conto nella blockchain serve solo come ID per il chiamante delle funzioni dello smart contract. BUIDL genera automaticamente cinque indirizzi che potete usare liberamente. Li potete vedere nella scheda *Accounts* (Figura 3.5). Potete impostare uno di essi come vostro indirizzo di default. Se avete già un indirizzo, potete tranquillamente importarlo in BUIDL. Le chiavi private di tutti gli indirizzi sono gestite localmente nella cache del browser sul vostro computer. BUIDL non vi obbliga ad avere un wallet di criptovalute e pertanto funziona su ogni browser, compresi i browser per smartphone. Potete davvero programmare ovunque.

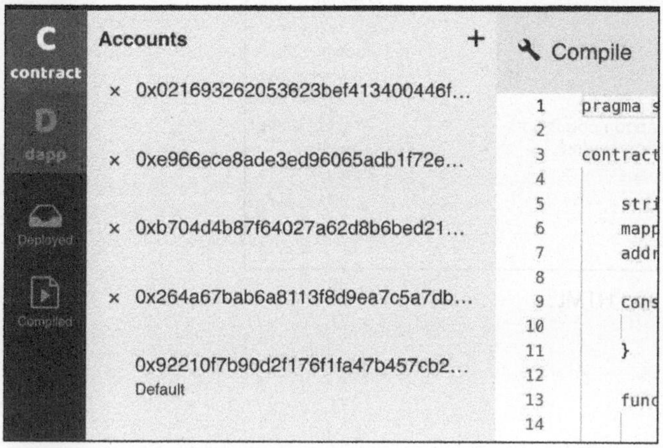

Figura 3.5 Indirizzi/conti in BUIDL.

Una volta scritto il vostro smart contract, potete pubblicarlo (*deployment*) su ogni blockchain compatibile con Ethereum, incluse le mainnet e testnet Ethereum. Potete farlo anche direttamente da BUIDL. Per informazioni consultate la documentazione di BUIDL.

Front end HTML

Ora fate clic sulla scheda *dapp* per lavorare sull'applicazione web che interagisce con lo smart contract nella blockchain. Il front end HTML dell'applicazione è molto semplice. Presenta solamente due pulsanti, i quali consentono agli utenti di richiamare le due funzioni corrispondenti nello smart contract (Figura 3.6).

```
<button id="s">Set Data</button>
<button id="g">Get Data</button>
```

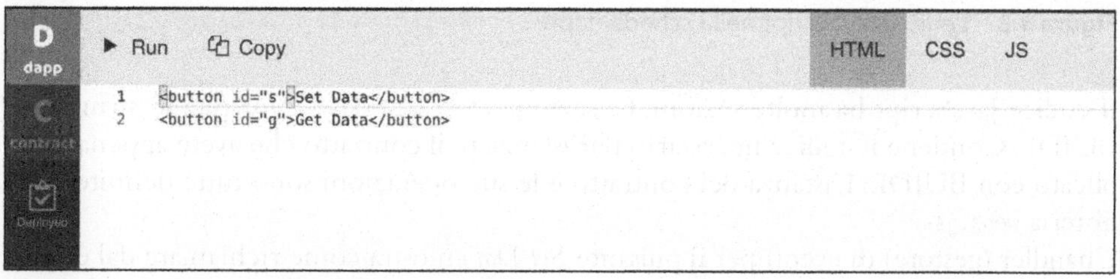

Figura 3.6 L'editor HTML nella scheda dapp.

È inoltre possibile aggiungere al codice HTML delle risorse CSS e JavaScript, tramite la scheda *Resources* di BUIDL (Figura 3.7).

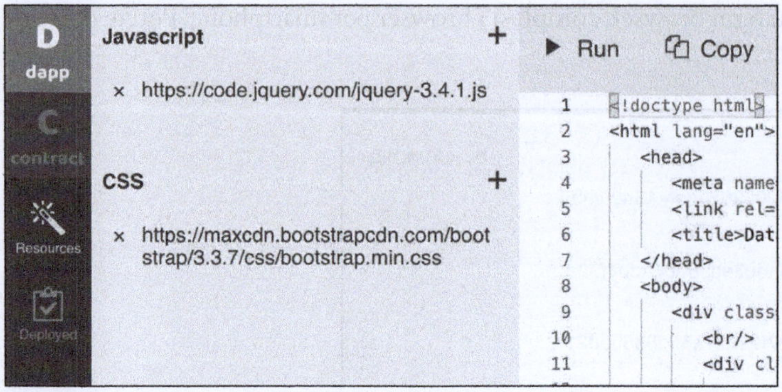

Figura 3.7 Risorse per la web app HTML.

JavaScript e web3.js

La pagina web HTML visualizza l'interfaccia utente della DApp (*Decentralized Application*). L'applicazione web esegue le chiamate alle funzioni dello smart contract tramite la libreria JavaScript `web3.js` (Figura 3.8).

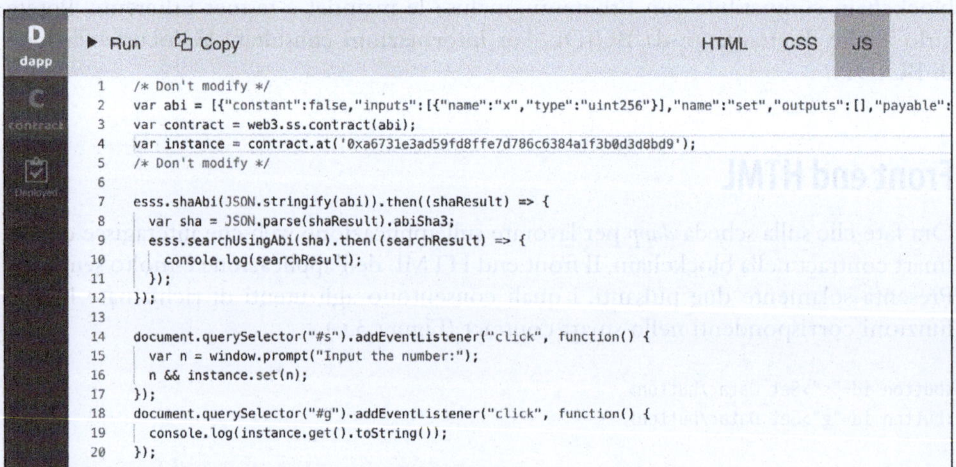

Figura 3.8 L'editor JavaScript nella scheda dapp.

Il codice JavaScript ha molte sezioni. La sezione `/* Don't modify */` ospita lo strumento BUIDL. Contiene il codice necessario per istanziare il contratto che avete appena pubblicato con BUIDL. L'istanza del contratto e le sue operazioni sono tutte definite nella libreria `web3.js`.

L'handler (gestore) di eventi per il pulsante *Set Data* mostra come richiamare dal codice JavaScript la funzione `set()` dello smart contract in una transazione.

```
document.querySelector("#s").addEventListener("click", function() {
  var n = window.prompt("Input the number:");
  n && instance.set(n);
});
```

L'handler di eventi per il pulsante *Get Data* richiama la funzione `get()` dello smart contract e visualizza il risultato.

```
document.querySelector("#g").addEventListener("click", function() {
  console.log(instance.get().toString());
});
```

La libreria `web3.js` supporta il front end JavaScript per poter eseguire chiamate a funzioni remote sugli smart contract pubblicati sulle blockchain.

Il codice in azione

Infine, fate clic sul pulsante *Run* per eseguire la DApp. Vedrete nel riquadro a destra l'interfaccia utente della DApp. Potete fare clic sul pulsante *Set Data* per memorizzare un numero e sul pulsante *Get Data* per recuperare il numero memorizzato. La Figura 3.9 mostra la DApp in azione.

Ora avete una DApp in esecuzione su una blockchain pubblica!

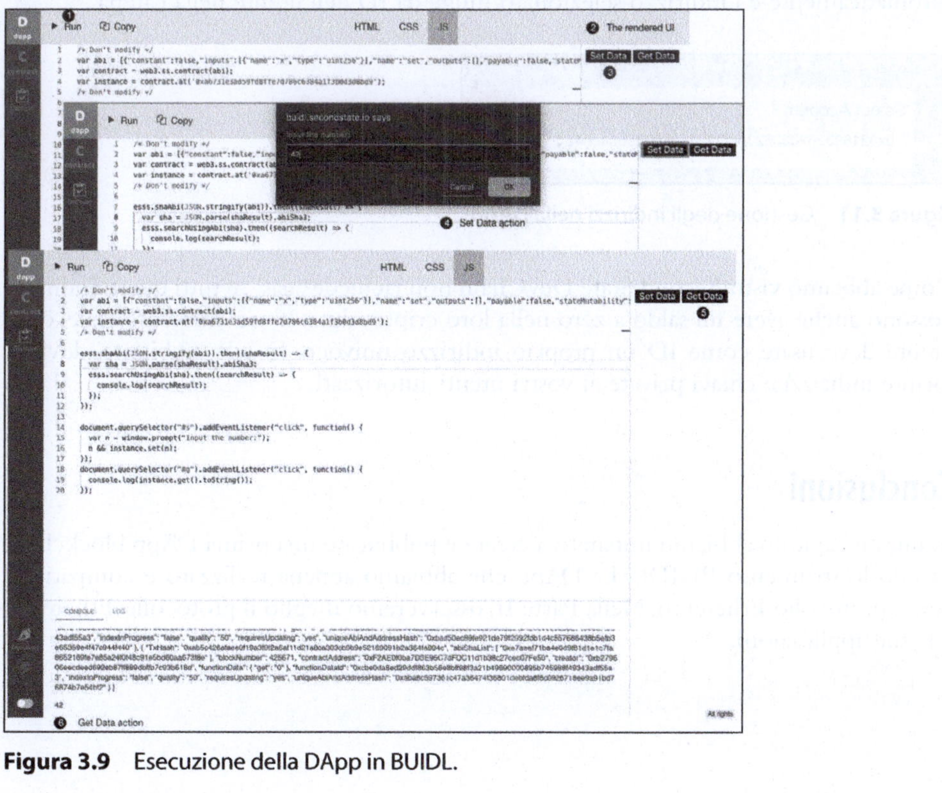

Figura 3.9 Esecuzione della DApp in BUIDL.

Condividere la DApp

Poiché Second State DevChain è una blockchain pubblica, potete condividere la vostra DApp con chi volete e anch'essi saranno in grado di accedervi. Fate semplicemente clic sul pulsante *Publish*. BUIDL preparerà il front end dell'applicazione in un unico file HTML e lo invierà a un sito web pubblico. Al termine, mostrerà il link *Launched* (Figura 3.10). Fate clic su tale link e aprirete il sito web della DApp. Ora potete condividere questo link con chi volete.

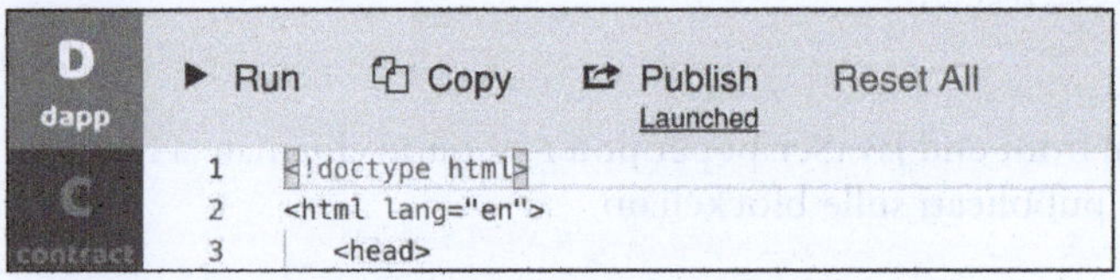

Figura 3.10 Pubblicazione della vostra DApp da BUIDL.

Dal link *Launched* potete anche scaricare e salvare il file HTML sul disco rigido del vostro computer locale. Potete inserire il file HTML su ogni host web e renderlo accessibile al mondo. Vi sono molti servizi gratuiti che possono ospitare i vostri file HTML.
Quando gli utenti arriveranno sulla pagina web per interagire con la vostra DApp, vedranno un piccolo gadget in fondo alla pagina che consente loro di selezionare il proprio indirizzo blockchain (Figura 3.11). Notate che tutti questi indirizzi sono generati automaticamente e l'indirizzo selezionato funge da ID dell'utente nella catena.

Figura 3.11 Gestione degli indirizzi nella DApp.

Come abbiamo visto, Second State DevChain non richiede "gas", e tutti questi indirizzi possono anche avere un saldo a zero nella loro criptovaluta. In un ambiente reale, ogni utente deve usare come ID un proprio indirizzo univoco. In tale ambiente, dovrete fornire indirizzi e chiavi private ai vostri utenti autorizzati.

Conclusioni

In questo capitolo abbiamo imparato a creare e pubblicare una prima DApp blockchain usando lo strumento BUIDL. La DApp che abbiamo appena realizzato è compatibile con il protocollo Ethereum. Nella Parte II, osserveremo meglio il protocollo Ethereum e le sue applicazioni.

Parte II

Introduzione a Ethereum

In questa parte del libro introduciamo una delle più importanti blockchain pubbliche al giorno d'oggi: Ethereum. In termini di capitalizzazione di mercato, la blockchain Ethereum è seconda solo a quella Bitcoin. Poiché Ethereum è stata la prima blockchain a supportare il concetto di smart contract, oggi molte blockchain pubbliche e private sono Ethereum-compatibili per sfruttare la sua community di sviluppatori. A questo proposito, Ethereum non è solo una blockchain pubblica. È un protocollo al quale molte altre blockchain si conformano.

Pertanto, per gli sviluppatori è importante comprendere il funzionamento di Ethereum e come si scrivono applicazioni basate su di essa (per esempio, smart contract e applicazioni decentralizzate). Nei capitoli di questa parte, vedremo come realizzare, partendo da zero, smart contract e applicazioni Ethereum-compatibili. È importante rilevare che vi sono molte blockchain Ethereum-compatibili sulle quali sviluppare e pubblicare applicazioni Ethereum, specialmente per applicazioni ottimizzate per specifici casi d'uso.

Poi, nella parte successiva del libro, esploreremo ulteriormente il funzionamento interno e i futuri piani di sviluppo di Ethereum.

In questa parte

Capitolo 4

Per iniziare

In questo capitolo

- **Procedere con BUIDL**
- **Il wallet Metamask**
- **Remix**
- **Web3**
- **Conclusioni**

Nonostante sia possibile scrivere programmi anche per la blockchain Bitcoin, pochissimi lo fanno, a causa delle funzionalità di programmazione molto limitate supportate dalla rete Bitcoin.

Ethereum è la prima rete blockchain su larga scala a supportare lo sviluppo di applicazioni sofisticate. L'ambizione di Ethereum è quella di diventare un *world computer*. Tramite programmi autonomi, chiamati *smart contract*, la blockchain Ethereum può essere programmata per eseguire automaticamente determinate transazioni nel momento in cui sono verificate determinate condizioni. Per supportare questo meccanismo, Ethereum supporta nativamente un linguaggio di programmazione Turing completo (Solidify) e una macchina virtuale (la *Ethereum Virtual Machine* o EVM), il che consente di programmare un'ampia gamma di applicazioni.

Per i programmatori, scrivere il codice degli smart contract da eseguire sulla blockchain Ethereum è il primo passo nel mondo dello sviluppo di applicazioni blockchain. Mentre Ethereum continua ad acquisire popolarità e valore, la programmazione di applicazioni Ethereum diventa una competenza sempre più considerata.

In questo capitolo, inizieremo con un semplice smart contract Hello World basato su Ethereum. Ne svolgeremo l'intero processo di pubblicazione (deployment) e poi interagiremo con tale programma su una delle reti di test Ethereum tramite strumenti di uso comune. Lo scopo è quello di iniziare a farvi lavorare su Ethereum il più rapidamente possibile. I prossimi capitoli approfondiranno questi concetti e presenteranno vari strumenti alternativi.

NOTA

Spesso è meglio sviluppare le applicazioni su una blockchain compatibile con Ethereum piuttosto che sulla stessa blockchain Ethereum. Abbiamo visto la Second State DevChain come un tipico esempio di una veloce blockchain compatibile con Ethereum. Più avanti in questo libro, impiegheremo la blockchain pubblica CyberMiles, un'altra alternativa per gli sviluppatori, sempre compatibile con Ethereum. La blockchain pubblica CyberMiles è ottimizzata per applicazioni di e-commerce. Ma allo stesso tempo, è pienamente compatibile con i linguaggi e gli strumenti Ethereum, ma con una maggiore velocità di esecuzione, una più veloce conferma delle transazioni (10 secondi) e un costo molto inferiore (mille volte meno). Ne riparleremo nel Capitolo 14.

Procedere con BUIDL

Nel Capitolo 3 avete visto all'opera l'IDE open source BUIDL. Funziona con tutte le blockchain Ethereum-compatibili, comprese la mainnet e la testnet Ethereum. Innanzitutto, configuriamo BUIDL per farlo lavorare con Ethereum. Aprite la web app BUIDL in `http://buidl.secondstate.io` e fate clic sulla scheda *Providers* all'angolo inferiore sinistro della finestra del browser (Figura 4.1). Dovete configurare i provider web3 ed ES (ElasticSearch) coi nodi pubblici Ethereum, nel seguente modo.

- Web3 Provider: `https://mainnet.infura.io`.
- Chain ID: questo è l'ID di una catena numerica per la rete Ethereum dal provider web3. Per esempio, è *1* per la mainnet Ethereum e *3* per la testnet Ropsten.
- ES provider: `https://eth.search.secondstate.io`.

NOTA

ES provider è un motore di ricerca per smart contract che fornisce dati in tempo reale dalla rete Ethereum. Ne riparleremo nel Capitolo 11.

Poi selezionate *Custom Tx Gas* e indicate un prezzo di default (per esempio 10000000000 gwei) per BUIDL. Quando BUIDL pubblicherà e richiamerà il vostro contratto sulla rete Ethereum, impiegherà questo "costo del gas" preimpostato.

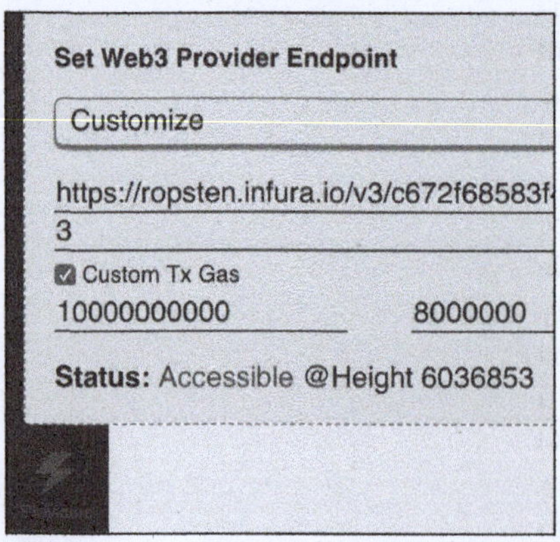

Figura 4.1 Configurate BUIDL per lavorare con la testnet Ethereum.

Ora abbiamo configurato BUIDL in modo che "paghi il gas" quando pubblica e richiama gli smart contract su Ethereum. Come sappiamo, BUIDL crea cinque conti casuali per ogni utente e poi, per interagire con la blockchain, usa il conto selezionato come default (Figura 4.2). Pertanto, avete bisogno di possedere una somma in ETH nel conto di default. Inviate solo un po' di ETH dal vostro wallet o tramite un exchange al vostro conto di default BUIDL.

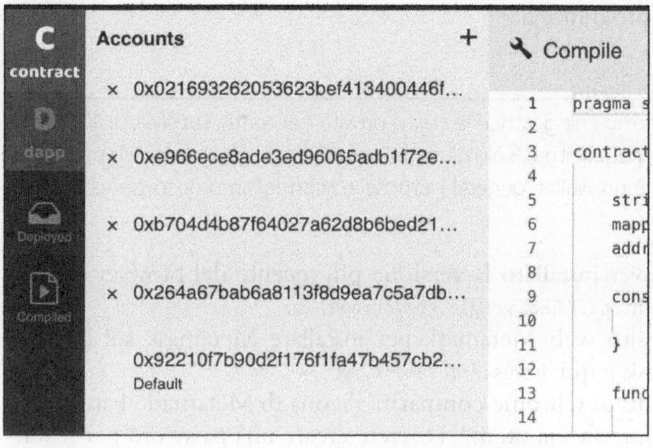

Figura 4.2 Selezionate un conto di default in BUIDL. Avrete bisogno di depositarvi una somma in ETH per "pagare il gas".

Questo è tutto ciò di cui avete bisogno per quanto riguarda il contratto. Ora potete scrivere uno smart contract, fare clic sui pulsanti *Compile* e *Deploy to the chain* ed eseguire la sua pubblicazione su Ethereum e poi usare l'interfaccia utente di BUIDL per richiamare ogni funzione presente nel contratto pubblicato.
Infine, nella sezione *dapp* di BUIDL, dovete aggiungere i parametri `gasPrice` e `gas` a tutte le transazioni web3. Ecco un esempio:

```
instance.set(n, {
  gas: '100000',
  gasPrice: 10000000000
}, function (e, result) {
  // ... ...
});
```

Questo è tutto. Ora lo smart contract di default di BUIDL e la DApp sono pubblicati sulla blockchain pubblica Ethereum.
I vantaggi principali di BUIDL sono la sua facilità d'uso e il fatto che permette rapidi cicli di sviluppo. Ma inoltre cela allo sviluppatore dell'applicazione o astrae alcuni concetti importanti. Dal prossimo paragrafo, compiremo un passo indietro e useremo più strumenti di sviluppo per Ethereum tradizionali, per spiegare i concetti su cui si basa la blockchain Ethereum.

Il wallet Metamask

Il wallet Metamask è un'estensione del browser web Chrome per gestire i vostri conti sulla blockchain Ethereum. Conserva e gestisce le vostre chiavi private per questi conti sul vostro computer (per esempio, un wallet per le chiavi private e, per estensione, per la criptovaluta conservata in questi conti). Per gli sviluppatori, Metamask è un ottimo strumento, in quanto si integra con altri strumenti di sviluppo e vi consente di interagire con i conti Ethereum da un programma.

> **NOTA**
>
> BUIDL ha un suo wallet interno che gestisce le chiavi private del conto. Tuttavia, BUIDL può firmare le transazioni e "pagare il gas" solo per i suoi conti. È concepito per lo sviluppo di applicazioni. BUIDL non è un wallet "general-purpose" e sconsigliamo di conservarvi più di 0,1 ETH.

Innanzitutto, assicuratevi di aver installato la versione più recente del browser Google Chrome. Potete scaricarla da `https://www.google.com/chrome`.

Poi seguite le istruzioni sul sito web Metamask per installare Metamask sul browser Chrome. Il sito web Metamask è qui: `https://metamask.io`.

Ora, nella barra degli strumenti di Chrome comparirà l'icona di Metamask. Fate clic su di essa per richiamare la sua interfaccia utente. Dovrete creare una password per il wallet Metamask (Figura 4.3). Questa password è importante, in quanto protegge le chiavi private del vostro conto conservato in questo computer. Una volta che avrete creato la password, Metamask vi presenterà una frase di ripristino composta da dodici parole. Questo è l'unico modo che avete per recuperare la password. Conservatela con cura!

Figura 4.3 Create una password per il wallet Metamask.

Per le attività di sviluppo, selezionate il menu a discesa in alto a sinistra dell'interfaccia utente di Metamask e selezionate *Ropsten Test Network* (Figura 4.4), una blockchain Ethereum pubblica utilizzata per scopi di test.

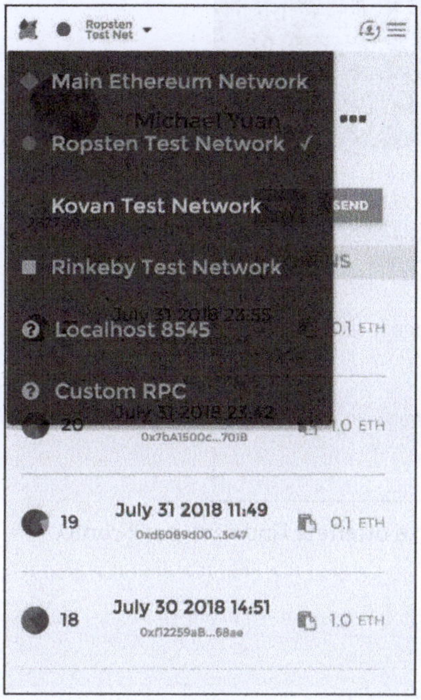

Figura 4.4 Selezionate la testnet Ropsten.

Dovrete anche creare un conto sulla testnet Ropsten, per conservarvi la criptovaluta ETH. Selezionate l'icona della persona all'angolo superiore destro dell'interfaccia utente di Metamask e selezionate *Create Account* (Figura 4.5). Metamask creerà per voi un indirizzo per il conto e la relativa chiave privata. Potete denominare questo conto in modo da potervi accedere successivamente dall'interfaccia utente di Metamask. Potete inoltre usare Metamask per gestire i vostri ETH sulla mainnet Ethereum, per poterli scambiare su un exchange con euro o dollari. Ma per farlo, dovete assicurarvi che il vostro computer sia fisicamente sicuro poiché in questo caso si parla di soldi veri.

Naturalmente, dovrete comunque caricare nel vostro conto alcuni ETH testnet Ropsten, per poterlo usare. Andate al faucet pubblico Ropsten e richiedete un ETH testnet per il vostro indirizzo: `http://faucet.ropsten.be:3001`. Gli ETH testnet Ropsten possono essere usati solo sulla testnet. Non si possono commerciare negli exchange e possono sparire ogni volta che la testnet Ropsten viene ritirata. A differenza degli ETH della mainnet, gli ETH Ropsten hanno valore economico pari a zero.

Ora avete configurato Metamask e siete pronti per interagire con il vostro primo smart contract Ethereum sulla testnet Ropsten.

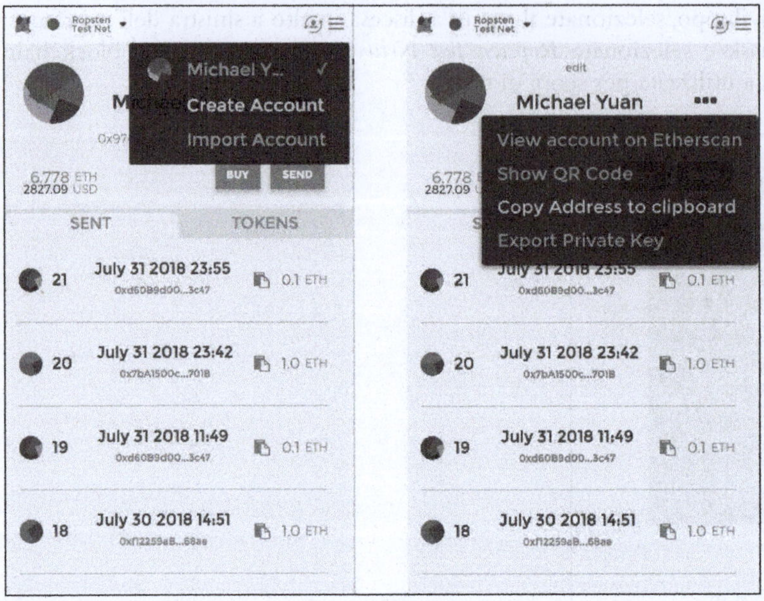

Figura 4.5 Create un nuovo conto sulla testnet Ropsten e otterrete l'indirizzo per il conto.

Remix

Remix è un "Ethereum IDE" (*Integrated Development Environment*), completamente web-based, che consente agli sviluppatori di sperimentare l'uso di smart contract sulla blockchain Ethereum. Basta aprire il suo sito web per caricare la sua web app: `http://remix.ethereum.org`.

> **NOTA**
>
> L'IDE di Remix è simile alla sezione *Contract* di BUIDL, tranne per il fatto che BUIDL non richiede alcun wallet esterno, come invece fa Metamask.

Nell'editor di codice a destra, inseriamo un semplice smart contract. Quello che segue è un esempio dello smart contract Hello World. È scritto in uno speciale linguaggio di programmazione simile a JavaScript: Solidity.

```
pragma solidity ^0.4.17;

contract HelloWorld {

    string helloMessage;
    address public owner;

    constructor () public {
        helloMessage = "Hello, World!";
```

```
        owner = msg.sender;
    }

    function updateMessage (string _new_msg) public {
        helloMessage = _new_msg;
    }

    function sayHello () public view returns (string) {
        return helloMessage;
    }

    function kill() public {
        if (msg.sender == owner) selfdestruct(owner);
    }
}
```

Lo smart contract HelloWorld contiene due metodi chiave.

- Il metodo `sayHello()` restituisce al chiamante un messaggio di benvenuto. Il messaggio di benvenuto inizialmente è "Hello World" quando lo smart contract viene pubblicato.
- Il metodo `updateMessage()` consente al chiamante del metodo di cambiare il messaggio di benvenuto da "Hello World" a un altro messaggio.

Fate clic sul pulsante *Start to compile* nel riquadro a destra per compilare questo contratto (Figura 4.6). Verrà così generato il bytecode e l'interfaccia ABI (*Application Binary Interface*) che useremo successivamente.

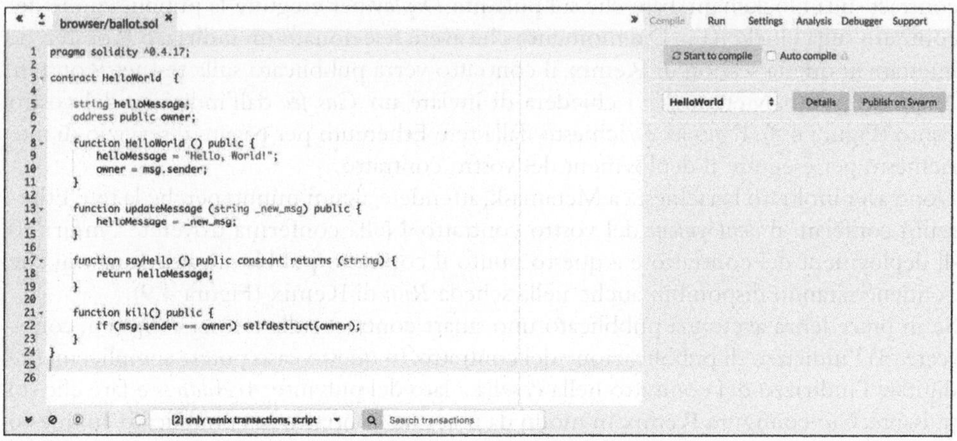

Figura 4.6 Compilazione di uno smart contract Ethereum in Remix.

Poi, Nella scheda *Run* di Remix (Figura 4.7), potete connettere Remix al vostro Metamask tramite la casella a discesa *web3 injection*. Remix rileverà automaticamente i vostri conti Metamask. Se qui non compare il vostro indirizzo Ropsten, provate a fare logout e poi di nuovo login a Remix.

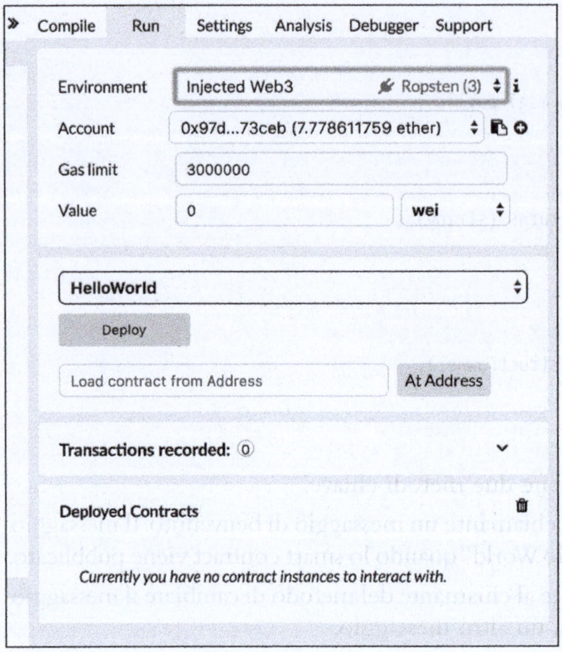

Figura 4.7 La "iniezione" di Metamask in Remix.

A questo punto dovreste vedere le opzioni per eseguire la pubblicazione dello smart contract sulla blockchain. Fate clic sul pulsante *Deploy* per eseguire la pubblicazione del contratto sulla blockchain. Dal momento che avete selezionato un indirizzo Ropsten da iniettare in questa session di Remix, il contratto verrà pubblicato sulla testnet Ropsten. A questo punto, Metamask vi chiederà di inviare un *Gas fee* dall'indirizzo del vostro conto (Figura 4.8). Il *gas fee* è richiesto dalla rete Ethereum per pagare il servizio di rete richiesto per eseguire il deployment del vostro contratto.

Dopo aver inoltrato la richiesta a Metamask, attendete alcuni minuti perché la rete Ethereum confermi il *deployment* del vostro contratto. Nella conferma troverete l'indirizzo di deployment del contratto e a questo punto il contratto pubblicato e le funzioni che contiene saranno disponibili anche nella scheda *Run* di Remix (Figura 4.9).

Se in precedenza avete già pubblicato uno smart contract sulla testnet Ropsten, conoscete già l'indirizzo di pubblicazione del contratto. In questo caso potete semplicemente digitare l'indirizzo del contratto nella casella a lato del pulsante *At Address* e fare clic sul pulsante. Ciò configura Remix in modo da usare un contratto già pubblicato. In questo caso non è richiesto alcun "gas fee".

Una volta che Remix è connesso al contratto che avete pubblicato, mostra le funzioni del contratto nella scheda *Run* (Figura 4.9). Potete digitare un nuovo messaggio di benvenuto a lato del pulsante *updateMessage* e fare clic sul pulsante per aggiornare il messaggio. Poiché per memorizzare il messaggio aggiornato è necessario dello spazio sulla rete Ethereum, dovrete ancora pagare un "gas fee" tramite Metamask.

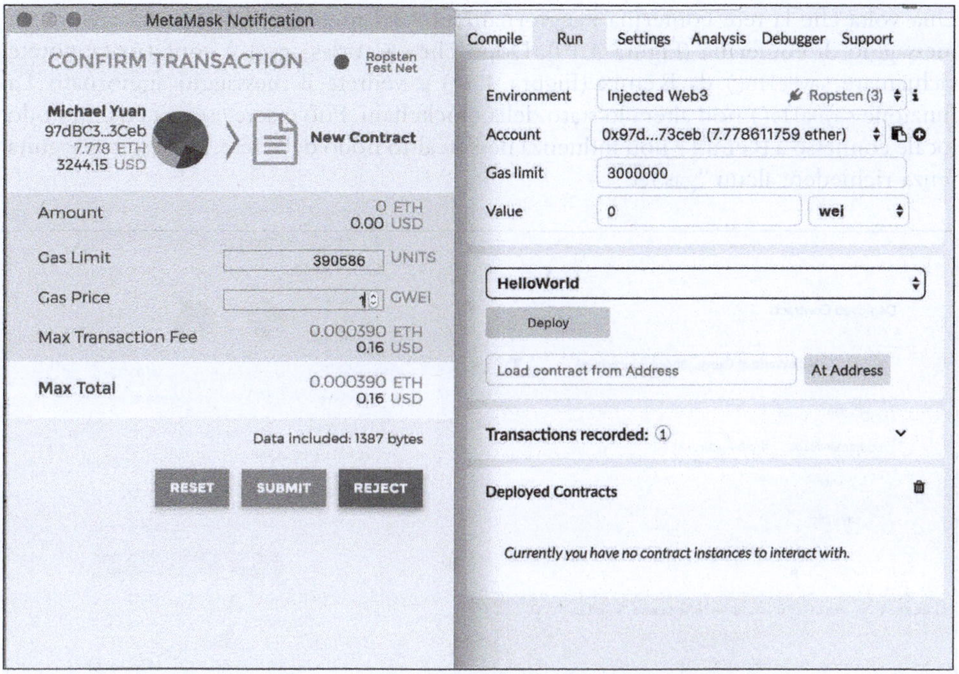

Figura 4.8 La quota "gas fee" da pagare per la pubblicazione del contratto.

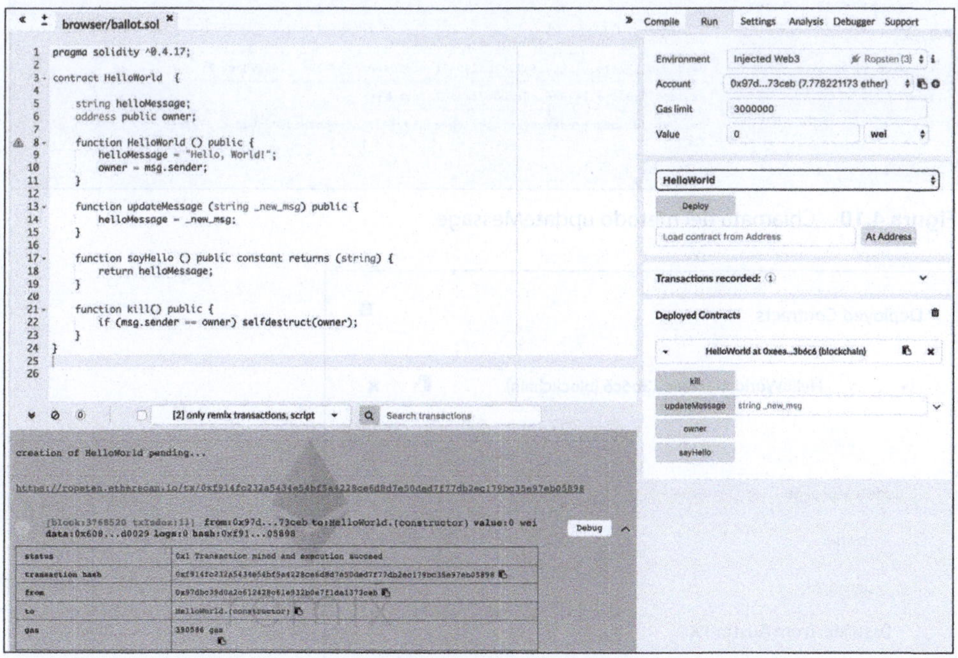

Figura 4.9 Il contratto ora è pubblicato e vengono mostrati i metodi disponibili.

Una volta che la rete conferma l'aggiornamento del messaggio, comparirà ancora un messaggio di conferma (Figura 4.10). Dopo che `updateMessage()` è confermata, potete richiamare `sayHello()` da Remix (Figura 4.11) e vedrete il messaggio aggiornato. La funzione `sayHello()` non altera lo stato della blockchain. Può essere eseguita da un nodo locale connesso a Remix e non influenza nessun altro nodo della rete. Può essere eseguita senza richiedere alcun "gas fee".

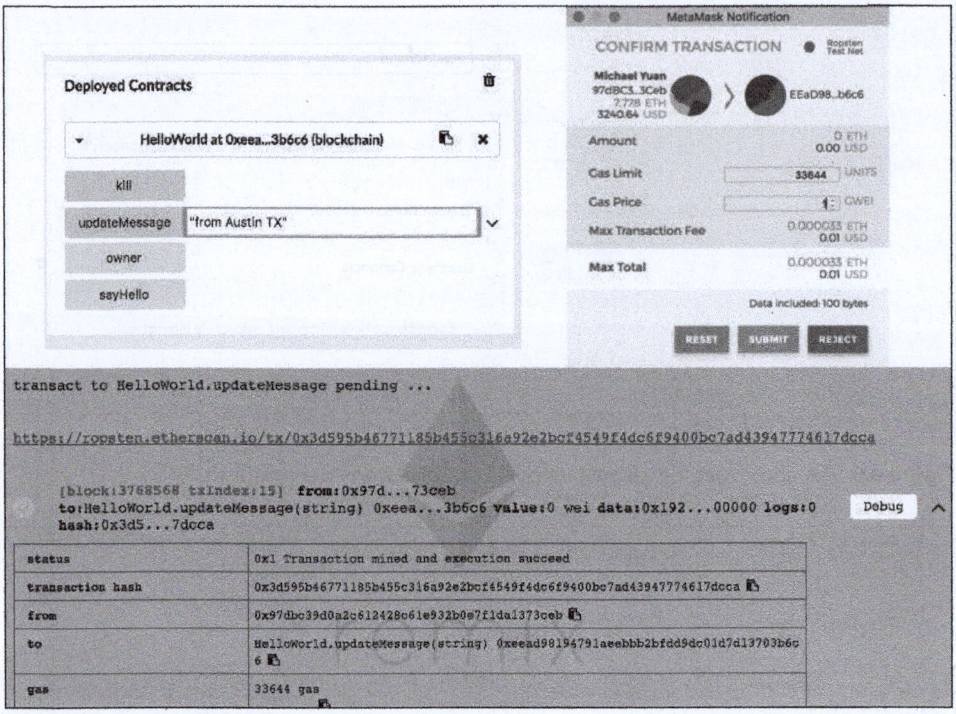

Figura 4.10 Chiamata del metodo updateMessage.

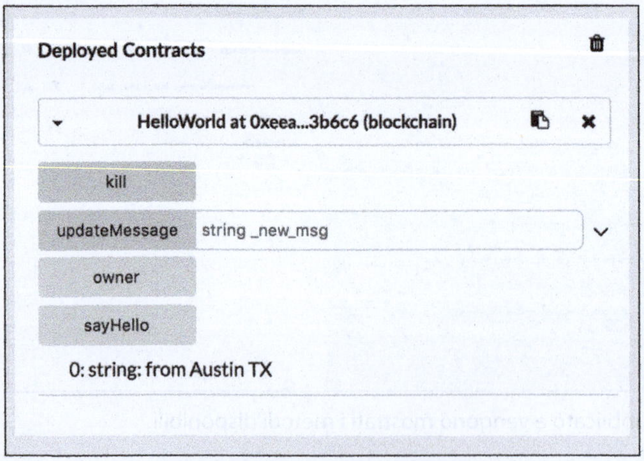

Figura 4.11 Chiamata del metodo sayHello.

L'IDE di Remix è molto facile da usare. Per questo è una scelta eccellente per i principianti. Quando le vostre competenze di sviluppo saranno migliorate, potrete usare anche altri strumenti per sviluppare e pubblicare i vostri smart contract. Nel Capitolo 6 troverete ulteriori dettagli.

Web3

Anche se Remix è un ottimo strumento, è troppo complesso per le persone comuni. Per rendere disponibili anche al grande pubblico i vostri smart contract, in genere dovrete realizzare un'interfaccia utente web-based. A tale scopo avrete bisogno della libreria JavaScript web3, per interagire con la blockchain Ethereum.

NOTA

La sezione *dapp* di BUIDL inietta nel programma JavaScript un'istanza web3 preconfigurata.

Una volta che Metamask è installato, inietta automaticamente nel contesto JavaScript della pagina un'istanza personalizzata dell'oggetto `web3`. Le chiamate a metodi che richiedono l'uso di chiavi private chiederanno automaticamente all'utente di selezionare un conto, e Metamask impiegherà la chiave privata selezionata per firmare la transazione prima di inviarla alla rete Ethereum.

La struttura generale di una DApp `web3` è una funzione JavaScript che viene avviata al caricamento della pagina web (per esempio, la funzione `onPageLoad` sottostante). La funzione JavaScript gestisce lo stato dell'applicazione e si occupa di eseguire le chiamate a funzione verso lo smart contract, nella blockchain. A causa del ritardo di rete e dei requisiti di conferma per le operazioni sulla blockchain, tutte le chiamate API `web3` sono asincrone. Pertanto, impieghiamo l'API callback web3 per gestire i valori restituiti. Notate che se avete bisogno di eseguire chiamate ripetute a uno smart contract, dovrete annidare tali chiamate. Il frammento di codice sottostante mostra la struttura della funzione JavaScript. Le chiamate a `myFunc` e `anotherFunc` possono verificarsi contemporaneamente, in parallelo, mentre la chiamata a `secondFunc` deve trovarsi dopo che `myFunc` è terminata.

```
var onPageLoad = function () {
    web3.eth.getAccounts(function (e, address) {
        if (e) {
            // ...
        } else {
            contract = web3.eth.contract(abi);
            instance = contract.at(contract_address);
            instance.myFunc (params..., function (e, r) {
                if (e) {
                    // ...
                } else {
                    return_value_0 = r[0];
                    return_value_1 = r[1];
                    // ...
// Mostra l'interfaccia utente sulla base dei valori restituiti
```

```
                // Esegue una chiamata dopo myFunc
                instance.secondFunc (params..., function (e2, r2) {
                    // aggiorna l'interfaccia utente sulla base dei valori restituiti
                }
            }
        });

        instance.anotherFunc (params..., function (e, r) {
            if (e) {
                // ...
            } else {
                // mostra i risultati sulla UI
            }
        });
    }
  });
}
```

L'esempio Hello World, tuttavia, non richiede complesse sequenze di chiamate alle funzioni dello smart contract. Deve solo richiamare una funzione del contratto e poi aggiornare l'interfaccia utente web. Il codice sorgente del file `helloworld.html` ha il seguente aspetto.

```
<!DOCTYPE html>
<html lang="en">
  <head>
    <script>
    window.addEventListener('load', function() {
      var hello = web3.eth.contract(...).at("...");

      var new_mesg = location.search.split('new_mesg=')[1];
      if (new_mesg === undefined || new_mesg == null) {
      } else {
        new_mesg = decodeURIComponent(new_mesg.replace(/\+/g, '%20'));

        web3.eth.getAccounts(function (error, address) {
          if(!error) {
            hello.updateMessage(new_mesg, {
                from: address.toString()
              }, function(e, r){
                if(!e)
                  document.getElementById("status").innerHTML =
                    "<b>Submitted to blockchain</b>. " +
                    "New message will take a few sec to show up! " +
                    "<a href=\"helloworld_europa.html\">Reload page.</a>";
              });
          }
        });
      }

      hello.sayHello(function(error, result){
        if(!error)
```

```
            document.getElementById("mesg").innerHTML = result;
        });
    })
  </script>
</head>

<body>
<h2>Hello World</h2>
  <form method=GET>
    New message:<br/><br/>
    <input type="text" size="40" name="new_mesg"/><br/><br/>
    <input type="submit"/>
    <p id="status"/>
  </form>
  <p>The current message is: <span id="mesg"/></p>
</body>
</html>
```

Avrete forse notato la riga `web3.eth.contract(...).at("...")`. La funzione at prende come parametro l'indirizzo di deployment del contratto nella blockchain. Potete trovarlo nella sezione *Deployed contracts* della scheda *Run*, visibile nelle Figure 4.9 e 4.10. La funzione `contract` accetta una struttura JSON che è l'interfaccia ABI (*Application Binary Interface*) del contratto. Potete trovarla facendo clic sul pulsante *Details* della scheda *Compile*. Potete copiare l'intera sezione ABI negli Appunti del computer facendo clic sull'apposita icona. O, alternativamente, la prima riga di codice della sezione WEB3DEPLOY mostra il parametro ABI della funzione `contract` tutto in una riga (Figura 4.12).

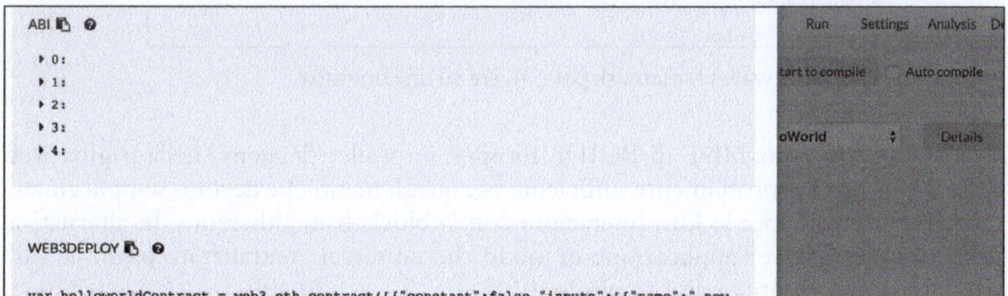

Figura 4.12 Ricerca dell'ABI.

L'applicazione web ora consente agli utenti di interagire con lo smart contract Hello World direttamente dal Web (Figura 4.13). Per inviare un nuovo messaggio, l'app richiede a Metamask di inviare del "gas fee", in quanto richiama la funzione `updateMessage()` del contratto. Notate che tutte le funzioni web3 sono annidate e vengono richiamate in modo asincrono. Ulteriori informazioni sullo sviluppo di DApp si trovano nel Capitolo 7. Usare Metamask insieme a `web3.js` è probabilmente il modo migliore per iniziare lo sviluppo di applicazioni con Ethereum. Ma per un comune utente web, l'installazione e l'uso di Metamask è una barriera d'ingresso significativa.

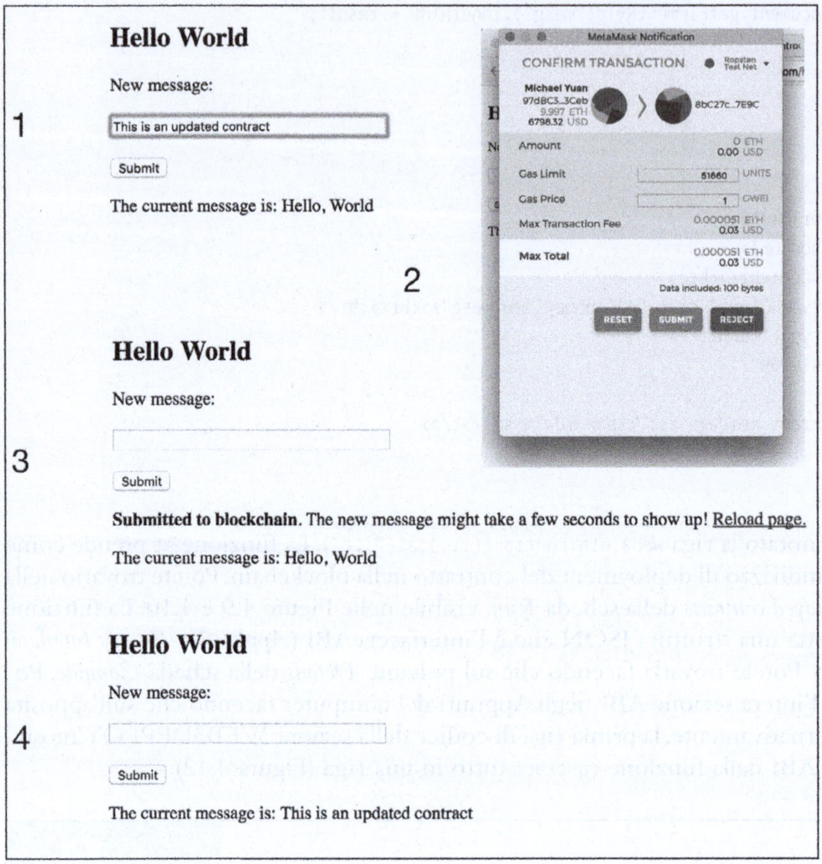

Figura 4.13 Uso del wallet Metamask per scrivere su un contratto.

Come abbiamo visto, l'IDE di BUIDL fornisce un wallet "leggero" nella pagina web della DApp, che è probabilmente sufficiente per quegli utenti che devono semplicemente pagare del "gas" per le loro interazioni con la blockchain Ethereum. In alternativa, potremmo progettare l'applicazione in modo che un server centralizzato paghi il "gas" per conto degli utenti (vedi il Capitolo 8).

Conclusioni

In questo capitolo abbiamo visto come realizzare, pubblicare (*deploy*) e impiegare uno smart contract su blockchain Ethereum-compatibili. Per iniziare, abbiamo impiegato strumenti come Metamask, Remix e web3. Nei prossimi capitoli, esploreremo i concetti chiave su cui si basa Ethereum, altri strumenti software coinvolti nel suo funzionamento, i dettagli degli smart contract, vari strumenti di sviluppo alternativi e lo stack software delle applicazioni decentralizzate (DApp). Nel Capitolo 16 legheremo il tutto con una nuova DApp che mostra tutte le possibilità degli smart contract.

Capitolo 5

Concetti e strumenti

Nel capitolo precedente, abbiamo visto come realizzare, pubblicare e utilizzare uno smart contract Ethereum. Tuttavia, concentrandoci sugli strumenti GUI, abbiamo anche trascurato molti concetti e argomenti.

In questo capitolo, vedremo come si gestisce un nodo Ethereum. Nel farlo, esamineremo molti concetti critici riguardanti la struttura, l'implementazione e l'utilizzo della blockchain Ethereum. Questi concetti valgono anche per le blockchain Ethereum-compatibili.

In questo capitolo

Wallet Ethereum e concetti di base

Per impiegare Ethereum, avete innanzitutto bisogno di un wallet Ethereum per contenere la valuta ETH. Come per i bitcoin, chiunque può creare un conto sulla blockchain Ethereum per contenere e trasferire valuta ETH. Un conto è identificato univocamente da una coppia di chiavi pubblica e privata. Una chiave è una lunga stringa di numeri e caratteri apparentemente casuali. La coppia di chiavi può essere generata in modo casuale sul vostro computer.

- Il numero di conto Ethereum deriva direttamente dalla chiave pubblica. Se qualcuno volesse inviarvi alcuni ETH, avrà solo bisogno del numero del vostro conto.
- La chiave privata viene impiegata per identificare il proprietario di questo conto. Per trasferire ETH dal conto (ovvero per spenderli o trasferirli a un altro conto), dovrete impiegare la chiave

privata. Senza la chiave privata, i miner Ethereum considereranno non valida la transazione e si rifiuteranno di includerla nella blockchain.

Ora capite che è molto importante proteggere la vostra chiave privata. Se qualcun altro dovesse entrarne in possesso, avrebbe la piena operatività del vostro conto Ethereum e degli ETH che conserva. E se per qualche motivo doveste perdere la vostra chiave privata, perderete per sempre il controllo degli ETH presenti nel vostro conto: gli ETH rimarranno nel conto e tutto il mondo potrà vederli, ma nessuno potrà estrarli dal conto, senza usare la chiave privata.

Tutto ciò che fa un wallet è memorizzare e gestire la vostra coppia di chiavi pubblica/privata. Spesso fornisce anche un'interfaccia utente per gestire più comodamente gli ETH presenti nel vostro conto, ma sempre impiegando, dietro le quinte, la vostra coppia di chiavi pubblica/privata. Il wallet può essere un software (o anche un hardware) completamente indipendente o può essere un'applicazione web, che conserva le vostre chiavi sui propri server. Ecco alcuni fra i più noti wallet per Ethereum.

- Mist è il wallet software ufficiale del team di sviluppo di Ethereum. Potete installarlo e utilizzarlo sul vostro computer. È anche più di un wallet, in quanto è un "blockchain browser" che include un nodo Ethereum completo. Per esempio, in Mist potete caricare il codice dei vostri smart contract. Questo significa anche che Mist richiede oltre 4 GB di RAM e oltre 30 GB di spazio su disco rigido per poter funzionare. Ci vogliono 24/48 ore per avviare Mist la prima volta, in quanto ha bisogno di scaricare l'intera cronologia della blockchain.
- Parity è un altro client grafico Ethereum ricco di funzionalità, in concorrenza con Mist, ma più veloce. In ogni caso, ha comunque bisogno di scaricare l'intera blockchain per poter gestire appieno un nodo Ethereum.
- Metamask, trattato nel capitolo precedente, è un wallet basato sul browser web Chrome. Conserva le chiavi private sul vostro computer nel browser web Chrome. Pertanto, per impiegare wallet Metamask è molto importante la sicurezza fisica del vostro computer.
- L'app mobile imtoken è un wallet per smartphone. Potete usarlo per creare coppie di chiavi (un conto) e per inviare/ricevere ETH da altri conti. L'app imtoken non scarica la blockchain. Pertanto, parte istantaneamente ed è subita pronta all'uso.
- Tezer e Ledger sono dispositivi hardware USB che conservano e gestiscono le vostre chiavi. In genere lavorano in tandem con un software installato sul computer. Tale programma fornisce l'interfaccia utente per controllare i saldi e creare transazioni. Quando ha bisogno di firmare una transazione, la passa al dispositivo USB, che completa l'operazione. Le chiavi private non lasciano mai il dispositivo USB.
- Coinbase è un wallet web che fornisce anche servizi bancari per convertire i vostri ETH in/da euro. Quasi tutti gli exchange di criptovalute offrono wallet per consentire il deposito e il prelievo di fondi in criptovalute.

NOTA

Se utilizzate un'applicazione wallet sul vostro PC/smartphone/dispositivo hardware dedicato, dovete essere responsabili della sicurezza fisica di tale dispositivo. Fate attenzione a non perdere la vostra chiave privata!

NOTA

Le blockchain Ethereum-compatibili offrono anch'esse le loro applicazioni wallet. Per esempio, la blockchain CyberMiles ha un proprio wallet di tipo Metamask sotto forma di estensione di Chrome, ma anche un'app wallet indipendente per smartphone, che è in grado di eseguire DApp basate su web3. Troverete ulteriori informazioni nell'Appendice A.

Se il wallet gestisce solo le coppie chiave privata/pubblica, dove sono le valute e i token contenuti in questi conti? Sono forse nel wallet? La risposta è no, i vostri token o le vostre valute non sono nel vostro wallet. Ricordate che la blockchain è un sistema a registro. È lei che registra tutte le transazioni e i saldi associati a tutti i conti del sistema. E così, il wallet ha solo bisogno di gestire le credenziali del vostro conto e i token o le valute del vostro conto si troveranno nella stessa blockchain.

EtherScan

Il sito web EtherScan è uno strumento molto utile per osservare lo stato interno della blockchain Ethereum. Potete usarlo per controllare e ritrovare ogni transazione registrata nella blockchain e, per estensione, il saldo e la cronologia (l'"estratto conto") di ogni conto. Nella sua pagina iniziale potete vedere gli ultimi blocchi e le relative transazioni (Figura 5.1).

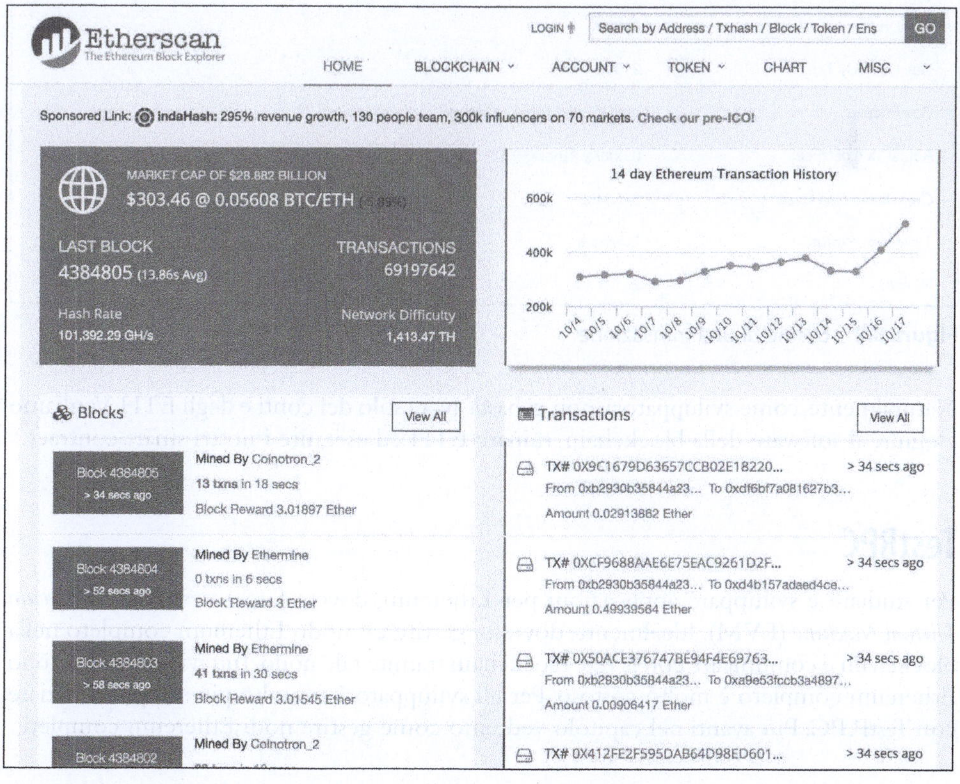

Figura 5.1 Gli ultimi blocchi e le relative transazioni in EtherScan.

NOTA

La maggior parte delle blockchain offre anche uno strumento di esplorazione della blockchain stessa. Per esempio, la blockchain pubblica CyberMiles offre `https://www.cmttracking.io`, che mostra non solo le transazioni ma anche i dati correlati alle operazioni *Delegated Proof-of-Stake*. Troverete ulteriori informazioni nell'Appendice A.

I wallet e gli exchange possono anche visualizzare le transazioni in uscita o in ingresso nel vostro conto. Mostra i conti e i fondi coinvolti, e anche il fatto che la transazione sia stata convalidata dai miner della blockchain (Figura 5.2).

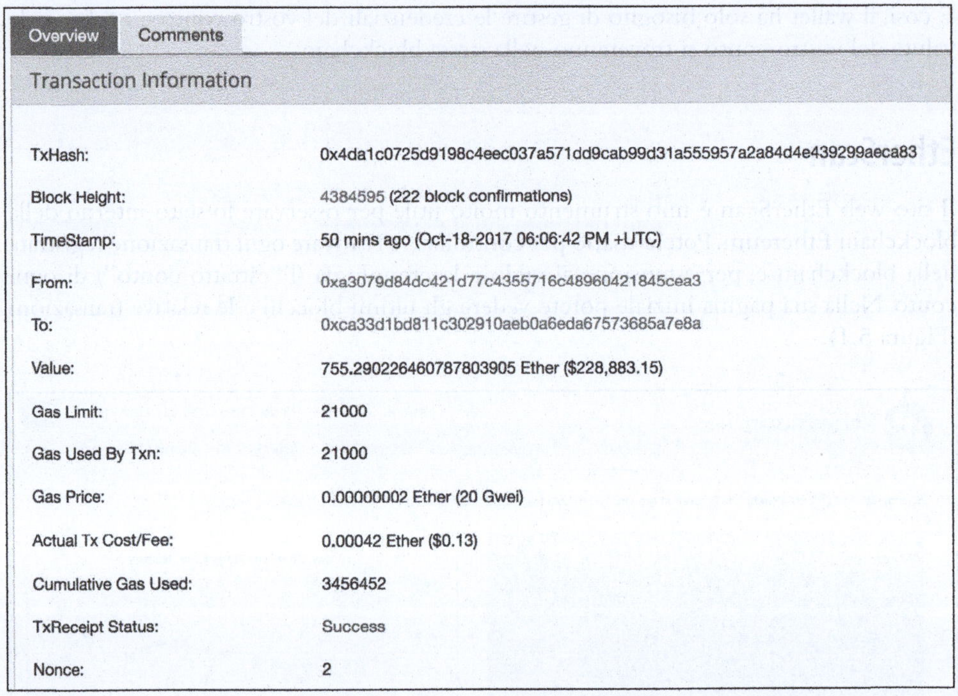

Figura 5.2 Esame di una transazione.

Naturalmente, come sviluppatori, non ci basta avere solo dei conti e degli ETH. Vogliamo eseguire il software della blockchain, minare ETH ed eseguire i nostri smart contract.

TestRPC

Per studiare e sviluppare applicazioni per Ethereum, dovete fare accesso alla *Ethereum Virtual Machine* (EVM). Idealmente, dovreste gestire un nodo Ethereum completo nella blockchain e comunicare con la rete blockchain tramite tale nodo. Tuttavia, avere un nodo Ethereum completo è molto costoso. Per gli sviluppatori, è molto più semplice iniziare con TestRPC. Più avanti nel capitolo vedremo come gestire nodi Ethereum completi.

NOTA

Per gestire un nodo Ethereum completo e unirsi alla rete Ethereum, avete bisogno di lanciare un client Ethereum completo, scaricare l'intera cronologia di transazioni della blockchain Ethereum (oltre 100 GB di dati) e poi iniziare a "minare" ETH per partecipare al processo di convalida delle transazioni e di creazione di nuovi blocchi nella blockchain. Questo è un grosso impegno e richiede una grande quantità di risorse di calcolo. In ogni caso, difficilmente riuscirete a minare con successo degli ETH; e col valore degli ETH, la competizione nel campo del mining è agguerrita. Poiché la maggior parte delle attività sulla blockchain pubblica Ethereum richiede degli ETH per essere completata, dovrete acquistare ETH per iniziare a sperimentare con essa. Di nuovo, visto il prezzo degli ETH, si tratta di un apprendimento molto costoso.

Per consentire agli sviluppatori di provare le funzioni dell'API Ethereum e la programmazione di smart contract, si può usare un "simulatore", il quale risponde a tutte le chiamate all'API Ethereum, ma non addebita il costo della realizzazione di una rete blockchain. TestRPC è esattamente questo: un simulatore. È stato sviluppato, originariamente, come un progetto open source di tipo volontario. Successivamente è stato acquisito dalla società Truffle Framework per lo sviluppo di smart contract e denominato Ganache CLI (`https://github.com/trufflesuite/ganache-cli`).
Innanzitutto, assicuratevi che node.js e il suo package manager `npm` siano installati sulla vostra macchina. Potete installarli dal sito web `https://www.npmjs.com/get-npm`. Nella maggior parte delle distribuzioni Linux, potete usare il package manager di sistema per installarli. Per esempio, il comando seguente installa node.js e npm su un sistema Linux CentOS o RedHat o Fedora.

```
$ sudo yum install epel-release
$ sudo yum install nodejs npm
```

Poi, installiamo Ganache CLI, sempre usando il package manager `npm`.

```
$ sudo npm install -g ganache-cli
```

Potete lanciare il server TestRPC dalla riga di comando. Creerà dieci conti (coppie di indirizzi a chiave pubblica e le relative chiavi private) casuali. Tutti i conti sono sbloccati per default, per agevolare le attività di test.

```
$ ganache-cli
Ganache CLI v6.0.3 (ganache-core: 2.0.2)

Available Accounts
==================
(0) 0xbaea21140ce33f0fa7046692f61a4238eaa407e3
(1) 0x944205dcdaeeb097870925ea26e159f6b6dab4c1
(2) 0x1f62a96f38d5247815dd4ed2d18ed9e228c06d40
(3) 0x6235ca5d31c476b649b8517ce24f428db34e8446
(4) 0xa13feaf894f1ae33e321c78c396a3eaf2048a621
(5) 0xee3a90f6403853b57a7a325cccee0e6120cb39f2
```

```
(6) 0x889dd868cc580080e1e809fd38ca1b5ff2aef017
(7) 0xb0e664c4732d7c065b4f20e461cfc89ce5598119
(8) 0x3c183932b2d9c0aedb611cc89c210ab71e7d3f4c
(9) 0xf3deac45c47e4862057110 8b9a9320aacd7518fe

Private Keys
==================
(0) 75af4be053b6da9b6ae6af0dd137de406bb6405779be056ffa5861873346a54f
(1) 112ff21d135f28273c3185c6d519f3c4f38907418448ac875443206eed25eb39
(2) 28b5b6d6d04d38be899f69bb9ce6335d75b30daaea4476c9f16e75cb638076b9
(3) 122a12f40411b5fd66c354493d3ec9e83d66f14071e47bdfc9a0b747d1040344
(4) 6e062a75413f9632d33f1520e0b4246e05edde517caf4b1657c6d652d324dc06
(5) 71212db8910dabd3d5399470bb8ea37a29ffdb2402a2b03d9144d7bea6a5cfda
(6) 301283f708770350180a2b00e5f8092f43238d23fd2249397f5a185d5a9ecc1f
(7) 7cfc7dba9c475fc7f394507ea1e9fd3d8604b288a058477b684f9a58a9176f33
(8) 14f259263d41a1e5986c588f4ae9bc93b6e56c4734ed7046394a7b1d37aba094
(9) 4aceb1f8a42c36a50402d0e679d0666a61bb4786ef7196c98b5cd3e0f6992b5b

HD Wallet
==================
Mnemonic:      foot silly tag melt require tuition soon become frequent tell forest satisfy
Base HD Path:  m/44'/60'/0'/0/{account_index}

Listening on localhost:8545
```

Potete lanciare il nodo TestRPC sempre con lo stesso set di conti e potete anche dare a ogni conto un saldo iniziale.

```
$ ganache-cli --account="0x99cf2f6a09d3ba6491e838ac62edcd1b8df5507056a89c87e495948a2211c
9c4,123400000000000000000" --account="0xa295df779395bb57b38765a592374d56d0d4a259d54fb8f5cfad
2f35b90ae8cd,3141590000000000000000"
Ganache CLI v6.0.3 (ganache-core: 2.0.2)

Available Accounts
==================
(0) 0xd61a8f9afaaa3f12e75781c3a1e271c2744442ba
(1) 0x9f37a44226a4c65336ceacbd608ea248fca5453c

Private Keys
==================
(0) 99cf2f6a09d3ba6491e838ac62edcd1b8df5507056a89c87e495948a2211c9c4
(1) a295df779395bb57b38765a592374d56d0d4a259d54fb8f5cfad2f35b90ae8cd

Listening on localhost:8545
```

TestRPC è un completo simulatore Ethereum. È molto più veloce di ogni vero nodo Ethereum "live", perché non deve svolgere il vero lavoro di creazione, mining e sincronizzazione dei blocchi. Ciò lo rende ideale per gestire rapidi cicli di sviluppo.

Interagire con Ethereum tramite GETH

Una volta che il nodo TestRPC è partito, o che il nodo Ethereum completo è sincronizzato con la blockchain, potete usare il programma GETH per connettervi a esso e inviare alla rete comandi e richieste di interazione. Tutto ciò che dovete fare è connettere il comando GETH al nodo specificando l'indirizzo IP del nodo. Se il nodo sta operando localmente (per esempio si tratta di un nodo TestRPC sulla macchina locale), potete anche usare semplicemente `localhost` come indirizzo IP.

```
$ geth attach http://node.ip.addr:8545
```

GETH apre una console interattiva nel nuovo terminale e da lì potrete usare l'API JavaScript Ethereum per accedere alla blockchain. Per esempio, i seguenti comandi creeranno un nuovo conto per contenere valuta virtuale su questa rete. Basta ripeterli alcune volte e vedrete comparire alcuni conti nell'elenco `eth.accounts`. Come abbiamo visto in precedenza, ogni conto è costituito da una coppia di chiavi, una pubblica e l'altra privata. Solo la chiave pubblica viene registrata nella blockchain, in ogni transazione che coinvolge questo conto.

```
> personal.newAccount()
Passphrase:
Repeat passphrase:
"0x7631a9f5b7af9705eb7ce0679022d8174ae51ce0"
> eth.accounts
["0x7631a9f5b7af9705eb7ce0679022d8174ae51ce0", ...]
```

Quando create o sbloccate dei conti dalla console GETH, la chiave privata del conto viene memorizzata nel file keystore nel file system del nodo. In un nodo Ethereum "live" (quindi non TestRPC), potete iniziare a minare e poi depositare gli ether che avete minato in uno dei vostri conti. Per TestRPC, avrete gli ETH nei vostri conti iniziali e potete saltare questo passo.

```
> miner.setEtherbase(eth.accounts[0])
> miner.start(8)
true
> miner.stop()
True
```

Poi, potete inviare un po' dei vostri ether da un conto a un altro. Se la vostra console GETH è connessa a un nodo Ethereum "live", dovrete accedere alla chiave privata del conto del pagante tramite il *keystore* e la *passphrase* del nodo. Se siete connessi a TestRPC con `localhost` o in modo remoto, potete saltare le chiamate di sblocco del conto, in quanto in TestRPC tutti i conti sono sbloccati, per default. In una console connessa a un nodo Ethereum "live", se non richiamate innanzitutto il metodo `unlockAccount()`, il metodo `sendTransaction()` vi chiederà la *passphrase* per sbloccare il conto.

```
> personal.unlockAccount("0x7631a9f5b7af9705eb7ce0679022d8174ae51ce0")
Unlock account 0x7631a9f5b7af9705eb7ce0679022d8174ae51ce0
Passphrase:
```

```
true
> eth.sendTransaction({from:"0x7631a9f5b7af9705eb7ce0679022d8174ae51ce0", to:"0xfa9ee3557ba75
72eb9ee2b96b12baa65f4d2ed8b", value: web3.toWei(0.05, "ether")})
"0xf63cae7598583491f0c9074c8e1415673f6a7382b1c57cc9b06cc77032f80ed3"
```

L'ultima riga è l'ID della transazione per inviare 0.05 ETH fra i due conti. Impiegando uno strumento come etherscan.io, potrete vedere un record di questa transazione nella blockchain.

Interagire con Ethereum tramite web3

La console interattiva GETH è comoda per collaudare e per sperimentare con la blockchain Ethereum impiegando i metodi dell'API JavaScript. Ma per accedere alla blockchain Ethereum da un'applicazione, potete usare l'API JavaScript direttamente da una pagina web.

La pagina web rappresentata nella Figura 5.3 mostra un'applicazione che interroga il saldo di un conto Ethereum. L'utente digita l'indirizzo del conto e l'API JavaScript recupera e visualizza il saldo del conto.

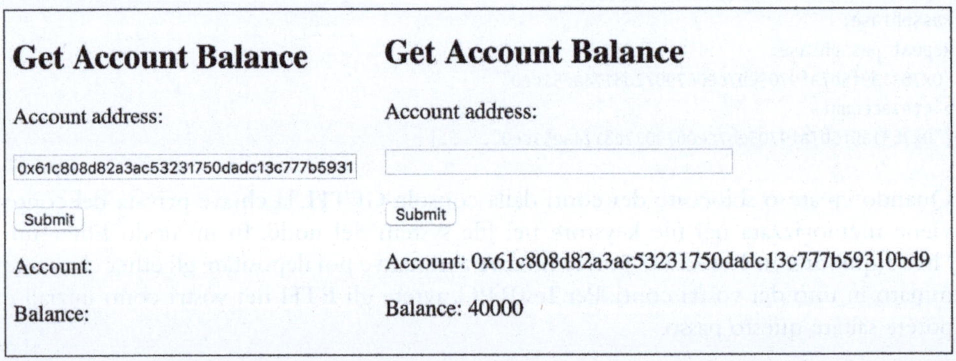

Figura 5.3 Una pagina demo per web3.js.

Tramite la libreria web3.js fornita dal progetto Ethereum, il codice JavaScript della pagina innanzitutto si connette con un nodo Ethereum. Qui potete specificare il vostro nodo Ethereum (per esempio `http://node.ip.addr:8545`) o un nodo pubblico fornito da INFURA (vedete l'esempio di seguito). Per un nodo locale TestRPC, potete semplicemente impiegare l'URL `http://localhost:8545`.

```
web3 = new Web3(new Web3.providers.HttpProvider(
    "https://mainnet.infura.io/"));
```

Poi il codice JavaScript impiega le funzioni web3.js per interrogare l'indirizzo. Sono le stesse chiamate a metodi JavaScript che possiamo eseguire nella console GETH.

```
var balanceWei = web3.eth.getBalance(acct).toNumber();
var balance = web3.fromWei(balanceWei, 'ether');
```

La nostra applicazione demo chiede il saldo del conto. Il saldo è un'informazione pubblica e non richiede la chiave privata del conto. Se la vostra applicazione web3.js deve inviare ETH da un conto a un altro, dovrete avere accesso alla chiave privata del conto pagante. Vi sono molti modi per farlo e ne riparleremo nel Capitolo 8.

Gestione di un nodo Ethereum

Anche se TestRPC è ottima per i principianti, per comprendere appieno la blockchain Ethereum dovrete gestire un vostro nodo. Solo tramite la gestione di un nodo, potrete manipolare i blocchi e accedere a tutte le funzionalità offerte dalla blockchain. In questo paragrafo, impareremo a gestire un nodo sulla rete pubblica Ethereum. Questo richiede una significativa quantità di risorse di calcolo, come un server disponibile 24 ore su 24 e una connessione Internet costante, e anche alcune centinaia di GB di spazio su disco per memorizzare i dati della blockchain. Se fate parte di un team di sviluppo software (per esempio un'azienda), è sufficiente gestire un unico nodo per tutti i membri del team. Per iniziare, scaricate sul vostro computer il client ufficiale Ethereum: GETH.

```
https://geth.ethereum.org/downloads/
```

Il programma GETH ufficiale è scritto nel linguaggio di programmazione GO. È semplicemente a un file binario compilato, eseguibile dalla riga di comando.

```
$ geth version
Geth
Version: 1.7.1-stable
```

Se lanciate GETH con tutte le opzioni di default, verrete connessi alla blockchain pubblica Ethereum. Per lanciare il nodo in modalità non-interattiva e lasciarlo in esecuzione in background anche dopo il logout dell'utente corrente, usate `NOHUP`.

```
$ nohup geth &
```

Ci vorranno ore e molti GB di RAM e di spazio su disco per scaricare e sincronizzare l'intera cronologia della blockchain. E così, è probabilmente una buona idea avviare GETH sulla rete di test ufficiale di Ethereum. Ciò ridurrà significativamente il tempo di avvio iniziale e le risorse occupate, ma preparatevi comunque ad attendere molte ore per sincronizzare la testnet.

```
$ geth --testnet --fast
```

> **NOTA**
>
> La criptovaluta ether (ETH) che minate e ricevete sulla testnet o sulla vostra rete privata non ha alcun valore. Può solo essere utilizzata per attività di test della rete. Non potete scambiarla sul mercato aperto.

Come ho detto in precedenza in questo paragrafo, potete usare un solo nodo Ethereum per tutto il team di sviluppo software. Il client GETH sul nodo Ethereum gestisce il proprio keystore sul file system della macchina locale. Tutti i conti creati tramite questo nodo conserveranno le loro chiavi private in questo file e ogni chiave privata sarà protetta da una *passphrase*. Il file keystore è situato nelle seguenti directory. Potete anche copiare il file keystore in un altro nodo e accedere agli stessi conti anche dal nuovo nodo. Potete inoltre estrarre la chiave privata dal keystore e firmare le vostre transazioni per accedere al conto da ogni nodo sulla rete della blockchain Ethereum.

- Linux: `~/.ethereum/keystore`
- Mac: `/Library/Ethereum/keystore`
- Windows: `%APPDATA%/Ethereum`

Aziende come INFURA (`https://infura.io/`) forniscono nodi pubblici Ethereum disponibili via Internet. Questo vi risparmia molta fatica e riduce anche le significative risorse necessarie per gestire un nodo. Tuttavia, per motivi di sicurezza, i nodi pubblici non possono memorizzare le chiavi private. In particolare, dovrete impiegare transazioni firmate per accedere ai conti.

Gestione di una rete privata Ethereum

Per gli sviluppatori, spesso è una buona idea gestire una propria rete privata Ethereum di test. Il comando sottostante avvia il primo nodo sulla rete privata (per esempio, il blocco #0, zero o *genesis*).

```
$ geth --dev console
```

NOTA

Vi sono molte opzioni della riga di comando di `geth`, per personalizzare a piacere la vostra rete privata. Per esempio, potete passare al comando `geth init` un file `genesis.json` e specificare quanto segue: nodi peer della rete, saldi iniziali in valuta per determinati conti, difficoltà di mining di nuova valuta e così via.

Impiegare una rete composta da un unico nodo spesso è più che sufficiente per le attività di sviluppo. Ma talvolta avrete bisogno di impiegare una vera rete costituita da più nodi. Per avviare un nuovo nodo, scoprite innanzitutto l'identità del vostro attuale (primo) nodo nella console interattiva.

```
> admin.nodeInfo
{
  enode: "enode://c74de1...ce@[::]:55223?discport=0",
  id: "c74de1...ce",
  ip: "::",
  listenAddr: "[::]:55223",
  name: "Geth/v1.7.0-stable-6c6c7b2a/linux-amd64/go1.7.4",
  ports: {
    discovery: 0,
    listener: 55223
  },
```

```
  protocols: {
    eth: {
      difficulty: 131072,
      genesis: "0xe5be...bc",
      head: "0xe5...bc",
      network: 1
    },
...
```

Con l'enode ID, potete lanciare un secondo nodo da un altro computer. Notate che il [::] nell'enode ID è l'indirizzo IP del vostro nodo. E così, dovrete sostituirlo con l'indirizzo IP del primo nodo.

```
geth --bootnodes "enode://c74de1...ce@192.168.1.3:55223"
```

Ora potete avviare altri nodi peer. Il parametro bootnodes accetta anche più indirizzi enode separati da una virgola. O, alternativamente, per lanciare ogni nodo in modalità console, usate admin.nodeInfo per scoprire l'enode di ognuno di essi e poi usate admin.addPeer per connettere ogni nodo a ogni altro.

```
> admin.addPeer("enode://c74de1...ce@192.168.1.3:55223")
True
> net.peerCount
1
```

Ogni nuovo nodo inizierà a scaricare e sincronizzare l'intera blockchain dalla rete privata. Essi potranno anche minare ether e convalidare le transazioni che si svolgono nella rete.

Conclusioni

In questo capitolo abbiamo trattato i concetti di base di Ethereum e abbiamo visto come configurare una blockchain Ethereum privata. Naturalmente, Ethereum può fare molto di più che creare ed eseguire transazioni nella criptovaluta ETH. L'idea di base di Ethereum è quella degli smart contract, argomento che esploreremo nel prossimo capitolo.

Capitolo 6

Smart contract

In questo capitolo

- Di nuovo: Hello, World
- Programmazione di smart contract
- Realizzazione e pubblicazione degli smart contract
- Richiamare le funzioni dello smart contract
- Un nuovo linguaggio
- Conclusioni

La più importante funzionalità della blockchain Ethereum è la sua capacità di eseguire il codice degli smart contract. Ora, abbiamo già molte reti di calcolo distribuite. Perché mai abbiamo bisogno di una blockchain che operi come un computer distribuito? La risposta è "per avere un'esecuzione autonoma decentralizzata e fidata". Con la blockchain Ethereum, non avete bisogno di fidarvi di qualcuno e del fatto che esegua correttamente il codice che avete scritto. Al contrario, vi è un'intera comunità di partecipanti alla rete (i miner Ethereum) i quali eseguiranno il vostro codice dei vostri smart contract e alla fine sarà il consenso a garantire che il codice è stato correttamente eseguito.

In questo capitolo, innanzitutto riparleremo dello smart contract Hello World, per illustrare come funziona, dietro le quinte, uno smart contract Ethereum. Poi troverete una panoramica di alto livello delle funzionalità progettuali dei linguaggi di programmazione per smart contract come Solidity, per avere un'idea di come funzioni la programmazione in tali linguaggi. Vedremo anche come realizzare e pubblicare degli smart contract utilizzando framework e strumenti open source. Abbiamo già trattato gli strumenti grafici nel Capitolo 4 quindi ci concentreremo sugli strumenti a riga di comando, che sono più adatti alle attività di sviluppo professionali.

Di nuovo: Hello, World

L'idea sulla quale si basano gli smart contract è quella di avere del codice che, una volta scritto, è garantito che venga eseguito correttamente. In questo paragrafo, tratteremo uno smart contract molto semplice. Funziona nel seguente modo.

- Chiunque può inviare il codice dei propri smart contract alla blockchain Ethereum. I miner Ethereum convalidano il codice e, se la maggior parte di essi concorda (ovvero, si raggiunge il consenso), il codice verrà salvato nella blockchain. Ora lo smart contract ha un "indirizzo" nella blockchain, come se fosse un conto.
- A questo punto chiunque può richiamare ogni metodo pubblico presente nello smart contract, impiegando tale indirizzo nella blockchain. I nodi della blockchain eseguiranno tutti lo stesso codice. Se la maggior parte di essi concorda sui risultati dell'esecuzione del codice, le modifiche svolte dal codice verranno salvate nella blockchain.

> **NOTA**
>
> I nodi della rete Ethereum sono quindi i responsabili dell'esecuzione di questi smart contract e devono raggiungere un consenso sulla correttezza dei loro risultati. I nodi svolgono questo lavoro in cambio della criptovaluta nativa di Ethereum, ETH (ether), e questo per ogni transazione. La commissione (*fee*) per la transazione, chiamata anche "*gas*", viene pagata dal conto di partenza, come specificato dal chiamante del metodo.

In questo capitolo, impiegheremo ancora l'esempio Hello World per illustrare meglio il funzionamento degli smart contract e come interagire con esso impiegando altri strumenti. Il contratto è scritto in linguaggio di programmazione Solidity. Il nome del file è `HelloWorld.sol`. Il più importante requisito di uno smart contract è che produca lo stesso risultato anche se eseguito cui computer differenti che compongono i nodi. Questo significa che non può contenere funzioni casuali e nemmeno calcoli in virgola mobile, i quali sono rappresentati in modo differente a seconda dell'architettura dei computer. Il linguaggio Solidity è progettato in modo da essere del tutto non ambiguo nell'esecuzione dei suoi programmi.

```
pragma solidity ^0.4.17;

contract HelloWorld  {

    string helloMessage;
    address public owner;

    function HelloWorld () public {
        helloMessage = "Hello, World!";
        owner = msg.sender;
    }

    function updateMessage (string _new_msg) public {
        helloMessage = _new_msg;
    }
```

```
    function sayHello () public view returns (string) {
        return helloMessage;
    }

    function kill() public {
        if (msg.sender == owner) selfdestruct(owner);
    }
}
```

Lo smart contract HelloWorld offre due funzioni chiave.

- La funzione `sayHello()`restituisce al chiamante un messaggio di benvenuto. Questo messaggio, inizialmente, ovvero quando lo smart contract viene pubblicato, è "Hello World". È un metodo `view`, ovvero un metodo che non cambia lo stato dello smart contract e pertanto può essere eseguito localmente su ogni nodo Ethereum, senza commissioni.
- La funzione `updateMessage()`consente al chiamante del metodo di cambiare il messaggio di benvenuto da "Hello World" a un altro messaggio.

Lo smart contract HelloWorld mantiene uno stato interno (`helloMessage`) che può essere modificato dalla funzione pubblica `updateMessage()`. La funzionalità chiave della blockchain è che ogni chiamata a funzione viene eseguita da tutti i nodi della rete e ogni modifica allo stato di `helloMessage` deve essere accettata da almeno la maggior parte dei validatori o miner della rete prima di poter essere registrata nella blockchain. A questo punto, ogni modifica allo stato di `helloMessage` viene registrata nella blockchain. Ogni parte interessata potrà così esaminare i blocchi e trovare la cronologia di tutte le modifiche apportate a `helloMessage`. Tale livello di trasparenza garantisce che lo smart contract non possa essere manipolato.

È importante notare che la funzione `sayHello()` può essere eseguita su ogni nodo Ethereum cui il chiamante ha accesso. Questo perché cerca l'informazione nella blockchain, ma non cambia lo stato della blockchain stessa. L'operazione non interessa altri nodi della rete. Pertanto, la blockchain Ethereum non richiederà commissioni (*gas*) per le chiamate a funzione di tipo `view` come quella eseguita da `sayHello()`.

Al contrario, la funzione `updateMessage()` provoca cambiamenti di stato in tutti i nodi della rete Ethereum. È efficace solo quando tutti i nodi della blockchain la eseguono e raggiungono un consenso sui suoi risultati. Pertanto, la chiamata a funzione `updateMessage()` richiede un *gas fee*, una commissione. I risultati della chiamata a funzione `updateMessage()` richiederanno inoltre un certo tempo (fino a 10 minuti sulla rete Ethereum) prima di avere effetto, in quanto i blocchi contenenti i risultati devono essere confermati e poi aggiunti alla blockchain dai nodi dei miner.

Programmazione di smart contract

Questo libro non è concepito come tutorial per la programmazione in Solidity. Solidity è un linguaggio simile a JavaScript, dal quale si distingue per molti aspetti importanti. I dettagli della sintassi di Solidity sono in continua evoluzione e non rientrano negli scopi di questo libro. Siete però incoraggiati a studiare il linguaggio Solidity dalla sua documentazione ufficiale, al seguente indirizzo: `https://solidity.readthedocs.io`.

Tuttavia, è importante comprendere quanto meno le funzionalità di progettazione ad alto livello di Solidity, le quali sono generalmente applicabili a tutti i linguaggi di programmazione per la realizzazione di smart contract. Questo vi consentirà di apprendere meglio Solidity e anche alcune sue peculiarità.

Codice a consenso e non

Come abbiamo visto per le funzioni di Hello World, `sayHello()` e `updateMessage()`, vi sono chiaramente due tipi di codice in uno smart contract.

- Un tipo di codice, come quello della funzione `updateMessage()`, richiede il consenso. Queste funzioni devono essere precise e produrre comportamenti deterministici (per esempio, niente numeri casuali o numeri in virgola mobile) in quanto tutti i nodi devono produrre esattamente gli stessi risultati. Inoltre, sono lente, richiedono un lungo tempo di conferma e sono "costose", sia in termini di risorse di calcolo (perché tutti i nodi devono eseguirle) sia in termini di commissioni.
- L'altro tipo di codice, come quello della funzione `sayHello()`, non richiede consenso. Tali funzioni possono essere eseguite da un nodo locale e pertanto non richiedono commissioni. Non è un problema neppure se nodi differenti restituiscono risultati differenti per la stessa funzione (per esempio, non c'è alcun problema di perdita di precisione per i numeri in virgola mobile).

In Solidity le variabili impiegano i tipi `memory` o `storage`, per indicare se il loro valore deve essere salvato nella blockchain. Le funzioni che non modificano lo stato della blockchain (senza consenso) devono essere etichettate come funzioni `view`. Le funzioni che non leggono neppure lo stato della blockchain (computazionali pure) devono essere etichettate come funzioni `pure`.

È chiaro che la macchina virtuale può fornire molte più funzionalità e ottimizzazioni prestazionali per il codice senza consenso. Tuttavia, la struttura attuale del linguaggio Solidity è dominata dalla necessità del codice che richiede un consenso. Di conseguenza, il linguaggio manca di molte funzionalità di base che gli potrebbero essere facilmente fornite per la parte del sistema che non richiede consenso, come la libreria per le stringhe, il parser JSON, il supporto di strutture dati complesse e così via.

Lo consideriamo un difetto progettuale di Solidity. Nel futuro Ethereum 2.0, la nuova macchina virtuale basata su WebAssembly (comprendente la Second State Virtual Machine) potrà risolvere questo problema supportando più linguaggi di programmazione di uso comune per il codice senza consenso. Ciò renderebbe la blockchain una vera piattaforma di calcolo, invece di una semplice macchina a stati decentralizzata.

Strutture di dati

A parte i tipi primitivi, come `int`, `uint` e `address`, il linguaggio Solidity supporta il tipo di dati `array`. A dire il vero, anche il tipo di dati `string`, internamente, è implementato come un array. Tuttavia, il tipo di dati `array` è piuttosto complesso. Per esempio, il costo computazionale per l'iterazione su un array dipende dalle dimensioni dell'array stesso. Potrebbe essere costoso e anche difficile da stimare prima dell'esecuzione della funzione. Questo perché Solidity supporta nativamente solo un numero molto limitato di operazioni sulle stringhe.

Per i dati strutturati, consigliamo di usare il tipo di dati `struct` per raggruppare insieme più campi di dati correlati. Per le collezioni, consigliamo di usare il tipo di dati `mapping` per costruire coppie chiave/valore. La struttura di mappaggio presenta il vantaggio del costo computazionale fisso per l'aggiunta, la rimozione o la lettura degli elementi della collezione.

Parametri della funzione e valori restituiti dalla funzione

Anche se le `struct` e i `mapping` sono ampiamente utilizzati negli smart contract, potete passare e ricevere dalle funzioni dei contratti solo tipi primitivi. I valori di input e i valori restituiti dalle funzioni di un contratto sono *tuple* di lunghezza limitata. I progetti di estensione di Ethereum (così come EVM 2.0) stanno lavorando a nuovi modi per ridurre questi vincoli, specialmente per le funzioni `view` che non richiedono alcun consenso.
Per il momento, per poter passare oggetti complessi a una funzione, occorre codificare tali dati in un formato stringa (per esempio CSV) e poi eseguire il parsing della stringa all'interno del contratto. Tuttavia, a causa della mancanza di librerie ad alte prestazioni per le stringhe in Solidity, questo è sia difficile sia costoso in termini di commissioni.

Funzioni "pagabili"

Una delle funzionalità specifiche di un linguaggio per smart contract è la presenza di funzioni che possono ricevere pagamenti. In Solidity, potete etichettare ogni funzione del contratto come `payable`. Una funzione `payable` richiede automaticamente il consenso. Può essere richiamata solo tramite una transazione che viene registrata nella blockchain. Il chiamante può allegare un `value` ETH alla transazione. La somma in ETH verrà trasferita dall'indirizzo del chiamante all'indirizzo del contratto di cui viene eseguita questa funzione.
Il contratto può anche avere una funzione `payable` di default, che viene richiamata quando un indirizzo esegue un regolare trasferimento di ETH all'indirizzo del contratto, senza specificare alcuna funzione.
Il contratto può accedere ai propri fondi tramite la funzione `this.balance()` e trasferire fondi ad altri indirizzi tramite la funzione `<address>.transfer(amount)`.

Richiamare altri contratti

Una funzione di un contratto può richiamare funzioni di un altro contratto pubblicato a un altro indirizzo. Il contratto del chiamante ha bisogno di conoscere l'ABI e l'indirizzo del contratto chiamato.
Questa funzionalità ci consente di realizzare contratti *proxy*, dove le implementazioni delle funzioni possono essere modificate o aggiornate perché possiamo aggiornare il proxy in modo da farlo puntare a contratti implementativi differenti. Alcuni smart contract molto noti, come il contratto GUSD, sono scritti questo modo.
In questo paragrafo, abbiamo trattato alcune funzionalità progettuali specifiche del linguaggio Solidity, diverse da quelle dei normali linguaggi di programmazione. Sta a voi, però, imparare l'uso del linguaggio Solidity. Essendo un linguaggio di programmazione di "prima generazione" per gli smart contract, Solidity ha molte lacune, specialmente

per quanto riguarda le funzioni e i programmi che non richiedono il consenso. Alcune estensioni di Ethereum, come il progetto Lity, sono alla ricerca di soluzioni migliori (vedi Capitolo 14).

Realizzazione e pubblicazione degli smart contract

Ora impiegheremo il contratto HelloWorld come esempio di realizzazione e pubblicazione di uno smart contract Ethereum. Iniziamo con gli strumenti standard di Solidity.

Gli strumenti di Solidity

Anche se potete installare e utilizzare una versione JavaScript del compilatore Solidity, è consigliabile installare la versione completa C++. Potete farlo facilmente con i package manager delle distribuzioni Linux. Ecco come si fa dal package manager di Ubuntu, `apt-get`.

```
$ sudo add-apt-repository ppa:ethereum/ethereum
$ sudo apt-get update
$ sudo apt-get install solc
```

Il comando `solc` prende come input un file di codice sorgente Solidity e produce in output il bytecode compilato e anche l'ABI sotto forma di stringa JSON.

```
$ solc HelloWorld.sol
```

L'output del comando è una grossa struttura JSON che fornisce informazioni sui risultati e sugli errori del compilatore. Sotto il contratto `HelloWorld` trovate:

- il bytecode EVM compilato sotto forma di una stringa esadecimale (nel campo `evm/bytecode/object`);
- la relativa definizione ABI (nel campo `abi`);
- i costi consigliati per le commissioni (nel campo `gasEstimates`).

Poi, potete pubblicare questo contratto da GETH e otterrete l'indirizzo nella blockchain per l'istanza del contratto pubblicato. Potete eseguire il comando seguente nella console GETH connessa a una rete blockchain Ethereum o a TestRPC.

```
> var owner = "OxMYADDR"
> var abi = ...
> var bytecode = ...
> var gas = ...
> personal.unlockAccount(owner)
... ...
> var helloContract = eth.contract(abi)
> var hello = helloContract.new(owner, {from:owner, data:bytecode, gas:gas})
```

Una volta che il contratto è stato "minato" e registrato nella blockchain, dovreste poter interrogare il suo indirizzo.

```
> hello.address
"0xabcdCONTRACTADDRESS"
```

Ora dovete registrare e salvare l'ABI e l'indirizzo del contratto. Come abbiamo visto, queste due informazioni saranno necessarie quando dovrete accedere a questa istanza del contratto, successivamente e da un altro programma.

L'IDE di BUIDL

Anche il compilatore a riga di comando è fondamentale per lo sviluppo di smart contract in Solidity, molti sviluppatori preferiscono impiegare strumenti IDE grafici, i quali garantiscono un'esperienza di programmazione più visuale. L'IDE di BUIDL è di gran lunga lo strumento grafico più semplice per compilare e pubblicare gli smart contract Solidity. Innanzitutto, dovete configurare BUIDL per lavorare con le blockchain Ethereum, tramite la scheda *Providers*. Poi, inviate una piccola quantità di ETH all'indirizzo di default nella scheda *Accounts*, in modo che BUIDL possa pagare a Ethereum le commissioni per conto vostro. Trovate ulteriori dettagli nel Capitolo 4.

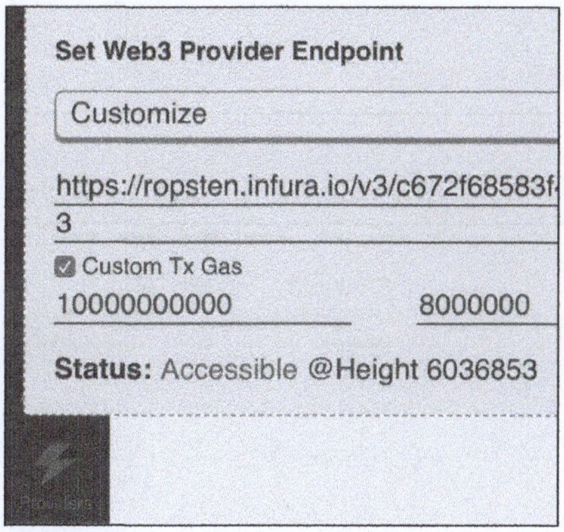

Figura 6.1 Configurate BUIDL per lavorare con Ethereum.

Poi, digitate il codice Solidity nell'editor, nella sezione *Contract* e fate clic sul pulsante *Compile*. Nel pannello laterale potrete vedere l'ABI e il bytecode compilati (Figura 6.2). Naturalmente, potete anche copiare l'ABI e il bytecode e incollarli negli altri strumenti che impiegate.

L'IDE di Remix

Remix è un'IDE web per smart contract realizzati in Solidity ed è stata sviluppata dalla Ethereum Foundation. Potete accedervi dal browser web all'indirizzo `http://remix.ethereum.org`.

Potete digitare il codice sorgente Solidity nell'apposita casella di testo e l'IDE compilerà automaticamente il codice. L'output del compilatore si ottiene facendo clic sul pulsante *Details* a lato del nome del contratto (Figura 6.3).

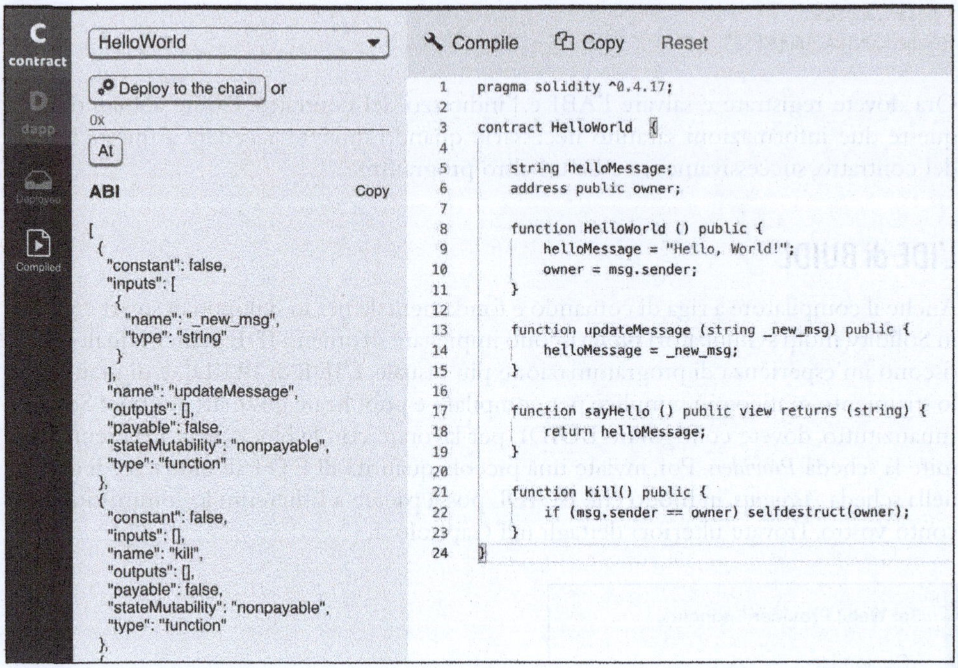

Figura 6.2 Il risultato della compilazione in BUIDL.

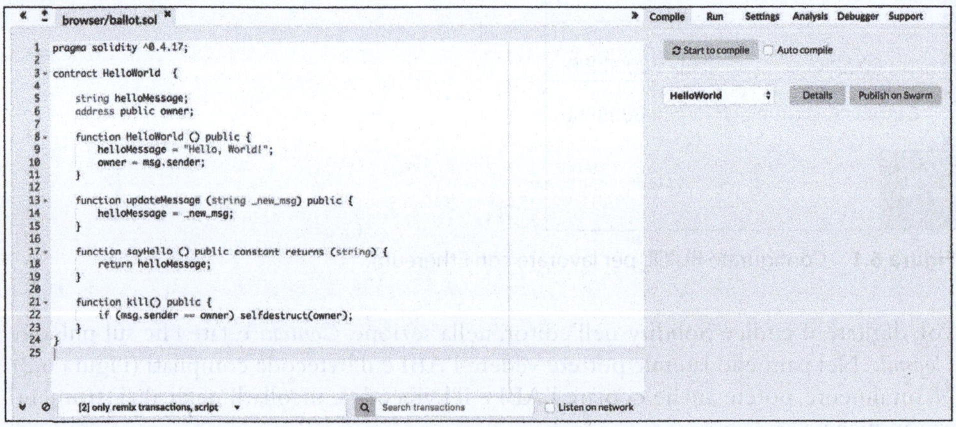

Figura 6.3 L'IDE di Remix compila uno smart contract programmato in Solidity.

Come potete vedere nella Figura 6.4, l'IDE fornisce l'ABI e il bytecode prodotti dal compilatore, e anche uno script GETH per eseguire la pubblicazione del contratto.

Il framework Truffle

Il framework Truffle alleggerisce e semplifica significativamente il processo di realizzazione e pubblicazione degli smart contract. Lo consigliamo per quelli più complessi ma anche per le attività di compilazione e test automatizzati nello sviluppo di software professionale.

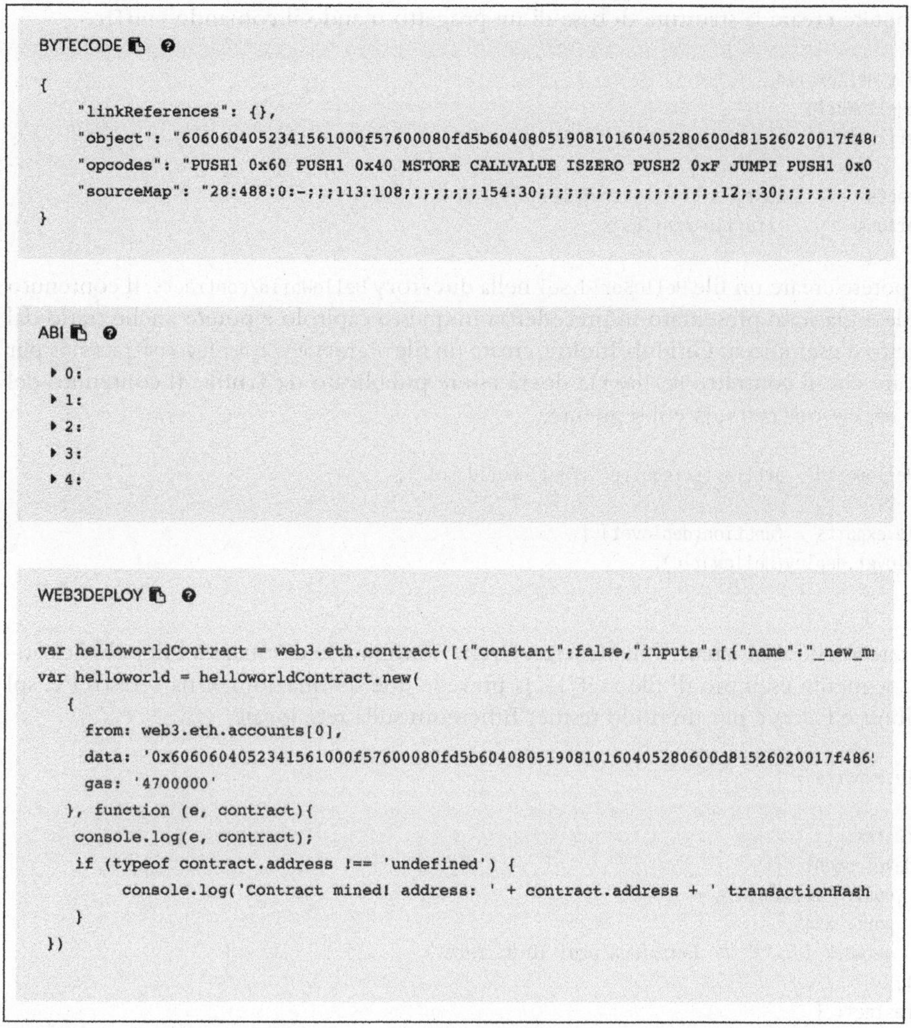

Figura 6.4 Il pulsante Details mostra l'ABI, il bytecode e uno script di pubblicazione per lo smart contract.

Il framework Truffle si basa sul framework node.js. Pertanto, dovete innanzitutto assicurarvi di avere node.js e il suo package manager `npm` installati sulla vostra macchina. Potete installarli da questo sito web: `https://www.npmjs.com/get-npm`. Nella maggior parte delle distribuzioni Linux, potete usare il package manager di sistema per installarli. Per esempio, il comando seguente installa node.js e `npm` su un sistema Linux CentOS/RedHat/Fedora.

```
$ sudo yum install epel-release
$ sudo yum install nodejs npm
```

A questo punto, possiamo installare il framework Truffle dal package manager `npm`.

```
$ sudo npm install -g truffle
```

Poi, potete creare la struttura di base di un progetto usando il comando `truffle`.

```
$ mkdir HelloWorld
$ cd HelloWorld
$ truffle init
$ ls
contracts      test            truffle.js
migrations      truffle-config.js
```

Ora potete creare un file `HelloWorld.sol` nella directory `HelloWorld/contracts`. Il contenuto del file è già stato presentato in precedenza in questo capitolo e potete anche trarlo dal progetto d'esempio su GitHub. Inoltre, create un file `migrations/2_deploy_contracts.js` per indicare che il contratto `HelloWorld` dovrà essere pubblicato da Truffle. Il contenuto del file `2_deploy_contracts.js` è il seguente.

```
var HelloWorld = artifacts.require("./HelloWorld.sol");

module.exports = function(deployer) {
  deployer.deploy(HelloWorld);
};
```

Dovrete anche aggiornare il file `truffle.js`, che configura le destinazioni di pubblicazione. Il seguente esempio di file `truffle.js` prevede due destinazioni. Una è TestRPC sul localhost e l'altra è per un nodo testnet Ethereum sulla rete locale.

```
module.exports = {

  networks: {
    development: {
      host: "localhost",
      port: 8545,
      network_id: "*" // Individua ogni ID di rete
    },
    testnet: {
      host: "node.ip.addr",
      port: 8545,
      network_id: 3, // Ropsten,
      from: "0x3d113a96a3c88dd48d6c34b3c805309cdd77b543",
      gas: 4000000,
      gasPrice: 20000000000
    }
  }
};
```

Per compilare lo smart contract, potete usare il comando seguente.

```
$ truffle compile
Compiling ./contracts/HelloWorld.sol...
Compiling ./contracts/Migrations.sol...
Writing artifacts to ./build/contracts
```

Il contratto ABI sopra menzionato, quando si realizza un contratto dall'indirizzo della blockchain, è un oggetto JSON contenuto nel file `build/contracts/HelloWorld.json`.

```
{
  "contractName": "HelloWorld",
  "abi": [
    ... ...
  ],
  ... ...
}
```

Infine, avete due opzioni di pubblicazione. La prima esegue la pubblicazione (*deployment*) su TestRPC, che deve trovarsi sulla stessa macchina. Per pubblicare il contratto `HelloWorld` su TestRPC, lanciate il comando seguente.

```
$ truffle migrate --network development

Using network 'development'.

Running migration: 1_initial_migration.js
  Deploying Migrations...
  ... 0x22cbcdd77c162a7d72624ddc52fd83aea7bc091548f30fcc13d745c65eab0a74
  Migrations: 0x321a5a4ee365a778082815b6048f8a35d4f44d7b
Saving successful migration to network...
  ... 0xcb2b363e308a22732bd35c328c36d2fbf36e025a06ca6e055790c80efae8df13
Saving artifacts...
Running migration: 2_deploy_contracts.js
  Deploying HelloWorld...
  ... 0xb332aee5093195519fa3871276cb6079b50e51308ce0d63b58e73fb5331016fc
  HelloWorld: 0x4788fdecd41530f5e2932ac622e8cffe3247caa9
Saving successful migration to network...
  ... 0x8297d06a8112a1fd64b2401f7009d923caa553516a376cd4bf818c1414faf9f9
Saving artifacts...
```

La seconda opzione pubblica il contratto su una rete blockchain Ethereum "live". Tuttavia, dal momento che questa operazione richiede una commissione (*gas*), dovrete innanzitutto sbloccare un conto con un saldo ETH positivo. Per farlo, potete usare GETH connesso al nodo testnet. L'indirizzo sbloccato è quello specificato nel campo `testnet/from` del file `truffle.js`. Per informazioni sui comandi di sblocco di GETH, consultate il Capitolo 5.

```
$ ./geth attach http://node.ip.addr:8545 (http://172.33.0.218:8545/)
Welcome to the Geth JavaScript console!

modules: eth:1.0 miner:1.0 net:1.0 personal:1.0 rpc:1.0

> personal.unlockAccount("0x3d113a96a3c88dd48d6c34b3c805309cdd77b543", "pass");
true
```

Poi pubblicatelo sulla testnet con `truffle`.

```
$ truffle migrate --network testnet

Using network 'testnet'.

Running migration: 1_initial_migration.js
  Deploying Migrations...
  ... 0x958a7303711fbae57594959458333b4c6fb536c66ff392686ca8b70039df7570
  Migrations: 0x7dab4531f0d12291f8941f84ef9946fbae0a487b
Saving successful migration to network...
  ... 0x0f26814aa69b42e2d72731651cc2cdd72fca32c19f82073a76461b76265e564a
Saving artifacts...
Running migration: 2_deploy_contracts.js
  Deploying HelloWorld...
  ... 0xc97646bcd00f7a3d1745c4256b334cdca8ff965095f11645144fcf1ec002afc6
  HelloWorld: 0x8bc27c8129eea739362d786ca0754b5062857e9c
Saving successful migration to network...
  ... 0xf077c1158a8cc1530af98b960d90ebb3888aa6674e0bcb62d0c7d4487707c841
Saving artifacts...
```

Infine, potete verificare il contratto pubblicato sulla rete live all'indirizzo: `https://ropsten.etherscan.io/address/0x8bc27c8129eea739362d786ca0754b5062857e9c`.

Richiamare le funzioni dello smart contract

Ora che abbiamo pubblicato lo smart contract `HelloWorld` nella blockchain, siamo in grado di interagire con esso e di richiamare le sue funzioni pubbliche.

L'IDE di BUIDL

Una volta che avete configurato l'IDE di BUIDL per lavorare con la blockchain Ethereum e avete fatto clic sul pulsante *Compile* per compilare il vostro smart contract realizzato in Solidity, siete pronti alla pubblicazione.
Fate clic sul pulsante *Deploy to the chain* (vedi la Figura 6.5) per eseguire la pubblicazione dello smart contract nella blockchain Ethereum. I contratti pubblicati sono disponibili nella scheda *Deployed*. Potete fare clic per aprire ognuno di essi e per interagire con le funzioni pubbliche direttamente dall'interno di BUIDL.

L'IDE di Remix

Come abbiamo visto nel Capitolo 4 l'IDE di Remix può realizzare un'interfaccia utente per uno smart contract sulla base dell'ABI e dell'indirizzo del contratto stesso. Nell'interfaccia utente troverete elencate tutte le funzioni pubbliche del contratto. Le funzioni che provocano cambiamenti di stato nella blockchain (ovvero richiedono commissioni per funzionare) sono contrassegnate da pulsanti rossi (Figura 6.6). Le funzioni che non provocano cambiamenti di stato (per esempio, i metodi view) sono contrassegnate da pulsanti blu. Per passare dei parametri alle funzioni potete usare le caselle di testo poste a lato di ogni pulsante.

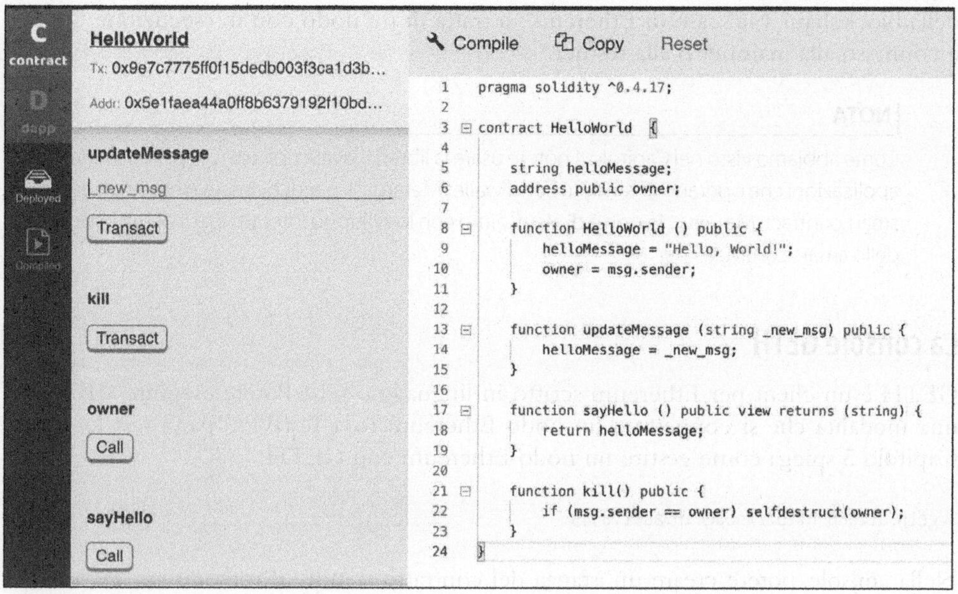

Figura 6.5 Chiamata di funzioni in uno smart contract Ethereum pubblicato.

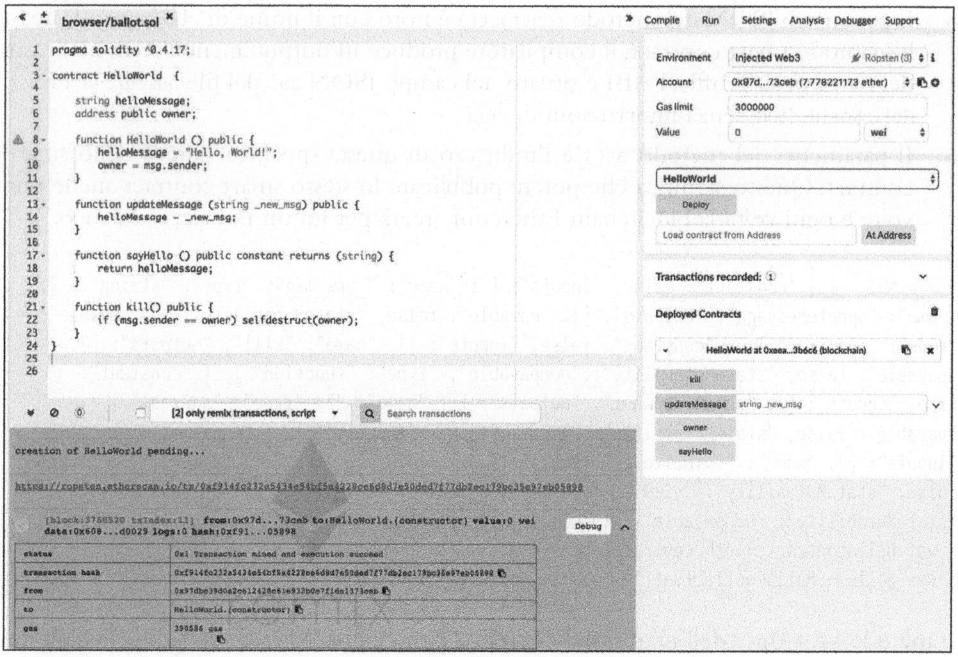

Figura 6.6 L'interfaccia utente di uno smart contract realizzata da Remix.

L'interfaccia utente di Remix è comoda, ma non può essere automatizzata e cela i dettagli delle transazioni. Per comprendere appieno come vengono eseguiti gli smart contract nella blockchain, è consigliabile interagire con le funzioni direttamente, in un nodo della blockchain. Nel caso di Ethereum, si tratta di un nodo con in esecuzione GETH e connesso alla mainnet o alla testnet.

NOTA

Come abbiamo visto nel Capitolo 4 potete usare la libreria JavaScript `web3.js` per costruire applicazioni che operano in tandem con il wallet Metamask per richiamare i metodi dello smart contract. Ma `web3.js` non è di alcun aiuto con lo sviluppo interattivo e il debugging dello smart contract.

La console GETH

GETH è un client per Ethereum scritto in linguaggio GO. Potete eseguire GETH in una modalità che si connette a un nodo Ethereum (o a TestRPC per i test locali). Il Capitolo 5 spiega come gestire un nodo Ethereum con GETH.

```
$ geth attach http://node.ip.addr:8545
```

Nella console, potete creare un'istanza del contratto tramite il metodo `eth.contract().at()`. Per farlo avete bisogno di due informazioni, entrambe fornite dallo strumento che avete impiegato per realizzare e pubblicare il vostro smart contract sulla blockchain.

- Il parametro JSON del metodo `contract()` è noto con il nome di *ABI*: quando realizziamo lo smart contract, il compilatore produce in output anche l'ABI. Nel caso del framework Truffle, l'ABI è situato nel campo JSON `abi` del file `build/contracts/HelloWorld.json`, senza interruzioni di riga.
- Il parametro del metodo `at()` è l'indirizzo di questa specifica istanza dello smart contract. Questo significa che potete pubblicare lo stesso smart contract anche più volte e ogni volta la blockchain Ethereum creerà per lui un indirizzo univoco.

```
> var abi = [ { "constant": false, "inputs": [ { "name": "_new_msg", "type": "string" } ],
"name": "updateMessage", "outputs": [], "payable": false, "stateMutability": "nonpayable",
"type": "function" }, { "constant": false, "inputs": [], "name": "kill", "outputs": [],
"payable": false, "stateMutability": "nonpayable", "type": "function" }, { "constant":
true, "inputs": [], "name": "owner", "outputs": [ { "name": "", "type": "address" } ],
"payable": false, "stateMutability": "view", "type": "function" }, { "constant": true,
"inputs": [], "name": "sayHello", "outputs": [ { "name": "", "type": "string" } ], "payable":
false, "stateMutability": "view", "type": "function" }, { "inputs": [], "payable": false,
"stateMutability": "nonpayable", "type": "constructor" } ]
> var helloContract = eth.contract(abi)
> var hello = helloContract.at("0x59a173...10c");
```

Il metodo `sayHello()` dell'istanza del contratto non cambia lo stato della blockchain. In pratica è "gratuito" ed eseguibile immediatamente dal nodo connesso alla nostra console GETH.

```
> hello.sayHello()
"Hello, World!"
```

Al contrario, il metodo `updateMessage()` cambia lo stato interno del contratto nella blockchain. Deve pertanto essere eseguito da tutti i miner e verrà registrato nella blockchain una volta che la maggior parte dei miner avrà raggiunto un consenso. Per questo motivo, la sua esecuzione richiede una commissione (in ETH) per pagare il lavoro dei miner. Tale commissione viene tratta da un conto specificato nella chiamata al metodo. Se la vostra console GETH è connessa a TestRPC, dovreste già avere dei conti sbloccati. Ma se siete connessi a un vero nodo Ethereum, potete usare il comando seguente nella console GETH per creare un nuovo conto Ethereum e poi inviare degli ETH a questo conto da uno dei vostri wallet.

```
> personal.newAccount("passphrase")
```

Poi, il conto deve essere sbloccato in modo che sia possibile "spendere" i suoi ETH per le commissioni.

```
> personal.unlockAccount("0xd5cb83f0f83af60268e927e1dbb3aeaddc86f886")

Unlock account 0xd5cb83f0f83af60268e927e1dbb3aeaddc86f886
Passphrase:
true
... ...

> hello.updateMessage("Welcome to Blockchain", {from:
"0xd5cb83f0f83af60268e927e1dbb3aeaddc86f886"})
"0x32761c528f426993ba980fdd212f929857a8bd392c98896a4e4a898077223c07"
> hello.sayHello()
"Welcome to Blockchain"
>
```

Anche se le commissioni (*gas*) sono molto piccole, sono necessarie. Se il vostro conto, che avete specificato nella chiamata al metodo, ha saldo zero e non può pagare le commissioni, la chiamata a funzione fallirà. Il nuovo stato del contratto verrà finalizzato da tutti i nodi della blockchain solo quando la transazione sarà confermata dai miner. Questa conferma può anche richiedere molti minuti sulla blockchain Ethereum, con un degrado dell'esperienza utente. Sulle blockchain Ethereum-compatibili come CyberMiles, il tempo di conferma potrebbe essere di pochi secondi. Questo è un motivo che spinge a sviluppare e pubblicare applicazioni Ethereum su blockchain alternative e compatibili (troverete ulteriori informazioni nell'Appendice A).

Un nuovo linguaggio

Anche se il linguaggio Solidity è attualmente il linguaggio di programmazione più utilizzato per lo sviluppo di smart contract Ethereum, è anche molto difficile da impiegare e ha molte lacune progettuali. In particolare, manca di alcune misure di sicurezza e separazioni logiche normalmente presenti nei linguaggi di programmazione moderni. È molto facile commettere un errore, con Solidity.

Addirittura, un controllo a largo spettro eseguito sul codice ha rivelato la presenza di 100 bug evidenti ogni 1000 righe di codice Solidity. Un valore sorprendentemente alto, in quanto la maggior parte del codice Solidity serve smart contract che gestiscono beni finanziari. Al contrario, il software non finanziario, in genere contiene 10 bug ogni 1000 righe di codice.

Per risolvere i problemi di Solidity, la community Ethereum sta sviluppando un nuovo linguaggio sperimentale per la programmazione di smart contract: Vyper. È un linguaggio concepito con lo scopo di migliorarne la leggibilità e verificabilità. Elimina alcune delle funzionalità più confuse di Solidity e pertanto dovrebbe produrre smart contract più sicuri e contenenti meno bug.

Anche se Vyper è tuttora in fase beta e la sua struttura cambia continuamente, esso rappresenta probabilmente il futuro dello sviluppo Ethereum. In questo paragrafo, riscriveremo l'esempio Solidity Hello World in Vyper e vedremo come eseguirne la pubblicazione. Quello che segue è il codice Vyper dello smart contract. Noterete che il codice Vyper dello smart contract ricorda il linguaggio Python. Il nome del file è `HelloWorld.v.py`. Il suffisso del nome del file è `.py` per consentire agli strumenti di sviluppo di evidenziare la sua sintassi utilizzando le regole Python. Se questo non è un problema, potete anche impiegare il suffisso `.vy`.

```
#Variabili di stato
helloMessage: public(bytes32)
owner: public(address)

@public
def __init__(_message: bytes32):
    self.helloMessage = _message
    self.owner = msg.sender

@public
def updateMessage(newMsg: bytes32):
    self.helloMessage = newMsg

@public
@constant
def sayHello() -> bytes32:
    return self.helloMessage

@public
def kill():
    if msg.sender == self.owner:
        selfdestruct(self.owner)
```

Per installare il compilatore Vyper, dovete avere Python 3.6 o una versione successiva. Poiché Vyper è ancora una tecnologia in evoluzione, la documentazione ufficiale suggerisce di eseguirne la compilazione a partire dal codice sorgente. Potete trovare le istruzioni aggiornate in: `https://vyper.readthedocs.io/en/latest/installing-vyper.html`.

Una volta che avete installato l'applicazione `vyper`, potete eseguirla come ogni altro compilatore. Il comando seguente produce in output la stringa esadecimale del bytecode compilato del contratto.

```
$ vyper HelloWorld.v.py
```

Il comando seguente produrrà in output la stringa JSON dell'ABI del contratto.

```
$ vyper -f json HelloWorld.v.py
```

Con il bytecode e l'ABI, potete usare GETH per eseguire la pubblicazione dello smart contract su Ethereum o TestRPC.

```
> var owner = "0xMYADDR"
> var abi = ...
> var bytecode = ...
> var gas = ...
> personal.unlockAccount(owner)
... ...
> var helloContract = eth.contract(abi)
> var hello = helloContract.new(owner, {from:owner, data:bytecode, gas:gas})
```

Ora, come abbiamo visto con Remix, c'è anche un compilatore online per il contratti Vyper: `https://vyper.online` (Figura 6.7). Potete digitare il codice sorgente Vyper e lasciare che l'applicazione web lo compili per generare il bytecode (Figura 6.8) e l'ABI (Figura 6.9).

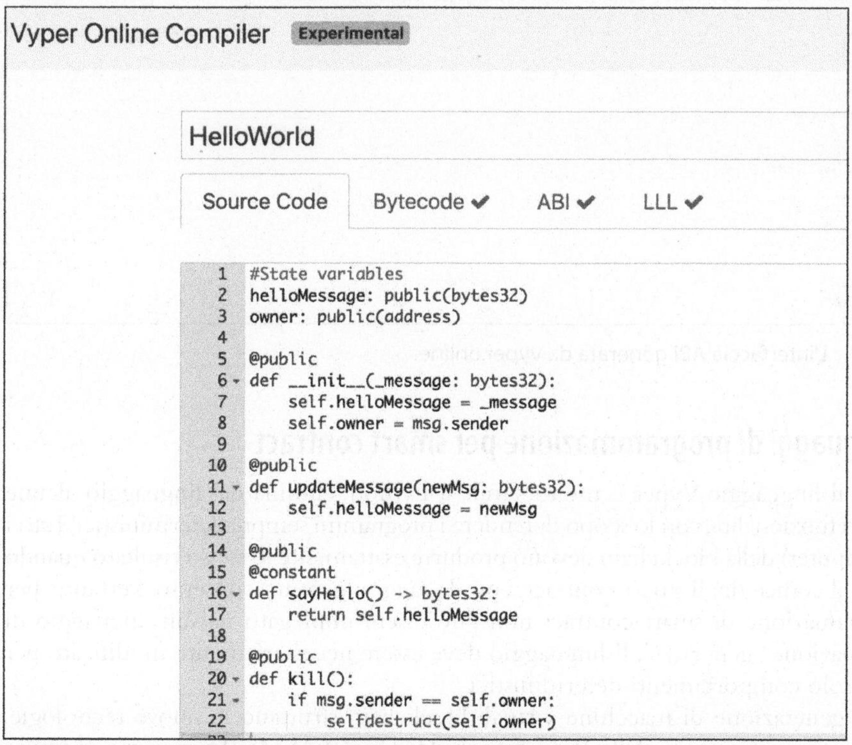

Figura 6.7 Un compilatore web Vyper, su vyper.online.

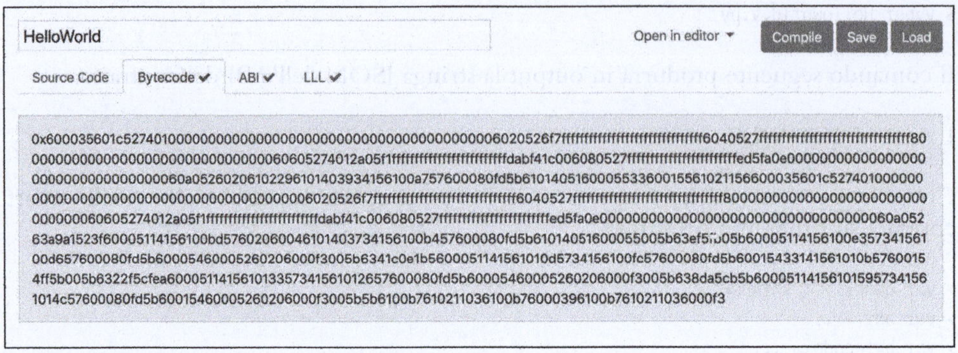

Figura 6.8 Il bytecode compilato da vyper.online.

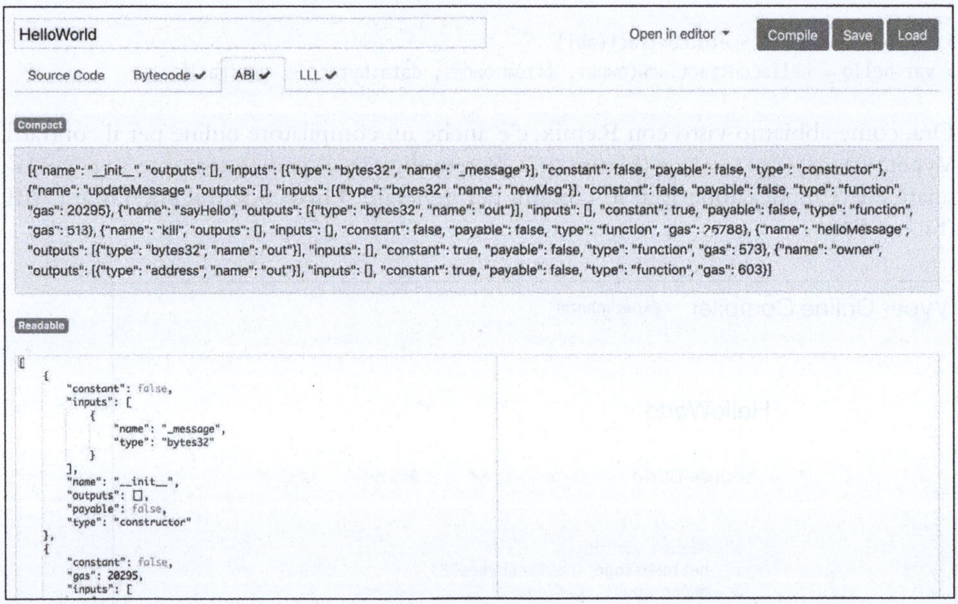

Figura 6.9 L'interfaccia ABI generata da vyper.online.

Altri linguaggi di programmazione per smart contract

Anche se il linguaggio Vyper è molto simile a Python, elimina dal linguaggio alcune importanti funzionalità, con lo scopo di rendere i programmi sempre deterministici. Tutti i nodi (computer) della blockchain devono produrre esattamente lo stesso risultato quando eseguono il codice degli smart contract, così da raggiungere un consenso. Pertanto, per la programmazione di smart contract non può essere impiegato nessun linguaggio di programmazione "generico". Il linguaggio deve essere necessariamente modificato per produrre solo comportamenti deterministici.

La nuova generazione di macchine virtuali blockchain sfruttano le nuove tecnologie; un esempio è rappresentato dalla *Web Assembly Machine* (WASM). Per esempio, la futura *Ethereum Virtual Machine* si baserà sulla *Web Assembly Machine* e si chiamerà *Ethereum flavored Web Assembly Machine* (eWASM). Un'altra grande blockchain pubblica, EOS, già utilizza una macchina virtuale WebAssembly.

Queste macchine virtuali di nuova generazione si basano sulla tecnologia LLVM, che supporta varie ottimizzazioni sull'intero ciclo di vita dell'applicazione dalla fase di compilazione a quella di linking al runtime. LLVM impiega un formato di codice *Intermediate Representation* (IR) fra il codice sorgente dell'applicazione e il bytecode della macchina, con lo scopo di supportare un'infrastruttura di compilazione "agnostica" per quanto riguarda il linguaggio. La IR consente alla macchina virtuale di supportare file di codice sorgente scritto in più linguaggi di programmazione. A oggi, la LLVM supporta già più di venti linguaggi di programmazione. Anche Solidity e Vyper stanno evolvendo per diventare compatibili con la IR LLVM.

Tuttavia, a causa dei peculiari vincoli della programmazione di smart contract, è impossibile aspettarsi che i principali linguaggi di programmazione siano pienamente supportati sulle macchine virtuali blockchain. Quando EOS dice che il suo linguaggio di programmazione per smart contract è C++, intende in realtà una versione modificata di C++ che produce programmi deterministici. Sarà un grande impegno modificare e riformare i linguaggi di programmazione più diffusi per supportare programmazione di smart contract. E così, nel prossimo futuro, penso che Solidity continuerà a essere il principale linguaggio di programmazione per smart contract.

Conclusioni

In questo capitolo abbiamo visto che cos'è uno smart contract, come programmarlo e come interagire con esso. Abbiamo trattato sia il linguaggio Solidity e sia il nuovo linguaggio Vyper. Impiegando strumenti open source, abbiamo esplorato le varie opzioni disponibili per realizzare, compilare e pubblicare uno smart contract su reti blockchain Ethereum. Come abbiamo visto, Solidity e Vyper hanno dei limiti. Nel Capitolo 14 tratteremo uno strumento di programmazione più avanzato, Lity, che è pienamente compatibile all'indietro con Solidity, ma tenta di risolvere alcuni dei suoi problemi più evidenti.

Capitolo 7

DApp: applicazioni decentralizzate

In questo capitolo

- Lo stack di una DApp
- Alcuni esempi di DApp
- Conclusioni

Nel capitolo precedente, abbiamo trattato i concetti di base degli smart contract e abbiamo imparato a interagire con tali contratti sulla blockchain Ethereum. Tuttavia, strumenti come GETH, Truffle e anche Remix e Metamask sono rivolti agli sviluppatori o agli utenti esperti. Per consentire anche agli utenti comuni di accedere alle applicazioni blockchain, è stato fatto molto lavoro in termini di interfaccia utente (UI), esperienza utente (UX) e infrastruttura di supporto.

Internet stessa è decollata quando l'esperienza utente delle applicazioni web iniziò a raggiungere i livelli delle applicazioni client/server delle reti chiuse. Solo una volta passato tale punto, iniziarono a pesare i vantaggi della natura aperta e decentralizzata di Internet. Internet eccelle nell'offrire ecosistemi aperti in grado di orchestrare più fornitori di dati e di servizi. Ma tali ecosistemi sono utili solo quando gli utenti sono intenzionati a impiegare applicazioni web. Analogamente, gli smart contract decentralizzati e autonomi possono essere ampiamente adottati solo se l'esperienza utente dell'applicazione è all'altezza delle tipiche applicazioni web. Stiamo parlando delle DApp.

Lo scopo delle applicazioni decentralizzate (DApp) è quello di fornire interfacce utente per gli smart contract e altre funzionalità della blockchain. In pratica, una DApp è un'applicazione client "ricca", scaricata sul dispositivo in uso da parte dell'utente. Una DApp può legare insieme più servizi, compreso un servizio blockchain. Una DApp, in genere, è un'applicazione JavaScript che può essere scaricata da più server web (così non c'è un server centrale

che possa essere chiuso) e poi conta sulla blockchain decentralizzata per tutti i suoi dati e le sue funzionalità.
In questo capitolo, parleremo dell'architettura e delle migliori pratiche per lo sviluppo di DApp blockchain, basandoci su alcune storie di successo.

NOTA

Lo sviluppo di DApp in Ethereum è un impegno non indifferente. Occorre configurare Metamask, Remix, web3, il server web, in genere anche un nodo Ethereum e un florilegio di strumenti anche solo per scrivere una sola riga di codice. E la DApp Ethereum standard non funzionerà immediatamente sui dispositivi mobili.
Al contrario, BUIDL è un ambiente di sviluppo completo per DApp che quasi non richiede alcuna configurazione. Le applicazioni BUIDL possono essere pubblicate sul Web e poi servite ai dispositivi mobili. Abbiamo parlato di BUIDL nei Capitolo 3 e 4.

Lo stack di una DApp

Una volta che abbiamo compilato e sottoposto a test gli smart contract, è il momento di costruire l'interfaccia utente della DApp, per consentire agli utenti di interagire con gli smart contract. L'idea è che, a differenza di un'applicazione web che dipende da un server centrale in termini di logica e dati, una DApp può ottenere la decentralizzazione salvando i dati utente localmente e utilizzando più servizi sottostanti, compreso un servizio blockchain (Figura 7.1).

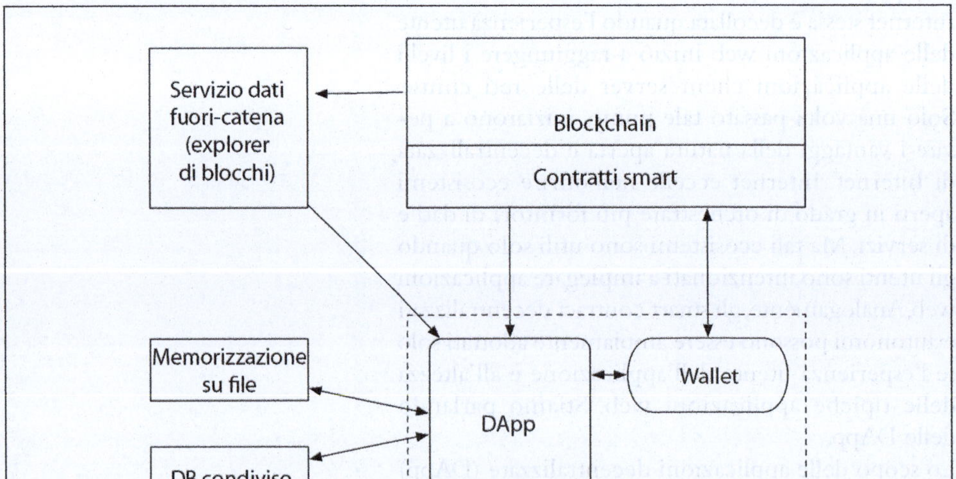

Figura 7.1 L'architettura di una DApp.

Una DApp, tipicamente, opera nel dispositivo dell'utente come un'applicazione JavaScript lato client. Il suo scopo principale è quello di fornire un'interfaccia utente. Interagisce con gli smart contract sulla blockchain per tutti i dati di base e per la logica dell'applicazione. Può anche interagire con altri servizi pubblici o anche locali per memorizzare e gestire dati *off-chain*. La più importante differenza fra i dati *off-chain* di una DApp e il server centrale di una web app standard è che i dati della DApp possono essere replicati e sostituiti a piacere. In un'infrastruttura a DApp non esiste il concetto di singolo punto di fallimento.

Per esempio, la DApp può utilizzare l'API di memorizzazione locale HTML5 del dispositivo per memorizzare sul dispositivo stesso i dati specifici degli utenti.

Potete scrivere una DApp in ogni framework JavaScript lato client. Fra gli esempi più noti vi sono jQuery e ReactJS. Nel progetto Truffle, potete trovare dei template (`https://truffleframework.com/boxes`) per la creazione di DApp per i più noti framework JavaScript.

La libreria web3

L'applicazione JavaScript si connette ai servizi della blockchain tramite la libreria `web3.js` (`https://github.com/ethereum/web3.js`). Attualmente, `web3.js` supporta solo la blockchain Ethereum e non è ancora alla versione 1.0. Tuttavia, rimane la libreria più utilizzata per connettere le DApp ai servizi della blockchain. La libreria web3 fornisce le seguenti funzionalità.

- Invio o trasferimento di fondi da un indirizzo a un altro.
- Pubblicazione di smart contract.
- Chiamata di funzioni pubbliche sugli smart contract pubblicati.
- Stima della commissioni (*gas*) per le chiamate a funzione del contratto.
- Interrogazione del contratto o dello stato dell'indirizzo.

La libreria `web3.js` richiede una chiave privata per firmare le transazioni che invia alla blockchain. Come abbiamo visto, le chiavi private del conto della blockchain sono conservate e gestite dalle applicazioni wallet, e quindi la libreria `web3.js` deve essere utilizzata insieme a un'applicazione wallet compatibile. Il wallet è anche chiamato provider `web3`. È compito del codice JavaScript della DApp rilevare la disponibilità e validità di un provider `web3`. Metamask è un provider `web3` per Ethereum e l'applicazione web Hello World del Capitolo 4 è un esempio di DApp `web3` che funziona in tandem con Metamask.

NOTA

Oltre alla nota `web3.js`, anche la libreria `ethereumJS` (`https://ethereumjs.github.io`) può firmare le transazioni Ethereum senza un'applicazione wallet. Tuttavia, per poterlo fare, il codice JavaScript deve avere accesso alla chiave privata del conto. Inoltre fornisce una libreria JavaScript (`https://github.com/ethereumjs/ethereumjs-wallet`) per implementare nella DApp anche un vostro specifico wallet embedded.

NOTA

Alcune applicazioni blockchain, come Scatter (`https://get-scatter.com`), si comportano anche da wallet, ma sono concepite per eseguire DApp.

Servizi esterni

Come abbiamo descritto, le DApp memorizzano negli smart contract sulla blockchain solo la logica e i dati di base. Sarebbe troppo lento e troppo costoso memorizzarvi grandi quantità di dati. La maggior parte delle applicazioni, per funzionare richiede anche file multimediali, database e altri dati *off-chain*. La DApp può impiegare dei servizi online per memorizzare e gestire tali dati. Ecco alcuni esempi.

- *IPFS* (`https://ipfs.io`) è un protocollo rivolto alle blockchain per spazi di memorizzazione di file e servizi exchange. Le DApp possono memorizzarvi anche grossi file e renderli accessibili ovunque.
- *Swarm* (`https://ethersphere.github.io/swarm-home`) è una soluzione di memorizzazione e condivisione di file basata su Ethereum.
- *GitHub* (`https://github.com`), *Dropbox* (`https://www.dropbox.com`) e Google Drive (`https://www.google.com/drive`) sono esempi di servizi tradizionali di memorizzazione e condivisione di file che possono essere accessibili dai singoli utenti delle DApp. Potete usare GitHub o Dropbox per servire file JavaScript per le DApp direttamente dai singoli account utente.
- I provider *DBaaS* (*DataBase as a Service*) come Microsoft Azure SQL (`https://azure.microsoft.com/it-it/services/sql-database`), AWS Relational Database Service (RDS) (`https://aws.amazon.com/rds`), Google BigQuery (`https://cloud.google.com/bigquery`) e MongoDB Atlas (`https://www.mongodb.com/cloud/atlas`), sono esempi di servizi a database che possono essere utilizzati dalle DApp per memorizzare i dati delle applicazioni.
- Il servizio dati fuori catena (*off-chain*) è un'interfaccia a query che consente di ricercare e di navigare nei dati della blockchain, come transazioni, conti e chiamate a funzione di smart contract. È potenzialmente molto più potente, versatile e scalabile rispetto a chiamare le singole funzioni `view` per ottenere i dati dello smart contract. Questo approccio viene trattato più in dettaglio nel Capitolo 10.

Una tipica pratica progettuale per garantire la sicurezza e la validità dei dati *off-chain* consiste nel memorizzare dentro la blockchain il codice hash dei dati degli smart contract. La tipica DApp è più complessa rispetto alla maggior parte delle applicazioni web. Innanzitutto, occorre designare quale parte dell'applicazione si trova negli smart contract sulla blockchain, quale parte utilizza dati forniti da un server *off-chain* e quale parte è l'interfaccia utente lato client. Ognuno di questi elementi richiede un proprio stack software per funzionare e per comunicare con il resto dell'applicazione.

Alcuni esempi di DApp

A causa del lento tempo di conferma Ethereum (fino a 10 secondi) e delle elevate commissioni per l'esecuzione delle funzioni dello smart contract, le DApp Ethereum di successo sono tutte applicazioni finanziarie che non richiedono frequenti interazioni con l'utente.

Uniswap

Una delle DApp Ethereum più eleganti è l'exchange Uniswap. Si tratta di un exchange decentralizzato di cripto-token. L'idea è che alcune persone effettuino contributi iniziali su un pool di liquidità (i *market maker*) e poi guadagnino una quota delle commissioni applicate. Tutti gli altri trader effettueranno scambi nel pool di liquidità sulla base di una semplice formula di calcolo dei prezzi basata sulla domanda e sull'offerta. Se un token diviene raro nel pool di liquidità, il suo prezzo rispetto a ETH aumenta, incentivando i possessori a rivenderlo al pool di liquidità. Questo meccanismo consente di effettuare scambi in un modo completamente automatizzato, senza contatti diretti fra le parti. L'intero sistema Uniswap è un insieme di smart contract operanti sulla blockchain Ethereum. Lo stato dell'applicazione è completamente memorizzato e gestito dai contratti. Il progetto Uniswap ha sviluppato un'interfaccia utente molto elegante (Figura 7.2) per interagire con gli smart contract sottostanti. L'interfaccia utente è interamente scritta in web3 JavaScript ed è pienamente localizzata. Tramite l'interfaccia utente della DApp, anche gli utenti alle prime armi possono contribuire al pool di liquidità e iniziare a guadagnare commissioni per i loro cripto-depositi, o può iniziare immediatamente a scambiare coppie di token ERC20.

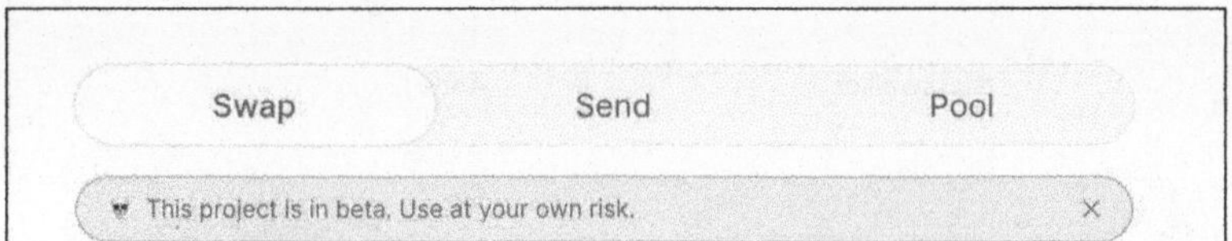

Figura 7.2 L'interfaccia utente di Uniswap.

L'aspetto molto interessante della DApp Uniswap è che è pienamente decentralizzata. La sua logica applicativa e i suoi dati sono conservati sulla blockchain Ethereum. Chiunque può creare un sito web per ospitare la DApp JavaScript e tutte queste copie delle DApp si comporteranno esattamente allo stesso modo, in quanto la loro logica e i loro dati sono tratti dalla blockchain. Con Uniswap, Ethereum è davvero diventato un servizio "computerizzato".

Cryptokitties

Il gioco Cryptokitties ha impazzato in Ethereum verso la fine del 2017. Ha dato origine all'idea dei token collezionabili e non riscuotibili, cosa che poi è diventata la specifica ERC721.

I "Cryptokittie" sono strane entità digitali che vivono nella blockchain Ethereum. Sono dati contenuti in smart contract. La loro univocità è garantita dal codice del contratto. Ogni Cryptokittie ha un proprio indirizzo. I Cryptokittie possono essere acquistati, venduti e scambiati nella blockchain.

La cosa interessante dei Cryptokittie è che hanno un aspetto simpatico (Figura 7.3). L'interfaccia utente della DApp visualizza le specifiche funzionalità di ogni entità digitale. Questo ha contribuito significativamente al successo di Cryptokitties.

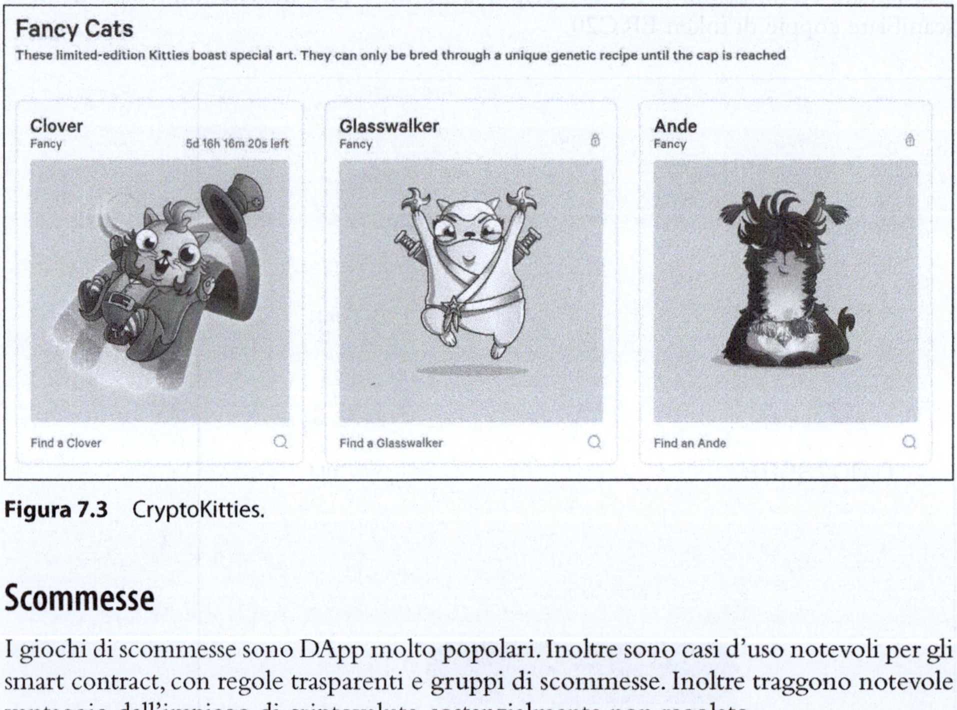

Figura 7.3 CryptoKitties.

Scommesse

I giochi di scommesse sono DApp molto popolari. Inoltre sono casi d'uso notevoli per gli smart contract, con regole trasparenti e gruppi di scommesse. Inoltre traggono notevole vantaggio dall'impiego di criptovalute, sostanzialmente non regolate.

Tuttavia, spesso le scommesse hanno una natura interattiva, dove gli utenti scommettono sulla base di scommesse di altri utenti, il tutto in tempo reale. La lentezza di Ethereum rappresenta quindi un problema per questo tipo di giochi. Blockchain più veloci, come quelle di EOS e Tron (una fork di Ethereum), si stanno infatti specializzando in DApp per scommesse.

DApp interattive

La maggior parte delle applicazioni Internet ha una natura interattiva. Perché le blockchain Ethereum possano supportare delle applicazioni interattive, le prestazioni diventano un fattore molto importante. Il progetto Lity crea estensioni ad alte prestazioni per il protocollo e gli strumenti Ethereum. Questo ci consente di creare interessanti DApp interattive. Nel Capitolo 16 trovate molti esempi completi.

Conclusioni

Una DApp è, in genere, un'applicazione `web3` che opera in tandem con un'applicazione wallet. Interagisce con gli smart contract presenti nella blockchain per i dati essenziali e per la logica applicativa di base. Può anche impiegare aree locali o servizi esterni per memorizzare e gestire i dati non essenziali che sono privati dell'utente o che possono essere generati in modo pubblico. Nel prossimo capitolo, vedremo come le applicazioni impiegano i servizi di fornitura dati per la blockchain, oltre alle transazioni della blockchain, per arricchire l'esperienza utente.

Capitolo 8

Alternative alle DApp

In questo capitolo

- **JavaScript**
- **Python e altri**
- **Conclusioni**

Il concetto di DApp è avvincente e nativo per i più classici casi d'uso della blockchain, come le applicazioni finanziarie peer-to-peer. Tuttavia, il mondo non è mai binario. Vi sono anche molte situazioni di applicazioni blockchain che rientrano nelle più tradizionali applicazioni web. Tipicamente si tratta dei casi d'uso in cui la trasparenza e l'immutabilità della blockchain pubblica o di un consorzio può dare maggiore valore a una data attività. L'applicazione ha bisogno della blockchain solo come funzionalità di supporto, mentre non ha bisogno di decentralizzare l'intera applicazione. Un elaboratore di pagamenti in criptovalute per siti web di e-commerce è un buon esempio. Un exchange di criptovalute, fra criptovalute o fra criptovalute e valute a corso legale (*fiat*) è un altro esempio.

Per queste applicazioni, abbiamo bisogno di eseguire da un server transazioni blockchain e/o chiamate a funzione di smart contract. Per poterlo fare, le chiavi private o gli archivi di chiavi e password dei conti devono essere gestiti sul server.

- Per le nuove transazioni, la cosa è ovvia, in quanto il conto pagante ha bisogno di impiegare la propria chiave privata per autenticare il proprio trasferimento di fondi.
- Per modificare lo stato dei contratti, una blockchain Ethereum-compatibile richiede alla parte che richiede la modifica il pagamento di una commissione (*gas*) tramite la quale i gestori della rete (i miner) convalidano la richiesta e registrano la modifica nei nuovi blocchi. Questo richiede anche il trasferimento di fondi (il *gas*) dal conto del richiedente e pertanto richiede ancora la chiave privata.

In questo capitolo, vedremo come accedere alle funzionalità di una blockchain Ethereum-compatibile da una web app. L'approccio di base consiste nell'impiegare una libreria compatibile web3, ma senza un wallet lato client come Metamask.

JavaScript

Il framework node.js consente di pubblicare applicazioni JavaScript su un server. È pertanto naturale impiegare la libreria `web3.js` (o la libreria compatibile `web3-cmt.js`) in un'applicazione server Node.js.

Wallet a nodo completo

Il primo approccio consiste nell'impiegare come "wallet" per l'applicazione un nodo Ethereum completamente sincronizzato. Il software GETH (Ethereum) o Travis (CyberMiles) che anima il nodo è in grado di gestire i keystore (per esempio, il package `web3.personal`), firmare le transazioni e inviare in broadcast le transazioni ad altri nodi della blockchain. Le applicazioni esterne possono interagire con la blockchain tramite l'interfaccia RPC (*Remote Procedure Call*) del nodo della blockchain.
Dovrete sincronizzare un nodo Ethereum (o Ethereum-compatibile, come CyberMiles) completo posto dietro un firewall. Il nodo dovrà attivare i servizi RPC (per esempio, la porta di default di Ethereum, 8545) in modo che l'applicazione web lato-server possa accedervi, oltrepassando il firewall. È molto importante che la porta 8545 del nodo sia *completamente bloccata* dal firewall e sia accessibile solo dall'interno del firewall. Questa architettura è illustrata nella Figura 8.1.

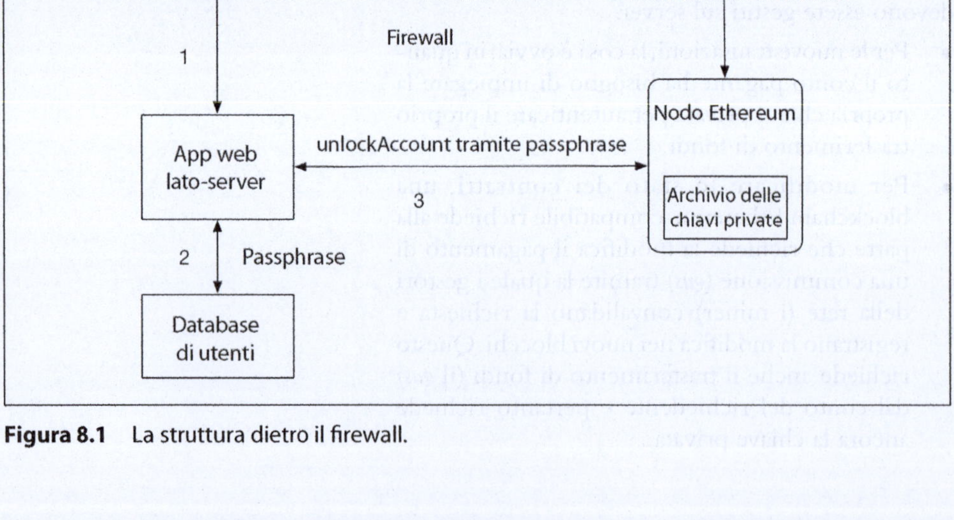

Figura 8.1 La struttura dietro il firewall.

L'esempio di codice sottostante mostra come richiamare la funzione `updateMessage()`del contratto HelloWorld (vedete il Capitolo 4) per registrare nella blockchain un nuovo stato per `helloMessage` e per pagare le commissioni. Supponiamo che l'istanza di `web3.js` sul server Node.js sia connessa a un nodo Ethereum che già ha un proprio keystore contenente la chiave privata di un conto. Il conto ha fondi sufficienti per pagare la commissione per questa transazione. Dovete solo sbloccare il conto usando la sua passphrase.

```
web3 = new Web3(new Web3.providers.HttpProvider(
            "http://node.ip.addr:8545"));
web3.personal.unlockAccount("...", pass);
hello.updateMessage(new_mesg);
```

Naturalmente, non è sicuro memorizzare i keystore nel nodo. Un'errata configurazione del firewall potrebbe esporre la porta 8545 del nodo agli attacchi esterni. Chiunque potrebbe facilmente avere accesso a tutte le chiavi private presenti sul server, in quanto risultano sbloccate per l'applicazione web.

Transazioni grezze

Il secondo approccio consiste nel creare transazioni grezze firmate e poi usare semplicemente `web3.js` per inviare in broadcast la transazione a un nodo della blockchain. In questa configurazione, il nodo della blockchain potrebbe essere una parte "terza", un nodo situato all'esterno del firewall, come un nodo Infura. Il nodo della blockchain non conserva ogni chiave privata o keystore. La stessa applicazione web, al contrario, gestisce le chiavi private di cui ha bisogno in una tabella di un database. La Figura 8.2 illustra questo tipo di architettura.

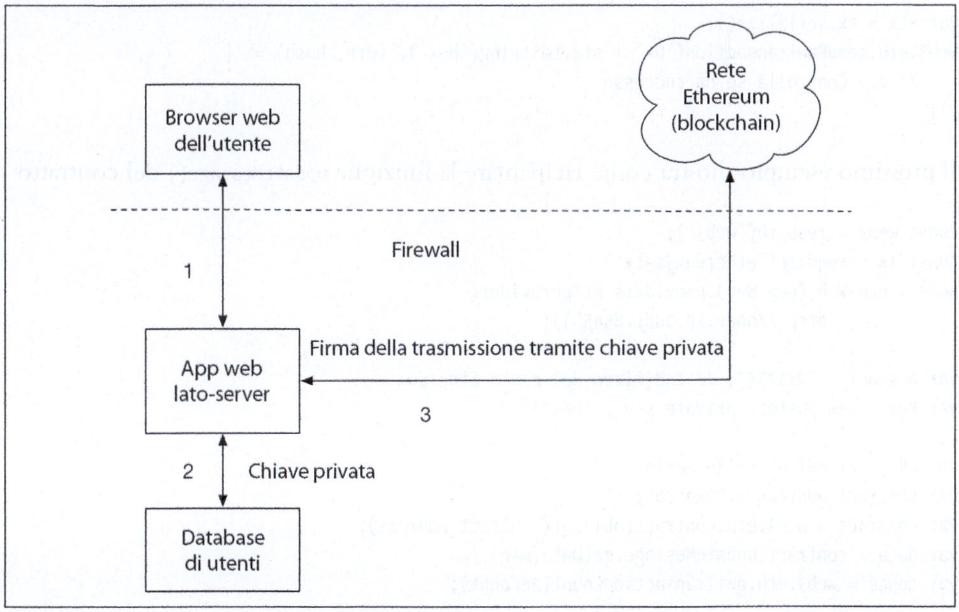

Figura 8.2 Chiavi private gestite dall'applicazione.

La firma delle transazioni grezze non rientra negli scopi di `web3.js`. Qui impieghiamo la libreria `EthereumJS` per lavorare in congiunzione con `web3.js`. In particolare, il progetto `ethereumjs-tx` fornisce dei modi per firmare le transazioni tramite chiavi private. In questo caso le chiavi private sono tipicamente conservate nelle tabelle di un database. Il codice sottostante mostra come pubblicare lo smart contract Hello World su Ethereum utilizzando una transazione grezza firmata. La commissione viene pagata dal conto (`account`), del quale l'applicazione conosce la chiave privata.

```
const Web3 = require("web3");
const Tx = require('ethereumjs-tx')
web3 = new Web3(new Web3.providers.HttpProvider(
            "http://node.ip.addr:8545"));

var account = "0x1234"; // Indirizzo del conto Ethereum
var key = new Buffer('private key', 'hex');

var abi = // ABI di Hello World
var bytecode = // Bytecode di Hello World

var create_contract_tx = {
    gasPrice: web3.toHex(web3.eth.gasPrice),
    gasLimit: web3.toHex(3000000),
    data: bytecode,
    from: account
};

var tx = new Tx(create_contract_tx);
tx.sign(key);

var stx = tx.serialize();
web3.eth.sendRawTransaction('0x' + stx.toString('hex'), (err, hash) => {
    // ... Controlla se ha successo
});
```

Il prossimo esempio mostra come richiamare la funzione `updateMessage()` del contratto.

```
const Web3 = require("web3");
const Tx = require('ethereumjs-tx')
web3 = new Web3(new Web3.providers.HttpProvider(
            "http://node.ip.addr:8545"));

var account = "0x1234"; // Indirizzo del conto Ethereum
var key = new Buffer('private key', 'hex');

var abi = // ABI di Hello World
var contract_address = "0xabcd";
var contract = web3.eth.contract(abi).at(contract_address);
var data = contract.updateMessage.getData(msg);
var nonce = web3.eth.getTransactionCount(account);
```

```
var call_contract_tx = {
    nonce: web3.toHex(nonce),
    gasPrice: web3.toHex(web3.eth.gasPrice),
    gasLimit: web3.toHex(3000000),
    from: account,
    to: contract_address,
    value: '0x00',
    data: data
};

var tx = new Tx(call_contract_tx);
tx.sign(key);

var stx = tx.serialize();
web3.eth.sendRawTransaction('0x' + stx.toString('hex'), (err, hash) => {
    // ... Controlla se ha successo
});
```

La libreria EthereumJS è molto di più di ethereumjs-tx. Fornisce il codice JavaScript per gestire le chiavi private, i keystore e i wallet. Può essere molto utile se dovete fare ampio uso della gestione delle chiavi o della programmazione di basso livello.

Python e altri

Anche se JavaScript è il linguaggio nativo di web3.js, molti sviluppatori non amano impiegare JavaScript per le applicazioni server. Per questo motivo, vi sono altre implementazioni della libreria web3, per altri linguaggi di programmazione. Per esempio, web3.py è un'implementazione Python di web3. Il codice sottostante mostra come decifrare e costruire una chiave privata da un file keystore GETH. Potete memorizzare il contenuto di questo file keystore in una tabella di un database e le password in un'altra tabella del database.

```
with open('filename') as keyfile:
    encrypted_key = keyfile.read()
    private_key = w3.eth.account.decrypt(encrypted_key, password)
```

Avendo la chiave privata, il prossimo segmento di codice illustra come costruire una transazione grezza in web3.py, per trasferire ETH da un conto a un altro.

```
from web3 import Web3

tx = {\
    'to': '0xABCD',\
    'value': w3.toWei('10', 'ether'),\
    'gas': 2000000,\
    'gasPrice': w3.toWei('2', 'gwei'),\
    'nonce': 0\
}
```

```
private_key = b"\xyz123"
signed = w3.eth.account.signTransaction(transaction, private_key)
tx_hash = w3.eth.sendRawTransaction(signed.rawTransaction)
```

Il prossimo esempio mostra come impiegare `web3.py` per eseguire una chiamata a funzione su uno smart contract.

```
from web3 import Web3

contract_address = ="0xWXYZ"
contract = w3.eth.contract(address=contract_address, abi=HELLO_ABI)
nonce = w3.eth.getTransactionCount('0xABCD')
tx = contract.functions.updateMessage(\
    'A new hello message'\
).buildTransaction({\
    'gas': 70000,\
    'gasPrice': w3.toWei('2', 'gwei'),\
    'nonce': nonce\
})
private_key = b"\xyz123"
signed = w3.eth.account.signTransaction(tx, private_key)
tx_hash = w3.eth.sendRawTransaction(signed.rawTransaction)
```

Vi sono ovviamente molte altre situazioni in cui la libreria `web3.py` è sostanzialmente differente da `web3.js` in termini di utilizzo delle API. I lettori interessati possono consultare la documentazione in `https://web3py.readthedocs.io`. Inoltre, vi sono anche altre scelte per quanto riguarda il linguaggio di programmazione per web3.

- web3 PHP: `https://github.com/formaldehid/php-web3`
- web3 Java: `https://github.com/web3j/web3j`

Poiché le applicazioni web possono variare anche molto a seconda del framework di sviluppo scelto, un esercizio per i lettori è quello di provare a creare delle applicazioni web.

Conclusioni

In questo capitolo abbiamo visto come realizzare applicazioni lato server che interagiscono con le blockchain e gli smart contract. Queste applicazioni richiedono la presenza di server centrali per funzionare e pertanto sono meno decentralizzate delle DApp trattate nel Capitolo 7. Tuttavia, nel breve termine, l'inserimento di funzionalità decentralizzate in applicazioni altrimenti centralizzate potrebbe essere il percorso più plausibile verso l'adozione di massa di applicazioni blockchain.

Parte III

Approfondimenti su Ethereum

Nella parte precedente, abbiamo presentato i concetti e gli strumenti per lo sviluppo di smart contract e DApp Ethereum. Nei prossimi capitoli, entreremo più in profondità su Ethereum. Vedremo come i dati dello smart contract e gli stati vengono memorizzati nella blockchain Ethereum e come gli sviluppatori di smart contract possono impiegare tali dati. Esamineremo anche le migliori tecniche di messa in sicurezza degli smart contract, il problema più pressante, al giorno d'oggi. Infine, esamineremo la roadmap di Ethereum: che cosa ha in serbo per gli sviluppatori.

In questa parte

Capitolo 9

Dentro Ethereum

di Tim McCallum

In questo capitolo

- Che cos'è lo "stato" della blockchain?
- Lo stato di Ethereum
- I trie (o tree)
- La struttura del trie Ethereum
- Analisi del database Ethereum
- Conclusioni

Nei capitoli precedenti, abbiamo spiegato come si interagisce con la blockchain Ethereum dall'esterno come client. Abbiamo trattato argomenti come l'esecuzione di transazioni, lo sviluppo e la pubblicazione di smart contract e anche di DApp impiegando strumenti come la libreria web3. Tuttavia, per comprendere appieno come funziona Ethereum e magari modificare il suo comportamento per i nostri specifici scopi, dobbiamo andare oltre l'interfaccia esterna della piattaforma della blockchain.

In questo capitolo, cerchiamo di "sezionare" Ethereum, per spiegare il funzionamento del suo livello di memorizzazione dei dati. Introdurremo il concetto di "stato" della blockchain. Parleremo della teoria su cui si basa la struttura dati *Patricia trie* e mostreremo un'implementazione concreta Ethereum dei *trie* impiegando il database levelDB di Google. A questo punto sarete in grado di eseguire transazioni e di esplorare il modo in cui lo "stato" di Ethereum risponde ad attività come le transazioni.

Che cos'è lo "stato" della blockchain?

Lo "stato" di Bitcoin è rappresentato dalla sua collezione globale di *Unspent Transaction Output* (UTXO). Il trasferimento di valore in bitcoin è attuato tramite transazioni. Più in particolare, un possessore di bitcoin può spendere uno o più dei propri UTXO creando una transazione e aggiungendo uno o più dei propri UTXO come input della transazione.

Una discussione approfondita degli UTXO non rientra negli scopi di questo capitolo. Tuttavia,

menzioneremo gli UTXO nel prossimo paragrafo, per puntualizzare una differenza fondamentale fra Bitcoin ed Ethereum.
I seguenti due esempi con Bitcoin mostreranno la differenza fra il modello UTXO di Bitcoin e il concetto di stato del mondo Ethereum.
Innanzitutto, gli UTXO Bitcoin non possono essere spesi parzialmente. Se un possessore di bitcoin spende 0,5 bitcoin (utilizzando solo il proprio UTXO, che vale 1,0 bitcoin) dovrà deliberatamente auto-inviarsi (ovvero inviare a se stesso) 0,5 bitcoin di "resto" (Figura 9.1). Se non dovesse inviarsi tale resto, perderà quella somma di 0,5 bitcoin, regalandola al miner che ha "minato" la sua transazione.

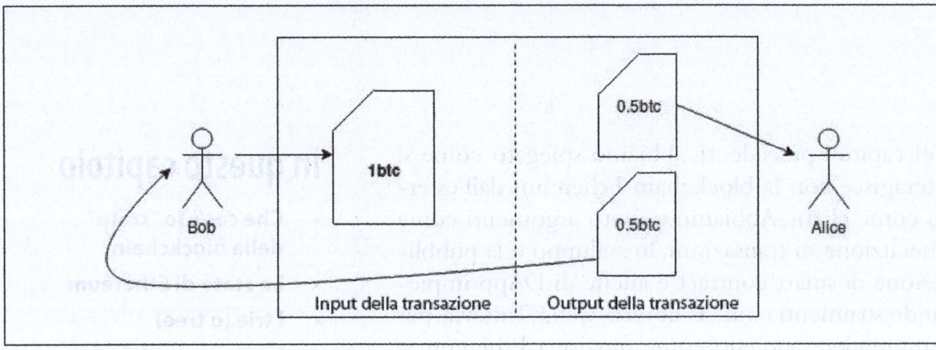

Figura 9.1 Invio di un bitcoin "parziale".

In secondo luogo, al livello più basso, Bitcoin non gestisce i saldi dei conti degli utenti. Con Bitcoin, un utente conserva semplicemente le chiavi private di uno o più UTXO in ogni singolo istante (Figura 9.2). I wallet digitali fanno sembrare che la blockchain Bitcoin conservi e organizzi automaticamente i saldi dei conti e così via. Ma non è così.

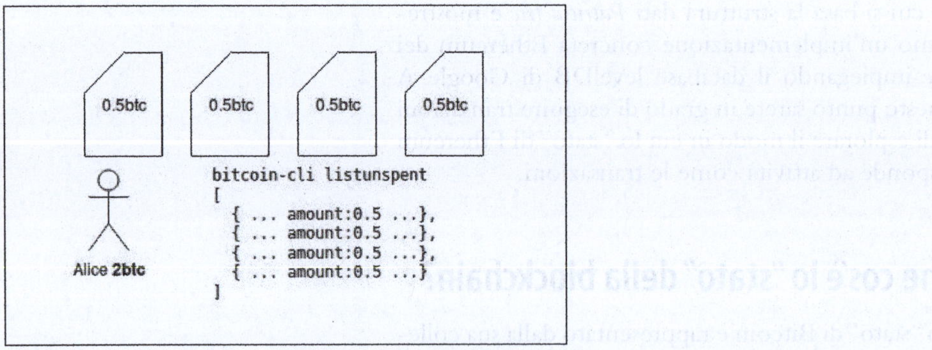

Figura 9.2 Calcolo del saldo del conto per Bitcoin.

Il saldo del conto di un utente in bitcoin è un concetto astratto. Realisticamente il saldo del conto di un utente è la somma totale di ogni singolo UTXO di cui tale utente detiene la corrispondente chiave privata (Figura 9.3). La chiave in possesso di un utente può essere impiegata per firmare/spendere singolarmente ognuno degli UTXO.

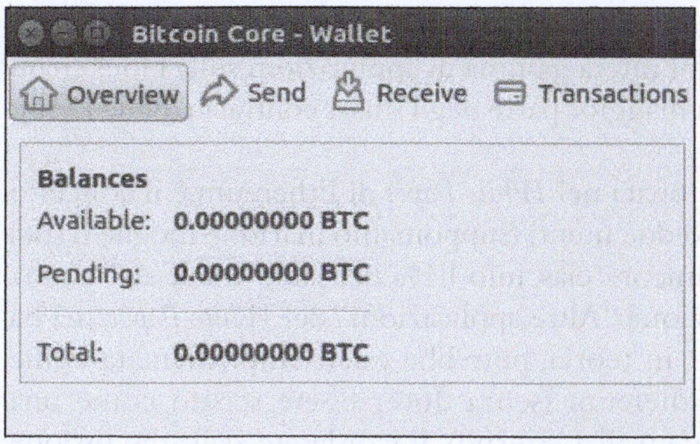

Figura 9.3 Un wallet Bitcoin aggrega gli UTXO per mostrare i saldi dei conti.

Il sistema UTXO di Bitcoin funziona bene, in parte, per il fatto che i wallet digitali sono in grado di facilitare la maggior parte delle attività associate alle transazioni. Ciò include, fra le altre cose, quanto segue:

- gestione degli UTXO;
- conservazione delle chiavi;
- definizione delle commissioni per le transazioni;
- fornitura degli indirizzi di ritorno per i resti;
- aggregazione degli UTXO (per mostrare il saldo disponibile, in attesa (*pending*) e totale).

È interessante notare che, il backup di un wallet non deterministico (come il wallet Bitcoin Core rappresentato nella Figura 9.3) fornisce solo un'istantanea degli UTXO (in questo esatto momento). Se un utente effettua una qualsiasi transazione (di invio o ricezione), il backup originale, che lui stesso ha eseguito, non sarà aggiornato.

Per riepilogare, sappiamo che:

- la blockchain Bitcoin non contiene i saldi dei conti;
- i wallet Bitcoin contengono le chiavi degli UTXO;
- se è incluso in una transazione, viene speso un intero UTXO (in alcuni casi poi viene parzialmente restituito sotto forma di "resto" tramite un nuovo UTXO).

Ora vediamo invece come funziona la blockchain Ethereum.

Lo stato di Ethereum

Al contrario di quanto abbiamo visto per Bitcoin, lo "stato" del mondo Ethereum è in grado di gestire i saldi dei conti e molto altro ancora. Lo stato di Ethereum non è un concetto astratto. È parte del protocollo di fondo di Ethereum. Ethereum è una macchina a "stati" basata su transazioni; una tecnologia sulla quale possono essere costruiti tutti i concetti delle macchine a stati basate su transazioni.

La memorizzazione dei dati dello stato in ogni nodo Ethereum consente l'impiego di client "light", che per funzionare non hanno bisogno di scaricare l'intera blockchain. I client light devono solo accedere al database di stati su un nodo, per ottenere lo stato corrente dell'intero sistema e inviare transazioni che poi altereranno tale stato. Ciò consente di sviluppare in modo efficiente un'intera gamma di applicazioni sulla blockchain Ethereum. Senza questo meccanismo, la maggior parte degli smart contract e delle DApp sarebbe impossibile.

Per esempio, un'idea interessante menzionata nel *White Paper* di Ethereum è il concetto di conto di risparmio. In questo scenario due utenti (supponiamo marito e moglie o soci in affari) possono prelevare quotidianamente ciascuno l'1% del saldo totale del conto. Questa idea è menzionata solo nella sezione "Altre applicazioni" del *White Paper*, ma ha suscitato interesse a causa del fatto che, in teoria, potrebbe essere implementata come parte del livello base del protocollo Ethereum (senza dover essere scritto come una soluzione a un livello sovrastante o come wallet esterno). Ricorderete, dalla discussione sugli UTXO Bitcoin all'inizio di questo capitolo, che gli UTXO non vedono i dati della blockchain e, come abbiamo visto, la blockchain Bitcoin in realtà non conserva il saldo del conto di un utente. Per questa ragione, il livello base del protocollo Bitcoin è molto meno capace (o forse del tutto incapace) di implementare un qualche tipo di limite quotidiano di spesa.

Ora vediamo la struttura dei dati di stato di Ethereum.

Struttura dei dati

Partiamo dall'inizio. Come tutte le altre blockchain, anche la blockchain Ethereum nasce a partire da un blocco *genesis*. Da questo punto (stato *genesis*, blocco 0) in poi, attività come le transazioni, i contratti e il mining continueranno a modificare lo stato della blockchain Ethereum. In Ethereum, un esempio di queste modifiche è rappresentato dal saldo di un conto (conservato nel *trie* degli stati, vedete di seguito) che cambia ogni volta che si verifica una transazione, relativamente a tale conto.

Un aspetto importante: i dati come i saldi dei conti non vengono memorizzati direttamente nei blocchi della blockchain Ethereum. Nella blockchain vengono memorizzati direttamente solo i codici hash del nodo root (radice) del *trie* delle transazioni, del *trie* degli stati e del *trie* delle ricevute (vedete di seguito). La situazione è illustrata nel grafico rappresentato nella Figura 9.4.

Nel grafico noterete che il codice hash del nodo root del *trie* di memorizzazione (dove sono conservati tutti i dati degli smart contract) in realtà punta al *trie* degli stati, che a sua volta punta alla blockchain. Esamineremo presto questo dettaglio.

In Ethereum vi sono due tipi di dati molto differenti; dati permanenti e dati effimeri. Un esempio di dati permanenti è rappresentato da una transazione. Una volta che una transazione è stata pienamente confermata, viene registrata nel *trie* delle transazioni e non viene mai modificata. Un esempio di dati effimeri potrebbe essere il saldo di un determinato conto Ethereum. Il saldo di un conto viene memorizzato nel *trie* degli stati e viene modificato ogni volta che si verificano transazioni su quello specifico conto. Ha senso che i dati permanenti, come le transazioni minate, e i dati effimeri, come i saldi dei conti, vengano memorizzati separatamente. Ethereum gestisce i dati impiegando le strutture di dati denominate *trie* (descritte a grandi linee di seguito). Nel prossimo paragrafo, compiremo una breve deviazione per fornirvi una breve panoramica sui *trie*.

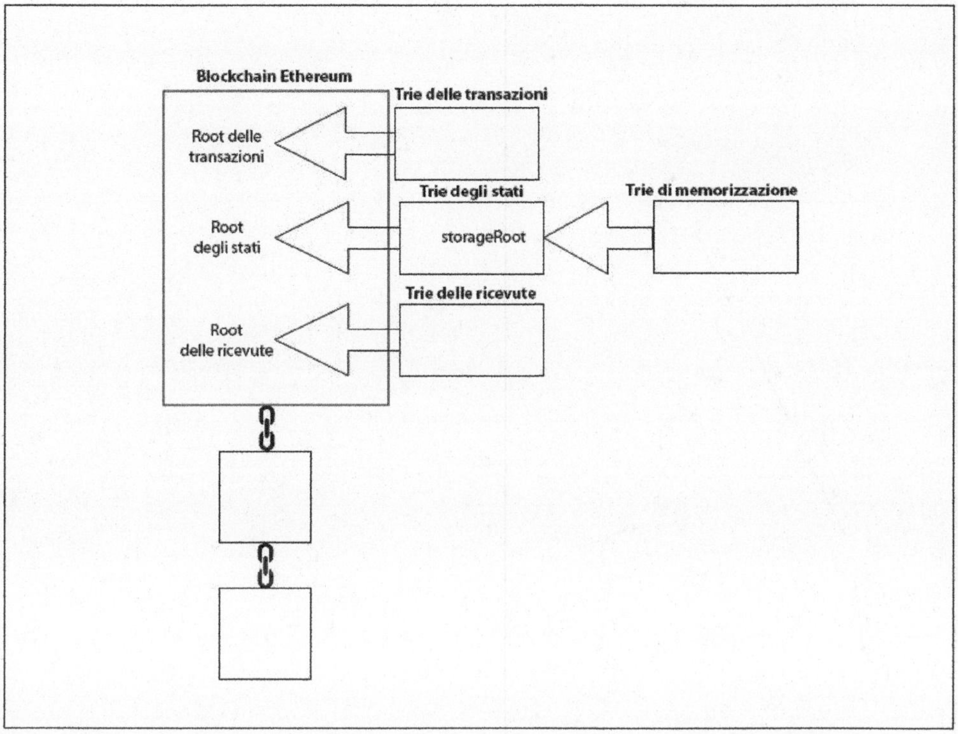

Figura 9.4 La struttura interna dell'area di memorizzazione di un nodo Ethereum.

I trie (o tree)

Il *trie* (o *tree*, albero) è una struttura dati ben nota impiegata per memorizzare sequenze di caratteri. Ethereum impiega esclusivamente quello che è chiamato *Patricia* (*Practical Algorithm To Retrieve Information Coded In Alphanumeric*). Il vantaggio principale del *Patricia trie* è la sua compattezza. Analizzeremo ora il funzionamento interno di un *trie* standard (più tradizionale) e poi del *Patricia trie*.

Il trie standard

Il grafico rappresentato nella Figura 9.5 mostra la struttura di un *trie* standard che memorizza parole. Ogni carattere della parola è un nodo dell'albero e ogni parola termina con uno speciale puntatore nullo.

Regole per l'aggiunta di una parola al trie

Seguiamo il percorso di ricerca per la parola che dobbiamo aggiungere. Se incontriamo un puntatore nullo, creiamo un nuovo nodo. Quando abbiamo finito di aggiungere la nostra parola creiamo un puntatore nullo (terminatore). Quando aggiungiamo una parola che è contenuta in un'altra parola (più lunga), esauriamo tutti i caratteri e poi aggiungiamo un puntatore nullo (terminatore).

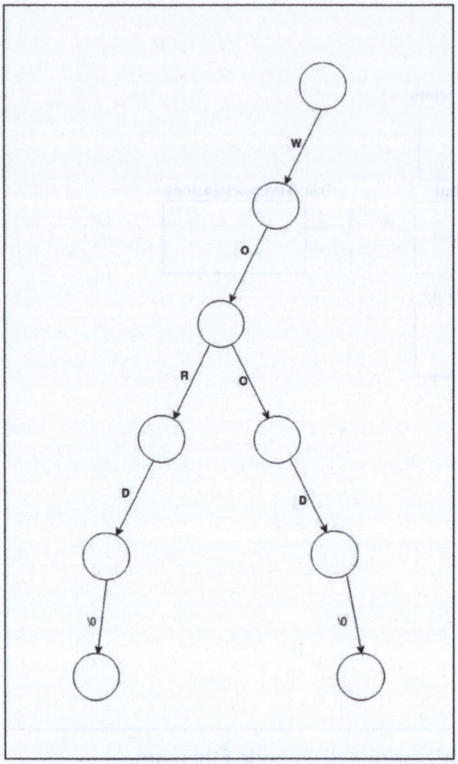

Figura 9.5 Un trie standard che memorizza due parole inglesi: "word" e "wood". Il carattere speciale \0 rappresenta il puntatore nullo.

Regole per la cancellazione di una parola dal trie

Cerchiamo nel *trie* una "foglia" (l'estremità di un ramo) che rappresenta la stringa che vogliamo cancellare. Poi iniziamo a cancellare tutti i nodi, partendo dalla "foglia" e risalendo verso la radice del *trie*. Questo finché non raggiungiamo un nodo con più di un figlio; nel qual caso ci fermiamo.

Regole per la ricerca di una parola nel trie

Esaminiamo ognuno dei caratteri della stringa che stiamo cercando e seguiamo il *trie* finché non ci fornisce il nostro percorso (nella sequenza corretta). Se incontriamo un puntatore nullo prima di esaurire tutti i caratteri della stringa che stiamo cercando, possiamo concludere che la stringa non è contenuta nel *trie*. Al contrario, se raggiungiamo una "foglia" (la fine di un ramo) e tale percorso (dalla foglia alla radice del *trie*) rappresenta la nostra stringa, possiamo concludere che la stringa è memorizzata nel *trie*.

Il Patricia trie

Il grafico rappresentato nella Figura 9.6 mostra la struttura di un *Patricia trie* contenente parole. La sua impronta è molto più compatta rispetto al *trie* standard. Ogni parola termina con uno speciale puntatore nullo.

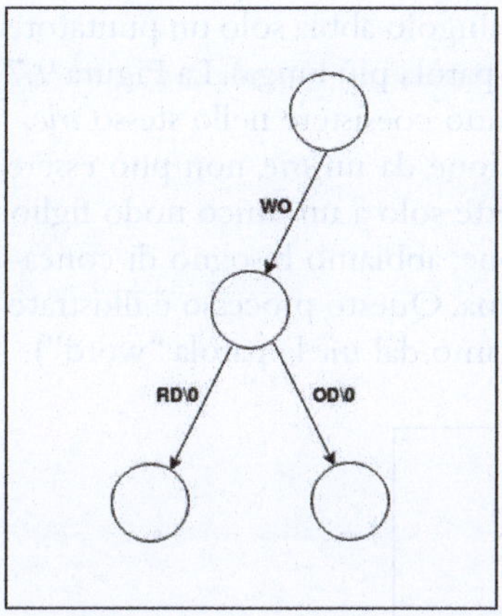

Figura 9.6 Un Patricia trie contenente due parole inglesi: "word" e "wood".

Regole per l'aggiunta di una parola al Patricia trie

I *Patricia trie* raggruppano tutti i caratteri comuni in un unico ramo. Ogni carattere non comune costituirà un nuovo ramo nel percorso. Quando si aggiunge una parola a un *Patricia trie*, si esauriscono tutti i caratteri e poi si aggiunge il puntatore nullo (terminatore, Figura 9.7).

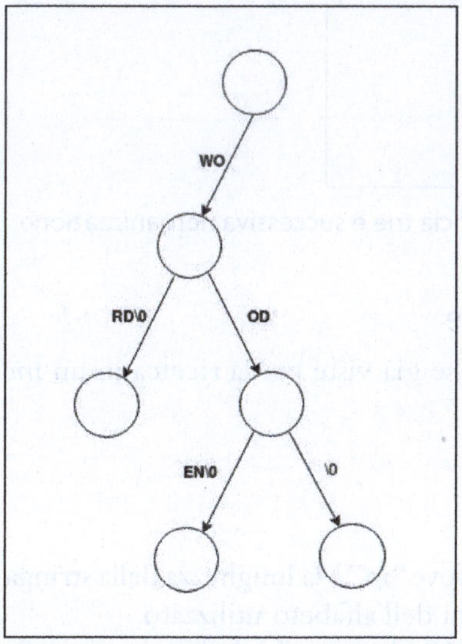

Figura 9.7 Aggiunta di una parola ("wooden") al Patricia trie.

Regole per la cancellazione di una parola dal Patricia trie

Tutto si svolge come per un *trie* standard, tranne per il fatto che quando si cancellano i nodi (dalla foglia risalendo verso la radice) dobbiamo garantire che tutti i nodi genitori siano in possesso di almeno due nodi figli. Va bene anche se un unico nodo figlio contiene solo caratteri e un puntatore nullo (questo si verifica nel grafico della Figura 9.7,

all'estremità di ogni parola). Va bene anche che un nodo singolo abbia solo un puntatore nullo (questo si verifica se una parola è contenuta in una parola più lunga). La Figura 9.7 mostra come in questo modo "wood" e "wooden" possano coesistere nello stesso *trie*.
Un aspetto importante: quando si esegue una cancellazione da un *trie*, non può essere lasciato un percorso con un nodo genitore che si connette solo a un unico nodo figlio. Se questo si verifica quando eseguiamo una cancellazione, abbiamo bisogno di concatenare i caratteri appropriati per risolvere questo problema. Questo processo è illustrato nel grafico rappresentato nella Figura 9.8 (dove cancelliamo dal *trie* la parola "word").

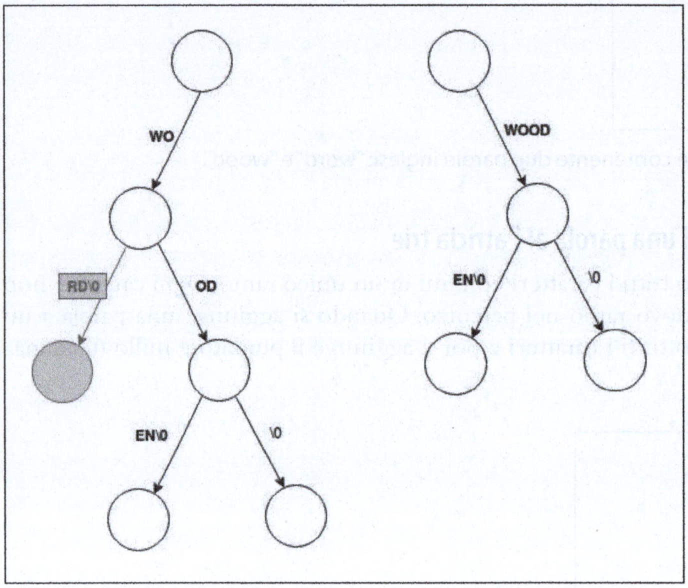

Figura 9.8 Cancellazione di una parola ("word") dal Patricia trie e successiva riorganizzazione.

Regole per la ricerca di una parola in un Patricia trie

Le regole per la ricerca in un *Patricia trie* sono le stesse già viste per la ricerca in un *trie* standard.

Analogie fra il trie e il Patricia trie

Il tempo di esecuzione "O" per l'aggiunta è O(mN) dove "m" è la lunghezza della stringa che stiamo aggiungendo e "N" è pari alle dimensioni dell'alfabeto utilizzato.
Il tempo di esecuzione per la cancellazione è O(mN) dove "m" è la lunghezza della stringa che vogliamo cancellare e "N" è ancora pari alle dimensioni dell'alfabeto utilizzato.
Il tempo di esecuzione per la ricerca è O(m) dove "m" è la lunghezza della stringa che stiamo cercando.

Differenze principali fra il trie e il Patricia trie

Il vantaggio principale dell'uso del *Patricia trie* è l'occupazione di memoria.

L'occupazione di memoria "O" per un *trie* standard è O(MN) dove "M" è la lunghezza totale di tutte le stringhe contenute nel *trie* e "N" è pari alle dimensioni dell'alfabeto utilizzato.
L'occupazione di memoria "O" per un *Patricia trie* è O(nN+M) dove "n" è il numero di stringhe memorizzate nel *Patricia trie*, "N" è pari alle dimensioni dell'alfabeto utilizzato e "M" è la lunghezza totale di tutte le stringhe contenute nel *trie*.
In breve, avrete notato una netta differenza nella profondità dei due *trie*. Il *Patricia trie* è meno profondo (più superficiale). Questo è dovuto alla capacità del *Patricia trie* di raggruppare i caratteri comuni (e concatenare i puntatori nulli alle "foglie").

Modified Merkle Patricia trie

Nel database di stati Ethereum, i dati sono conservati in un *Modified Merkle Patricia trie*, dove il nodo root del *trie* è un codice hash dei dati contenuti nelle foglie. Questo rende il database di stati in ogni nodo resistente a ogni tentativo di manipolazione, esattamente come la blockchain.
Ogni funzione (`put`, `update` e `delete`) svolta su un *trie* Ethereum utilizza un codice hash crittografico deterministico. Inoltre, il codice hash crittografico univoco del nodo root di un *trie* può essere impiegato come prova che il *trie* non è stato alterato.
Per esempio, ogni modifica ai dati di un *trie*, a qualsiasi livello (per esempio per aumentare il saldo di un conto) modificherà completamente il codice hash della radice. Questa funzionalità crittografica consente ai client light (dispositivi che non memorizzano l'intera blockchain) di interrogare rapidamente e in modo affidabile la blockchain. Per esempio: "Il conto 0x...4857" ha fondi sufficienti per completare questo acquisto al blocco di altezza 5044866?".

La struttura del trie Ethereum

Osserviamo ora più in dettaglio i *trie* degli stati, di memorizzazione e delle transazioni.

Trie degli stati: l'unico e il solo

C'è un unico e solo *trie* globale degli stati, in Ethereum, il quale viene costantemente aggiornato. Il *trie* degli stati contiene una coppia chiave/valore per ogni conto che esiste sulla rete Ethereum.

- La "chiave" è un identificatore di 160 bit (l'indirizzo di un conto Ethereum).
- Il "valore" nel *trie* globale degli stati viene creato codificando i seguenti dettagli di un conto Ethereum (tramite il metodo RPL, *Recursive-Length Prefix*): `nonce`, `balance`, `storageRoot`, `codeHash`.

Il nodo root del *trie* degli stati (un codice hash dell'intero *trie* degli stati in un determinato istante) viene utilizzato come identificatore sicuro e univoco per il *trie* degli stati; il nodo root del *trie* degli stati dipende crittograficamente da tutti i dati interni del *trie* degli stati. Il nodo root del *trie* degli stati viene memorizzato nell'header del blocco Ethereum corrispondente al momento in cui il *trie* degli stati è stato aggiornato (vedi Figura 9.9) e può essere interrogato dal blocco (Figura 9.10).

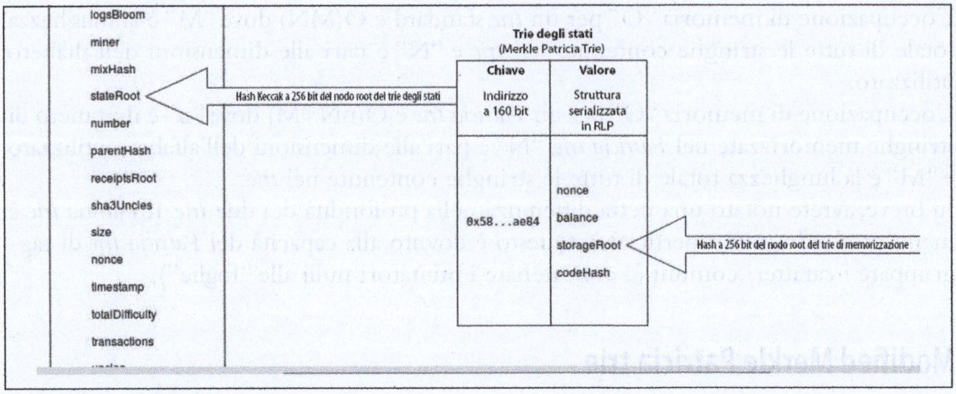

Figura 9.9 Relazione fra il trie degli stati (implementazione levelDB di un Merkle Patricia trie) e un blocco Ethereum.

Figura 9.10 L'aspetto della root del trie.

Trie di memorizzazione: dove si trovano i dati del contratto

Un *trie* di memorizzazione è il luogo in cui si trovano tutti i dati di un contratto. Ogni conto Ethereum ha un proprio *trie* di memorizzazione. Il codice hash di 256 bit del nodo root del *trie* di memorizzazione viene salvato tramite il valore `storageRoot` nel *trie* globale degli stati (Figura 9.11) di cui abbiamo appena parlato.

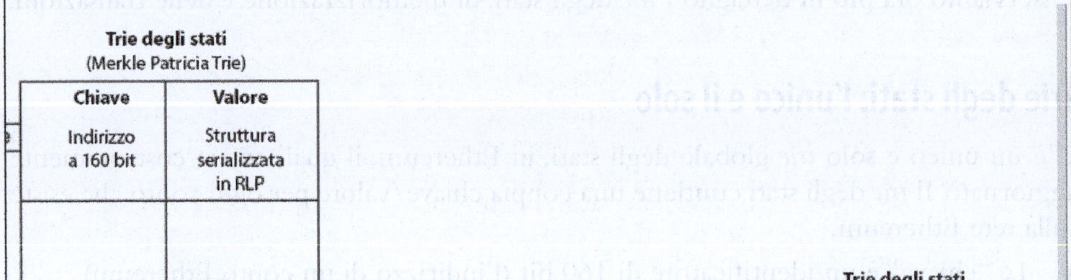

Figura 9.11 Il trie degli stati – Il codice hash a 256 bit del nodo root del trie di memorizzazione viene salvato come valore stateRoot in un determinato blocco del trie degli stati.

Trie delle transazioni: uno per blocco

Ogni blocco Ethereum ha un proprio *trie* delle transazioni. Un blocco può contenere molte transazioni. L'ordine delle transazioni presenti in un blocco viene naturalmente deciso dal miner che assembla il blocco. Il percorso che conduce verso una specifica transazione nel *trie* delle transazioni, avviene tramite la codifica RLP dell'indice della posizione della transazione nel blocco. I blocchi minati non vengono mai aggiornati; la posizione della transazione in un blocco non viene mai modificata. Questo significa che una volta che avete individuato una transazione nel *trie* delle transazioni di un blocco, potete seguire lo stesso percorso più e più volte e otterrete sempre lo stesso risultato. La Figura 9.12 mostra come il codice hash della radice del *trie* delle transazioni sia memorizzato nell'intestazione di un blocco Ethereum.

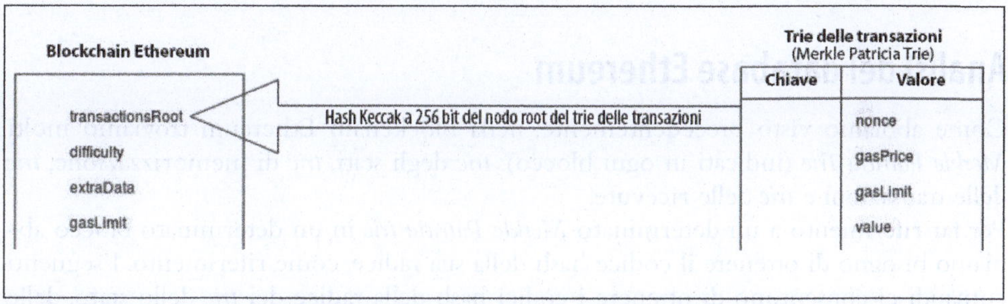

Figura 9.12 Il trie delle transazioni memorizza in un blocco i dati relativi a ogni transazione.

Esempi concreti di trie in Ethereum

I principali client Ethereum impiegano due diversi tipi di database per memorizzare i *trie*. Il client Ethereum Parity, scritto in Rust, utilizza rocksDB, mentre i client Ethereum scritti in Go, C++ e Python utilizzano tutti levelDB.

Ethereum e rocksdb

RocksDB non rientra negli scopi di questo libro. Può darsi che in futuro l'argomento diventi più utile, ma per il momento concentriamoci sul modo in cui tre dei quattro principali client Ethereum utilizzano levelDB.

Ethereum e levelDB

LevelDB è una libreria open source Google a memorizzazione di coppie chiave/valore che fornisce, fra le altre cose, iterazioni in avanti e all'indietro sui dati, mappaggio ordinato fra chiavi a stringa e i valori di tali stringhe, funzioni di confronto personalizzate e compressione automatica. I dati vengono compressi automaticamente con "Snappy", una libreria open source Google di compressione/decompressione. Anche se Snappy non punta alla massima compressione, privilegia la velocità. LevelDB è un meccanismo importante di memorizzazione e ricerca dei dati, che gestisce lo stato della rete Ethereum. In quanto tale, da levelDB dipendono i più noti client (nodi) Ethereum, come go-ethereum, cpp-ethereum e pyethereum.

NOTA

Mentre l'implementazione della struttura dati *trie* può essere svolta su disco (utilizzando un software per database come levelDB) è importante notare che c'è una differenza fra attraversare un *trie* e ricercare semplicemente nel database una coppia chiave/valore.

Per capire meglio come funzionano le cose, dobbiamo accedere ai dati in levelDB impiegando le librerie per *Patricia trie* appropriate. Per farlo abbiamo bisogno di un'installazione Ethereum (vedete il Capitolo 5). Una volta che avrete configurato la vostra rete privata Ethereum, sarete in grado di eseguire le transazioni e di studiare il modo in cui lo "stato" di Ethereum risponde ad attività della rete come le transazioni, i contratti e il mining. Nel prossimo paragrafo, forniremo esempi di codice e schermate tratte dalla nostra rete privata Ethereum.

Analisi del database Ethereum

Come abbiamo visto precedentemente, nella blockchain Ethereum troviamo molti *Merkle Patricia Trie* (indicati in ogni blocco): *trie* degli stati, *trie* di memorizzazione, *trie* delle transazioni e *trie* delle ricevute.
Per far riferimento a un determinato *Merkle Patricia trie* in un determinato blocco abbiamo bisogno di ottenere il codice hash della sua radice, come riferimento. I seguenti comandi ci consentono di ottenere i codici hash della radice dei *trie* dello stato, delle transazioni e delle ricevute nel blocco genesis.

```
web3.eth.getBlock(0).stateRoot
web3.eth.getBlock(0).transactionsRoot
web3.eth.getBlock(0).receiptsRoot
```

Se desiderate avere i codici hash della radice dell'ultimo blocco (invece del blocco genesis), potete usare il comando seguente.

```
web3.eth.getBlock(web3.eth.blockNumber).stateRoot
```

Ora impiegheremo una combinazione di node.js, levelDB ed ethereumJS (che implementa la macchina virtuale Ethereum in JavaScript) per ispezionare il database levelDB. I seguenti comandi prepareranno il nostro ambiente (in Ubuntu Linux).

```
cd ~
sudo apt-get update
sudo apt-get upgrade
curl -sL https://deb.nodesource.com/setup_9.x | sudo -E bash - sudo apt-get install -y nodejs
sudo apt-get install nodejs
npm -v
nodejs -v
npm install levelup leveldown rlp merkle-patricia-tree --save
git clone https://github.com/ethereumjs/ethereumjs-vm.git
cd ethereumjs-vm
npm install ethereumjs-account ethereumjs-util --save
```

Ottenere i dati

A questo punto, il seguente codice mostrerà un elenco di chiavi dei conti Ethereum (sono conservate nella radice del *trie* degli stati della vostra rete privata Ethereum). Il codice si connette con il database levelDB di Ethereum, entra negli stati di Ethereum (impiegando il valore `stateRoot` tratto da un blocco nella blockchain) e poi accede alle chiavi di tutti i conti presenti nella rete privata Ethereum (Figura 9.13).

```
//Importazione dei requisiti
var Trie = require('merkle-patricia-tree/secure');
var levelup = require('levelup');
var leveldown = require('leveldown');
var RLP = require('rlp');
var assert = require('assert');

//Connessione al database levelDB
var db = levelup(leveldown(
  '/home/user/geth/chaindata'));

//Aggiunta del valore stateRoot dal blocco, in modo da poter
//ispezionare la radice del trie degli stati all'altezza di tale blocco.
var root = '0x8c777...2976';

//Creazione di un oggetto trie con la libreria merkle-patricia-tree
var trie = new Trie(db, root);

//Creazione un oggetto stream nodejs in modo da poter accedere ai dati
var stream = trie.createReadStream()

//Apertura dello stream
stream.on('data', function (data){
  //Visualizzazione delle chiavi del trie degli stati
  console.log(data.key);
});
```

Figura 9.13 Dati grezzi letti dal trie, in levelDB.

> **NOTA**
>
> I conti, in Ethereum, vengono aggiunti al *trie* degli stati solo dopo che una transazione ha avuto luogo (in relazione a quello specifico conto). Per esempio, la semplice creazione di un nuovo conto con `geth account new` non includerà tale conto nel *trie* degli stati, neppure dopo che saranno stati minati molti blocchi. Tuttavia, se su tale conto viene registrata una transazione completata con successo (e che quindi abbia un suo costo per commissioni, *gas*, e sia stata inclusa in un blocco minato), allora e solo allora tale conto comparirà nel *trie* degli stati. Questa logica protegge contro gli attacchi che mirano a creare continuamente nuovi conti per intasare il *trie* degli stati.

Decodifica dei dati

Avrete notato che le query levelDB restituiscono risultati codificati. Questo per il fatto che Ethereum impiega una sua speciale implementazione *Modified Merkle Patricia trie* quando interagisce con levelDB. Il Wiki Ethereum fornisce informazioni in relazione alla struttura e all'implementazione sia del *Modified Merkle Patricia trie* sia della codifica *Recursive Length Prefix* (RLP) di Ethereum. In breve, Ethereum ha esteso le strutture di dati *trie* descritte in precedenza. Per esempio, il *trie Modified Merkle Patricia* contiene un metodo in grado di abbreviare la discesa nel *trie* tramite l'uso di un nodo di "estensione". In Ethereum, un singolo nodo *Modified Merkle Patricia trie* può essere:

- una stringa vuota (chiamata `NULL`);
- un array che contiene 17 elementi (un ramo);
- un array che contiene 2 elementi (una "foglia");
- un array che contiene 2 elementi (un'estensione).

Poiché i *trie* Ethereum sono concepiti e costruiti secondo rigide regole, il modo migliore per ispezionarli è tramite l'uso del codice. Il seguente esempio impiega ethereumJS. Il seguente codice (se viene dotato della `stateRoot` di un determinato blocco e dell'indirizzo di un conto Ethereum) restituirà il saldo di tale conto in un formato leggibile (Figura 9.14).

```
//Mozilla Public License 2.0
//Requisiti
var Trie = require('merkle-patricia-tree/secure');
var levelup = require('levelup');
var leveldown = require('leveldown');
var utils = require('ethereumjs-util');
var BN = utils.BN;
var Account = require('ethereumjs-account');

//Connessione al database levelDB
var db = levelup(leveldown('/home/user/geth/chaindata'));

//Aggiunge il valore stateRoot dal blocco in modo da
//poter ispezionare la radice del trie degli stati all'altezza di tale blocco.
var root = '0x9369577...73028';

//Crea un oggetto trie con la libreria merkle-patricia-tree
var trie = new Trie(db, root);

var address = '0xccc6b46fa5606826ce8c18fece6f519064e6130b';
trie.get(address, function (err, raw) {
    if (err) return cb(err)
    //Crea un'istanza di un conto
    var account = new Account(raw)
    console.log('Account Address: ' + address);
    //Decodifica e presenta il saldo del conto
    console.log('Balance: ' + (new BN(account.balance)).toString());
})
```

Figura 9.14 I risultati decodificati.

Leggere e modificare lo stato levelDB

Finora, abbiamo visto come accedere allo stato levelDB di Ethereum impiegando il linguaggio JavaScript in un nodo locale. Se conoscete il linguaggio Go e sapete lavorare con il codice sorgente Ethereum, c'è anche un modo più semplice di procedere. Potete semplicemente importare il codice sorgente go-ethereum in Go e richiamare le sue funzioni per leggere e anche modificare levelDB. La funzione `write` non solo modifica i valori nei nodi, ma aggiorna anche il codice hash della radice, in modo che rifletta le modifiche apportate. In particolare, le funzioni si trovano nel seguente file di codice sorgente: `https://github.com/ethereum/go-ethereum/blob/master/core/state/statedb.go`
Qui troverete metodi come `GetBalance`, `AddBalance`, `SubBalance` e `SetBalance`, che consentono di operare sui saldi dei conti. Tuttavia, modificare lo stato levelDB in questo modo cambia solo i dati in un solo nodo e probabilmente metterà tale nodo fuori sincrono con il resto dei nodi della rete. Il modo corretto per cambiare lo stato consiste nel seguire come `go-ethereum` elabora una transazione e la registra nella blockchain. Questo argomento non rientra però negli scopi di questo libro.

Conclusioni

In questo capitolo abbiamo visto che Ethereum ha la possibilità di gestire il proprio "stato". Questa sua struttura "intelligente" offre molti vantaggi, che consentono l'impiego di client light e la creazione di vari tipi di DApp che non hanno la necessità di gestire l'intera blockchain. È importante comprendere il funzionamento interno di Ethereum per poter scrivere smart contract e applicazioni basati sulla piattaforma Ethereum.

Capitolo 10

Servizi di fornitura dati della blockchain

In questo capitolo

- **Explorer blockchain**
- **Raccolta (harvesting) di dati**
- **Interfaccia di query**
- **Che cosa ci aspetta**
- **Conclusioni**

Nel capitolo precedente, abbiamo visto come la blockchain memorizzi i dati di stato all'interno di database a blocchi. I dati sono organizzati in una struttura ad albero e ogni blocco ha un suo *timestamp* (indicatore temporale). Questa struttura facilita l'aggiunta di nuovi dati (nuovi blocchi) e rende quasi impossibile cancellare o modificare qualcosa nei vecchi blocchi e pertanto rende sicuri i dati della blockchain. Tuttavia, anche se potete facilmente elencare il contenuto di ogni blocco (per esempio, le transazioni), è difficile ottenere viste longitudinali o aggregate dello stato della blockchain. Di conseguenza, è molto difficile ricercare i dati nella blockchain sulla base di un indirizzo o eseguire specifiche azioni da un indirizzo. Tuttavia, molte applicazioni blockchain richiedono la capacità di ricercare e analizzare i dati della blockchain.

Uno schema progettuale molto comune per le DApp consiste nell'utilizzare delle funzioni `view` presenti negli smart contract per interrogare i dati conservati nel contratto. Tuttavia, tale approccio è difficile da estendere in scala, in quanto occorre un nodo completo della blockchain per eseguire ogni richiesta `view` e la query sarà comunque limitata alla struttura dati supportata dallo smart contract (per esempio, niente query SQL o JSON). Raccogliendo i dati dello smart contract in una *data warehouse* e avendo la possibilità di eseguire query più potenti su tale *data warehouse*, potremmo potenzialmente realizzare DApp molto più complesse e scalabili.

In questo capitolo, vedremo come realizzare database normalizzati per i dati della blockchain, che possano essere facilmente ricercati, analizzati e osservati.

Explorer blockchain

Quasi ogni blockchain richiede un suo *explorer* per consentire agli utenti di ricercare ed esaminare le transazioni e gli indirizzi dei conti nella blockchain. Gli explorer blockchain e i loro servizi di fornitura dati fanno ora parte dell'infrastruttura standard di ogni progetto blockchain.

- Per le blockchain Bitcoin e compatibili, ve ne sono molti, fra cui `https://explorer.bitcoin.com/btc` e `https://btc.com`.
- Per la blockchain Ethereum, il più noto è `https://etherscan.io`.
- Per la blockchain EOS, vi sono `https://bloks.io` e `https://eospark.com`, fra gli altri.
- Per la blockchain CyberMiles, vi è `https://www.cmttracking.io`.

Ogni explorer blockchain fornisce informazioni che sono specifiche della propria blockchain. Per esempio, gli explorer blockchain Proof-of-Work come Bitcoin ed Ethereum forniscono informazioni come l'*hash rate* e le ricompense di mining. Gli explorer blockchain Delegated Proof-of-Stake come EOS e CyberMiles forniscono informazioni come i nodi produttori/validatori di blocchi, potere di voto e inflazione. Gli explorer per piattaforme di smart contract come quelli di Ethereum, EOS e CyberMiles forniscono informazioni sugli smart contract e sugli *asset* in possesso o emessi da tali contratti.

Le Figure da 10.1 a 10.3 mostrano delle schermate tratte da EtherScan. Esse forniscono delle "istantanee" sullo stato globale, sulle transazioni e sugli smart contract nella blockchain Ethereum. Le Figure 10.4 e 10.5 mostrano come il sito web CMTTracking fornisce in tempo reale informazioni DPoS relative alla blockchain CyberMiles. Tali informazioni non sono applicabili alla blockchain Ethereum, in quanto Ethereum impiega il mining PoW per il consenso.

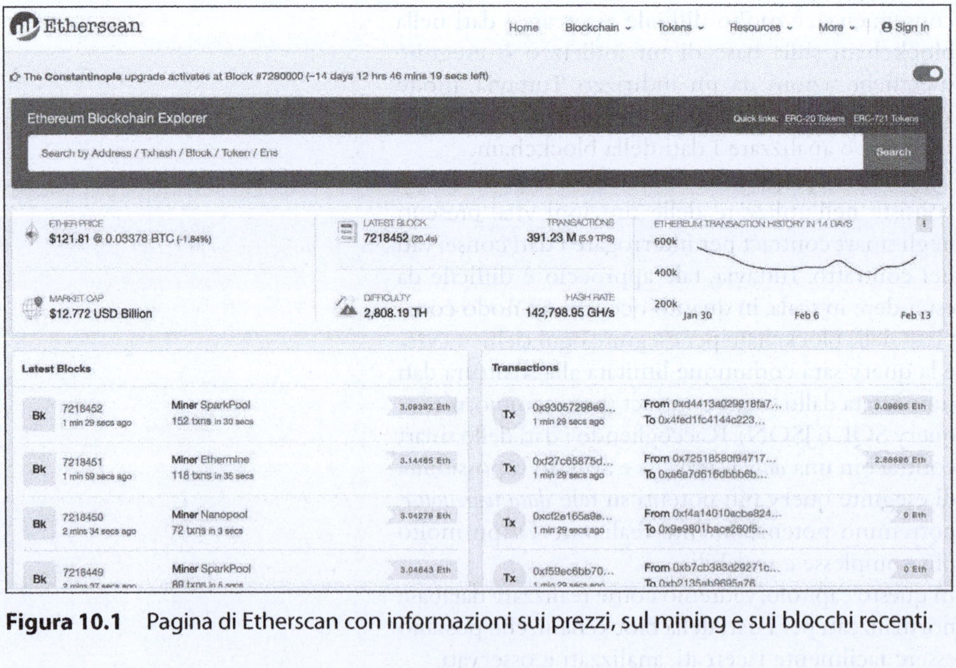

Figura 10.1 Pagina di Etherscan con informazioni sui prezzi, sul mining e sui blocchi recenti.

Figura 10.2 Pagina di Etherscan per un conto e le sue transazioni.

Figura 10.3 Pagina di Etherscan per uno smart contract che emette un asset ERC20.

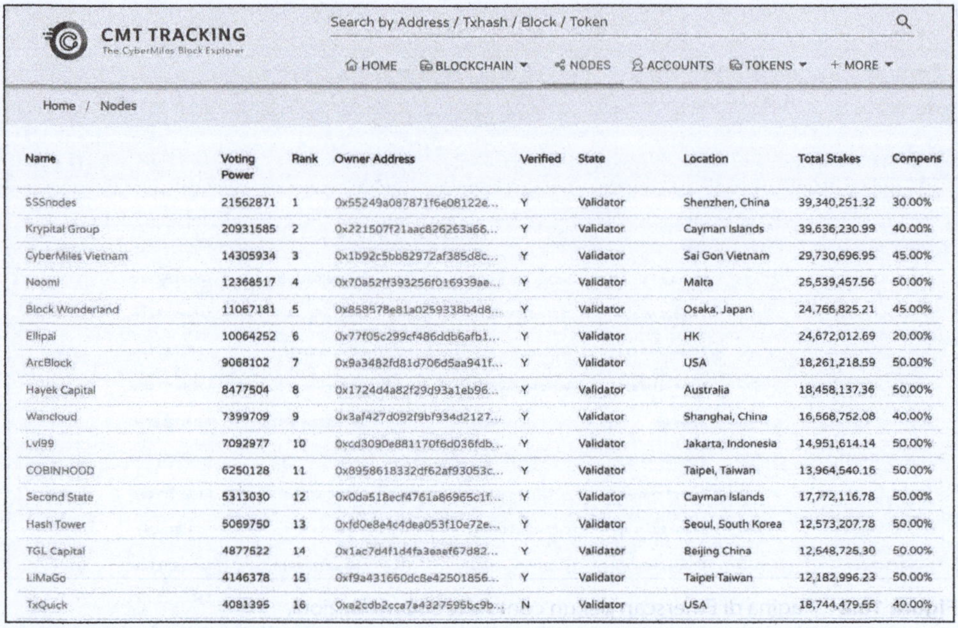

Name	Voting Power	Rank	Owner Address	Verified	State	Location	Total Stakes	Compens
SSnodes	21562871	1	0x55249a087871f6e08122e...	Y	Validator	Shenzhen, China	39,340,251.32	30.00%
Krypital Group	20931585	2	0x221507f21aac826263a66...	Y	Validator	Cayman Islands	39,636,230.99	40.00%
CyberMiles Vietnam	14305934	3	0x1b92c5bb82972af385d8c...	Y	Validator	Sai Gon Vietnam	29,730,696.95	45.00%
Noomi	12368517	4	0x70a52ff393256f016939ae...	Y	Validator	Malta	25,539,457.56	50.00%
Block Wonderland	11067181	5	0x858578e81a0259338b4d8...	Y	Validator	Osaka, Japan	24,766,825.21	45.00%
Ellipal	10064252	6	0x77f05c299cf486ddb6afb1...	Y	Validator	HK	24,672,012.69	20.00%
ArcBlock	9068102	7	0x9a3482fd81d706d5aa941f...	Y	Validator	USA	18,261,218.59	50.00%
Hayek Capital	8477504	8	0x1724d4a82f29d93a1eb96...	Y	Validator	Australia	18,458,137.36	50.00%
Wancloud	7399709	9	0x3af427d092f9bf934d2127...	Y	Validator	Shanghai, China	16,568,752.08	40.00%
Lvl99	7092977	10	0xcd3090e881170f6d036fdb...	Y	Validator	Jakarta, Indonesia	14,951,614.14	50.00%
COBINHOOD	6250128	11	0x8958618332df62af93053c...	Y	Validator	Taipei, Taiwan	13,964,540.16	50.00%
Second State	5313030	12	0x0da518ecf4761a86965c1f...	Y	Validator	Cayman Islands	17,772,116.78	50.00%
Hash Tower	5069750	13	0xfd0e8e4c4dea053f10e72e...	Y	Validator	Seoul, South Korea	12,573,207.78	50.00%
TGL Capital	4877622	14	0x1ac7d4f1d4fa3eaef67d82...	Y	Validator	Beijing China	12,648,725.30	50.00%
LiMaGo	4146378	15	0xf9a431660dc8e42501856...	Y	Validator	Taipei Taiwan	12,182,996.23	50.00%
TxQuick	4081395	16	0xa2cdb2cca7a4327595bc9b...	N	Validator	USA	18,744,479.55	40.00%

Figura 10.4 Pagina di CMTTracking per i CyberMiles nodi validatori, il loro stato, il potere di voto e la quota di compensazione per coloro che lo gestiscono.

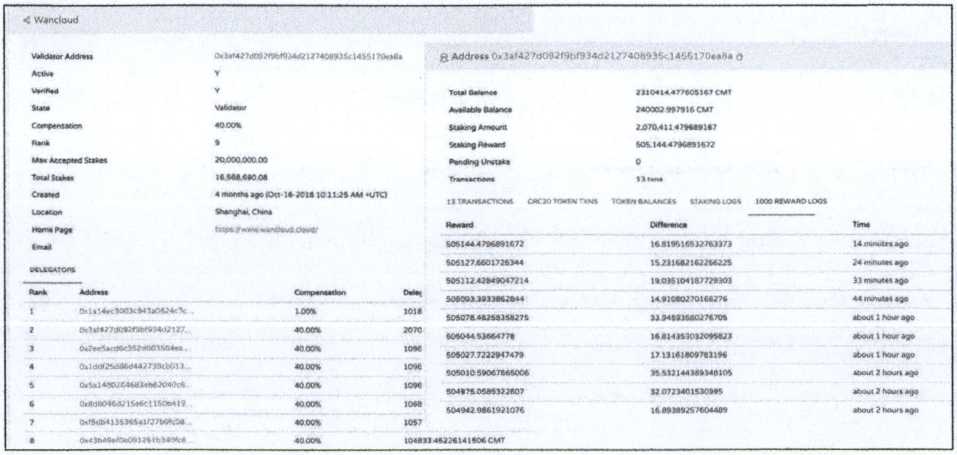

Figura 10.5 Pagina di CMTTracking che mostra informazioni di convalida, delegatori e ricompense.

L'explorer può anche fornire informazioni *off-chain* relative agli asset crittografici presenti nella blockchain. Per esempio, potrebbe fornire il prezzo corrente, il volume di scambio e la capitalizzazione di mercato degli asset crittografici. Potrebbe associare conti e smart contract sulla blockchain con identità nel mondo reale. Potrebbe monitorare i conti appartenenti a figure chiave dell'ecosistema, come gli exchange e i supernodi per rilevare e relazionare su segnali di trading. Questi servizi di fornitura dati sono di interesse generale per gli utenti, i trader, gli investitori e gli enti di regolamentazione governativi.

Questi explorer, specialmente quelli open source, sono anch'essi applicazioni decentralizzate. Chiunque, con il proprio codice sorgente, può pubblicare il proprio servizio explorer. Tutti i dati provengono dalla blockchain e da altre origini distribuite, come gli aggregatori di prezzi. Non esiste alcun punto di fallimento unico da poter colpire.

L'architettura generale di un tipico explorer blockchain è illustrata nella Figura 10.6. È costituita da un "raccoglitore" (*harvester*) e interfaccia per query. L'*harvester* recupera i dati dalla blockchain, li normalizza, associa i singoli record alle origini *off-chain* e poi salva i dati in un database. L'interfaccia per query fornisce un motore di ricerca e degli strumenti di visualizzazione per rappresentare i dati. Può anche supportare dei servizi API per query automatizzate.

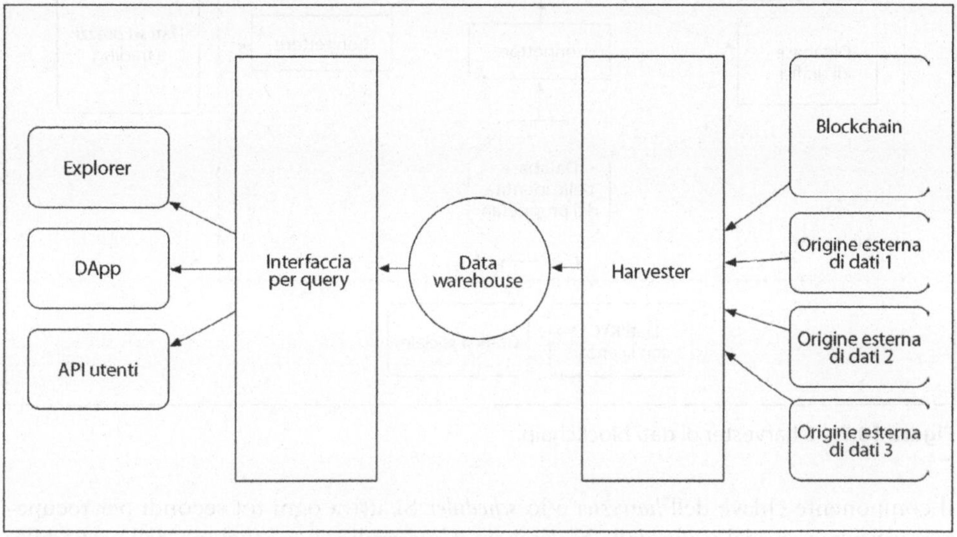

Figura 10.6 L'architettura di un explorer di dati di una blockchain.

Nei prossimi paragrafi, entreremo negli stack della tecnologia degli explorer blockchain e vedremo come potete migliorare gli explorer esistenti e sviluppare servizi specializzati di fornitura di dati per le vostre applicazioni.

Raccolta (harvesting) di dati

L'applicazione *harvester* deve avere accesso a un nodo completo della blockchain, un nodo che contiene i dati dell'intera cronologia della blockchain dal blocco genesis alla cima, non solo gli stati correnti del conto. Il nodo è attivo continuamente e si mantiene sincronizzato con il blocco attualmente in cima alla blockchain. È consigliabile attivare e sincronizzare un vostro nodo completo dedicato solo all'*harvester*: la qualità dei suoi dati dipende dalla disponibilità del nodo. Con un vostro nodo, l'*harvester* può potenzialmente accedere ai database che si trovano all'interno del software della blockchain, per estrarre direttamente i dati senza dover passare dall'interfaccia del servizio RPC della blockchain. La Figura 10.7 mostra l'architettura dell'*harvester*.

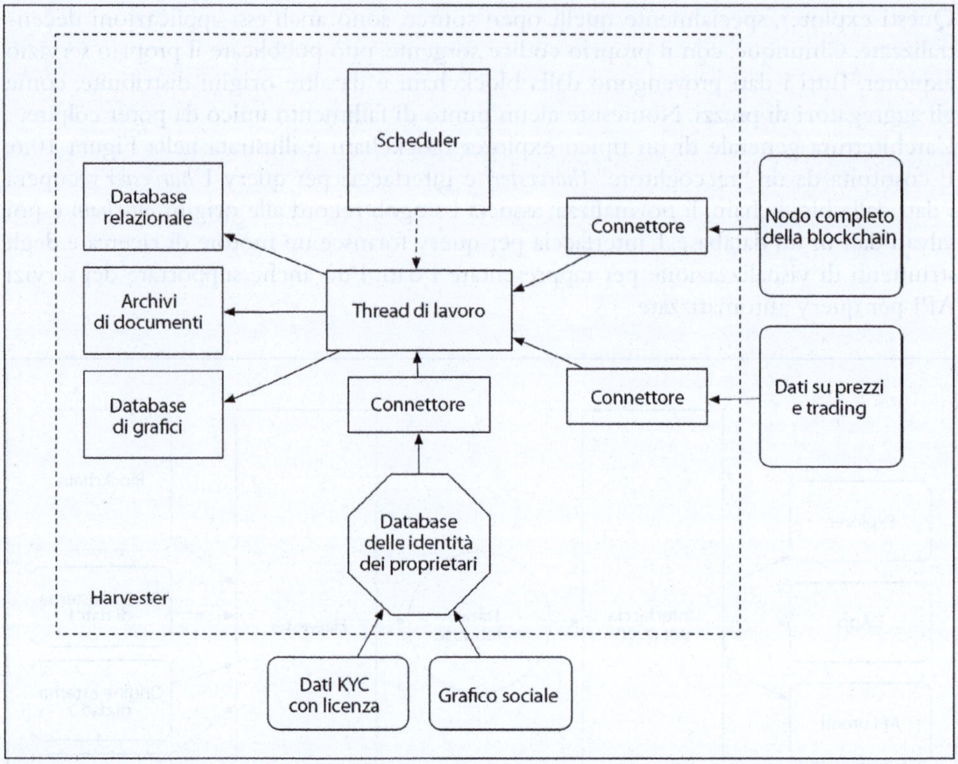

Figura 10.7 L'harvester di dati blockchain.

Il componente chiave dell'*harvester* è lo *scheduler*. Si attiva ogni tot secondi per recuperare informazioni dal nodo della blockchain. L'intervallo di esecuzione dello scheduler deve essere più breve del tempo di emissione dei blocchi, per assicurarsi di avere sempre informazioni aggiornate sull'ultimo blocco. Lo *scheduler* può impiegare varie tecnologie.

- Per i sistemi Linux, potete usare dei job di `cron` per eseguire l'applicazione *harvester* a intervalli fissi.
- Se l'*harvester* è un'applicazione Java, potete usare Quartz Scheduler per eseguire i job a intervalli fissi: `http://www.quartz-scheduler.org`.
- Se l'*harvester* è un'applicazione JavaScript node.js, potete usare il framework egg.js per lo scheduling dei carichi di lavoro: `https://eggjs.org`.

Lo *scheduler* alloca un carico di lavoro per recuperare dati tramite i seguenti mezzi. Potete trasformare ognuno di essi in un connettore che si collega all'*harvester*.

- Connettore RPC al nodo. Per le blockchain Ethereum-compatibili (per esempio CyberMiles), è il servizio RPC disponibile tramite la porta 8545. Questo connettore utilizza tipicamente una libreria web3-compatibile.
- Connettore a database per LevelDB. Questo per accedere direttamente ai database contenuti nel nodo per leggere dati che potenzialmente non sono disponibili (o sono troppo macchinosi da estrarre) dal connettore RPC.

- Connettori per servizi web per accedere a servizi esterni su prezzi e informazioni di mercato dall'API `coinmarketcap: https://coinmarketcap.com/api`.
- Connettori a database locali per avere la possibilità di accedere a dati proprietari conservati sui server locali dell'*harvester*. Fra gli esempi vi possono essere database proprietari che associano i conti nella blockchain a nomi, entità ed exchange, compresi quelli di criminali.

Una volta che i dati di ogni blocco vengono recuperati dai connettori, l'*harvester* esegue un'operazione di *data warehouse* per unire, ripulire e normalizzare i dati. I dati sono organizzati in un insieme di schemi logici e poi salvati.

- I risultati strutturati, come i blocchi, i conti e le transazioni potrebbero essere salvati in un database relazionale con uno schema ben definito, per garantire l'integrità dei dati e l'efficienza delle query.
- I dati non strutturati, come gli eventi generati dagli smart contract o i bytecode e i codici hash potrebbero essere salvati su archivi di documenti NoSQL come MongoDB o Cassandra.

NOTA

La blockchain Google ETL è una soluzione di warehousing dei dati della blockchain pienamente integrata. Impiega Google Cloud Composer per governare il processo di raccolta. Inizia eseguendo richieste RPC per esportare i dati della blockchain su file CSV e poi carica i file CSV nella tabella Google BigQuery. I dati possono quindi essere interrogati da BigQuery. Il difetto, tuttavia, è che non è una soluzione in tempo reale. I dati vengono raccolti ed elaborati ogni 24 ore. E il tutto si basa sull'infrastruttura Google Cloud.

Nel resto di questo paragrafo, osserveremo vari tipi di dati che l'*harvester* è in grado di raccogliere e normalizzare per le successive query.

Transazioni e conti

La maggior parte delle piattaforme blockchain fornisce interfacce RPC standard per ottenere un elenco di transazioni in base all'altezza del blocco nella blockchain stessa. Da qui, l'*harvester* può ottenere i dettagli di ogni transazione, inclusi i conti di uscita e di entrata, la somma trasferita, l'ammontare delle commissioni, il successo o meno della transazione e i dati associati alla transazione, come le chiamate a funzione di smart contract. Tutti questi elementi sono altamente strutturati. Possono essere normalizzati in un database relazionale dove gli indirizzi dei conti fungono da chiavi. Per esempio, possiamo richiedere tutte le transazioni da e verso un determinato conto. L'applicazione *harvester* può eseguire controlli dell'integrità interna dei dati sommando tutte queste transazioni per ogni conto e confrontare il risultato con i saldi dei conti indicati dalla RPC della blockchain.

Ricompense

La maggior parte delle blockchain "crea" anche dei cripto-token nel corso del tempo per ricompensare le entità che gestiscono i server che rendono sicura la rete blockchain. Si parla di *block award*, ovvero di ricompense per i blocchi. Per le blockchain PoW (*Proof-of-Work*), i miner competono per il diritto di creare il blocco successivo. Il vincitore viene ricompensato con una certa quantità of token. Per varie blockchain PoS (*Proof-of-Stake*), comprese le blockchain DPoS (*Delegated Proof-of-Stake*), ai validatori o ai produttori di blocchi viene assegnato il compito di produrre il blocco successivo mentre tutti gli altri nodi convalidano il contenuto del blocco, concordando fra loro. La ricompensa per il blocco va al produttore del blocco, o viene divisa in base alla potenza resa disponibile o al potere di voto.

L'*harvester* ha bisogno di comprendere l'algoritmo per distribuire le ricompense per i blocchi e crea delle voci nel database per gli eventi indicizzati dagli indirizzi dei conti. Anche questi dati sono altamente strutturati e relazionali. L'*harvester* può verificare la distribuzione delle ricompense che calcola per i blocchi rispetto ai saldi dei conti utilizzando la stessa blockchain.

Identità off-chain

Una caso d'uso importante per un servizio di fornitura dati della blockchain consiste nel comprendere il flusso e lo scambio di asset digitali. Spesso è importante associare un indirizzo blockchain a un'entità del mondo reale che ne possiede la chiave privata. Poiché le transazioni blockchain sono trasparenti, una volta che conoscete la reale identità di un indirizzo, spesso è possibile risalire all'identità degli indirizzi che hanno eseguito trasferimenti da o verso l'indirizzo noto.

NOTA

Gli unici indirizzi "anonimi" sulla blockchain sono i conti dei miner delle blockchain PoW. Tuttavia, una volta che un miner inizia a spendere o scambiare i propri token con indirizzi noti, l'identità del miner potrebbe essere rivelata.

L'associazione fra entità *off-chain* e indirizzi della blockchain può provenire da più fonti.

- Un accordo di scambio di dati con gli exchange di criptovalute. La maggior parte degli exchange di criptovalute richiede controlli KYC (*Know Your Customer*) a tutti i suoi utenti. Essi hanno anche una certa conoscenza dei proprietari dei conti, in quanto essi depositano e prelevano token dai propri indirizzi.
- Un accordo di scambio di dati con i progetti ICO. Molti progetti ICO conducono controlli KYC a tutti i contributori iniziali. In tal modo conoscono gli indirizzi di origine e di deposito di ogni contributore.
- Un accordo di scambio di dati con i sistemi di pagamento in criptovalute e i siti di e-commerce. Quando gli utenti usano cripto-token per pagare beni e servizi nel mondo reale, lasciano una traccia che è possibile seguire (per esempio l'indirizzo di spedizione) per determinare l'identità dei conti nel mondo reale.
- Attività di *data mining* sui *social*. Quando i progetti in criptovalute lanciano campagne marketing, spesso forniscono piccole ricompense ai *follower* sui *social*. Tali ricompense contengono l'indirizzo degli utenti.

Mentre l'associazione fra indirizzo blockchain e identità dei proprietari *off-chain* è strutturata e relazionale, le transazioni che collegano un indirizzo blockchain all'altro non sono relazionali. L'*harvester* inserirà le associazioni note fra indirizzi in un database relazionale. E può inserire le transazioni connesse in un database grafico, come Neo4j, per successive attività di analisi e query.

NOTA

Il monitoraggio degli indirizzi di exchange noti e di grandi possessori di token può aiutare a prevedere i movimenti di mercato. Per esempio, se in un grosso conto il proprietario preleva i suoi fondi dal produttore/validatore di blocchi DPoS e trasferisce i token su un conto di un exchange, potete prevedere che in futuro vi sarà una forte pressione alla vendita.

Dentro gli smart contract

Le blockchain Ethereum-compatibili sono soprattutto piattaforme per smart contract. Il bytecode e la struttura dati di uno smart contract potrebbero essere arbitrari. Pertanto, i dati degli smart contract non sono strutturati ed è molto difficile controllare la loro esecuzione e i cambiamenti di stato che producono nella blockchain.

NOTA

Etherscan e altri explorer blockchain compatibili con Ethereum offrono da tempo la possibilità di verificare il codice sorgente degli smart contract inviato da utenti/dalla comunità rispetto al bytecode presente nella blockchain. Ciò aiuta la comunità a verificare che il codice sorgente e il comportamento di tali contratti sia in effetti quello dichiarato. Ma questo metodo non fornisce alcuna conoscenza sull'esecuzione delle funzioni e dei dati interni degli smart contract.

Uno smart contract può scrivere dati permanenti sulla blockchain dichiarando e poi emettendo un evento. I dati di registrazione (*log*) dell'evento emesso rimarranno intatti per un tempo indefinito, anche se quello specifico smart contract e il suo stato globale è stato completamente rimosso tramite l'opcode `0xff`, chiamato anche `selfdestruct`.

NOTA

Il costo di scrittura sui log degli eventi è più economico rispetto alla scrittura sullo stato globale della blockchain. Per esempio, costa circa 40.000 *gas* scrivere un singolo indirizzo e un singolo *uint* sullo stato della blockchain. In alternativa, costa solo circa 1.000 *gas* scrivere quello stesso singolo indirizzo o uint nel log degli eventi della blockchain.

Il seguente esempio in Solidity (e Lity) mostra come definire un evento in uno smart contract.

```
event pointBalanceUpdated(address indexed endUser, uint256 amount);
```

Come potete vedere, per dichiarare l'evento, digitiamo semplicemente la parola `event` seguita dal nome dell'evento. Poi passiamo alcuni tipi di dati e nomi di dati (in questo caso, i tipi di dati di `address` e `uint256`, che fanno riferimento rispettivamente ai nomi `endUser` e `amount`).

Noterete che in questa dichiarazione abbiamo specificato deliberatamente che i dati `endUser` siano indicizzati. Sostanzialmente, l'indicizzazione di un parametro migliora

l'efficienza delle successive ricerche. Si possono indicizzare fino a tre parametri per ogni dichiarazione.
È sempre opportuno indicizzare determinati tipi di dati, come gli indirizzi dei conti, perché è probabile che poi eseguirete ricerche basate su un determinato indirizzo per il conto. Non è invece una buona idea indicizzare altri tipi di dati, come valori arbitrari (per esempio numeri interi come 1 o 10). È del tutto inutile includere nei log degli eventi ogni informazione che può essere facilmente recuperata tramite variabili globali predefinite o funzioni (per esempio `block.number`). Variabili come `block.number` sono incluse, per default, in ogni transazione. Ora proviamo a emettere l'evento che abbiamo dichiarato precedentemente.

```
emit pointBalanceUpdated(msg.sender, pointValue);
```

Come potete vedere dalla riga di codice precedente, per emettere un evento, basta digitare `emit` seguito dal nome dell'evento (che era stato dichiarato nel precedente frammento di codice). I dati da includere nel log dell'evento vengono passati durante l'esecuzione di una funzione. L'ordine in cui i dati vengono passati nel comando `emit` deve corrispondere all'ordine dei dati nella dichiarazione dell'evento.
Il seguente codice mostra l'intero smart contract, fornendo così un contesto per i precedenti frammenti di codice.

```
pragma solidity ^0.4.0;

contract EventLogCreator{

    // Variabili del contratto
    mapping(address => uint256) private pointBalances;

    // Evento
    event pointBalanceUpdated(address indexed endUser, uint256 amount);

    // Funzione che aggiunge punti e li emette
    function addPoints(uint256 pointValue) public {
        pointBalances[msg.sender] += pointValue;
        emit pointBalanceUpdated(msg.sender, pointValue);
    }

    // Funzione che restituisce i punti mappati a un certo indirizzo
    function getPoints(address userAddress) public constant returns(uint256){
        return pointBalances[userAddress];
    }
}
```

Ora, ogni volta che un utente richiama la funzione `addPoints()`su questo contratto, viene emesso l'evento `pointBalanceUpdated`. L'evento viene registrato nelle ricevute della transazione quando si interroga con una query una transazione tramite RPC. A dire il vero, la libreria web3 fornisce un modo ancora più semplice per interrogare gli eventi trascorsi.

```
var events = await web3ContractInstance.getPastEvents(eventName, {
    filter: {},
    fromBlock: lastIndexedBlock,
    toBlock: target
});
```

Nel codice precedente, l'*harvester* riceve degli oggetti JSON nell'array degli eventi. Ogni oggetto JSON per eventi ha il seguente aspetto. Notate che qui mostriamo un evento più complesso, tratto dall'exchange Uniswap pubblicato sulla blockchain CyberMiles, invece del semplice evento descritto in precedenza.


```
{
    "address" : "0x09cabEC1eAd1c0Ba254B09efb3EE13841712bE14",
    "blockHash" : "0x249ac...b2",
    "blockNumber" : 6848001,
    "logIndex" : 10,
    "removed" : false,
    "transactionHash" : "0x453a2...60",
    "transactionIndex" : 14,
    "id" : "log_327a5bb5",
    "returnValues" : {
      "0" : "0x00dEe1F836998bcc736022f314dF906588d44808",
      "1" : "1094945255474452554744",
      "2" : "1216943725441155089",
      "buyer" : "0x00dEe1F836998bcc736022f314dF906588d44808",
      "tokens_sold" : "1094945255474452554744",
      "eth_bought" : "1216943725441155089"
    },
    "event" : "EthPurchase",
    "signature" : "0x7f409...05",
    "raw" : {
      "data" : "0x",
      "topics" : [
        "0x7f409...05",
        "0x00000...08",
        "0x00000...32",
        "0x00000...11"
      ]
    }
  }
}
```


L'oggetto JSON può essere "sezionato" e salvato in un database relazionale. Oppure può essere salvato direttamente in un archivio di documenti JSON, per tutte le successive query. In questo modo, ora possiamo raccogliere i dati direttamente dall'interno delle chiamate a funzione degli smart contract.

Nel prossimo capitolo, impareremo a raccogliere e tracciare direttamente dei dati pubblici dagli smart contract utilizzando un approccio a motore di ricerca.

Interfaccia di query

Con l'*harvester* in funzione, diventa possibile inviare query ai database e offrire servizi di fornitura dati agli utenti finali. Si può realizzare un'interfaccia utente web per questi servizi con qualsiasi framework JavaScript. L'interfaccia utente rende semplicemente asincrone le richieste di dati per l'interfaccia di query.
Ma soprattutto l'interfaccia di query può essere impiegata come un servizio web per tutte le applicazioni, non solo gli explorer blockchain. Per esempio, una DApp potrebbe inviare query alla blockchain e generare grafici o mappe.

Query SQL

SQL permette di interrogare i dati contenuti in database relazionali realizzati dall'*harvester*. Per esempio, diventa facile trovare le transazioni attivate da un determinato indirizzo, le transazioni che richiamano una determinata funzione di uno smart contract o le ricompense per i blocchi da un certo momento in poi.

Query JSON

Ancora più interessante è il fatto di poter inviare query su oggetti JSON direttamente da strumenti come ElasticSearch. Ecco un esempio di query per gli eventi dell'exchange Uniswap nel log degli eventi dello smart contract.

```
{
  "query": {
    "bool": {
      "must": [{
        "match": {
          "name": "TokenPurchase"
        }
      },
      {
        "match": {
          "jsonEventObject.address": "0x09ca...14"
        }
      }]
    }
  },
  "_source": ["name", "jsonEventObject.returnValues.buyer", "jsonEventObject.blockNumber"],
  "highlight": {
    "fields": {
      "title": {}
    }
  }
}
```

Il risultato potrebbe avere il seguente aspetto.

```
{
  "total": 1885,
  "max_score": 1.648463,
  "hits": [{
    "_index": "uniswap_exchange_events",
    "_type": "event",
    "_id": "0xe26e...fe",
    "_score": 1.648463,
    "_source": {
      "name": "TokenPurchase",
      "jsonEventObject": {
        "returnValues": {
          "buyer": "0xbc8dAfeacA658Ae0857C80D8Aa6dE4D487577c63"
        },
        "blockNumber": 6630726
      }
    }
  }, {...},{...}]
}
```

ElasticSearch è un framework per motori di ricerca molto potente. Funziona molto bene anche con i dati della blockchain.

GraphQL

Un'altra interfaccia di query sui dati della blockchain, open source e molto promettente, è GraphQL, un linguaggio e motore di query sviluppato in origine da Facebook. Le principali implementazioni di GraphQL per i dati della blockchain includono TheGraph (`https://thegraph.com`) e OCAP, di Arcblock. In questo paragrafo, vedremo in quale modo TheGraph gestisce le query GraphQL. Potete anche impiegare semplicemente il loro servizio per interrogare i dati della blockchain pubblica Ethereum, oppure costruirne uno voi tramite il loro software open source: `https://github.com/graphprotocol`.
TheGraph fornisce, oltre a molte altre cose, un meccanismo che consente a una DApp di prelevare direttamente e poi consumare solo l'esatta quantità di dati richiesti dalla DApp stessa, e questo in ogni situazione. Ecco un esempio di una query GraphQL per TheGraph.

```
{
   transactions(first: 1) {
      event
   }
}
```

Possiamo vedere immediatamente come TheGraph sia differente da un più tradizionale RESTful Web Service, per esempio per il fatto che questa query GraphQL non è scritta in codice JSON valido. A dire il vero, questa sintassi GraphQL è più leggera di quella di JSON, perché non deve specificare coppie `key:value`, come in `{"event": true}` e così via.

Per fare un esempio, proviamo a impiegare TheGraph per interrogare degli smart contract Uniswap Exchange pubblicati sulla blockchain Ethereum. Per riprendere la precedente discussione di questo capitolo, TheGraph ha già raccolto i log degli eventi dagli smart contract Ethereum e rende questi dati disponibili per le query GraphQL. La precedente query GraphQL si traduce in: "Considerando tutte le transazioni Uniswap a oggi, dammi solo il nome del primissimo log di eventi che è stato emesso". E il responso è il seguente.

```
{
    "data": {
        "transactions": [{
            "event": "AddLiquidity"
        }]
    }
}
```

Il responso è, a dire il vero, codice JSON valido. Noterete anche che questi dati sono minimalistici. Possiamo estendere questa prima query ampliando la query per richiedere non solo l'evento, ma anche il numero di blocco.

```
{
    transactions(first: 1) {
        block
        event
    }
}
```

Il seguente risultato mostra che l'evento è stato minato nel blocco numero 6629139.

```
{
    "data": {
        "transactions": [{
            "block": "6629139",
            "event": "AddLiquidity"
        }]
    }
}
```

Un altro modo per ottenere e confermare questa informazione potrebbe essere richiedere tutti i log degli eventi, ordinati per numero di blocco in senso ascendente.

```
{
    transactions(orderBy: block, orderDirection: asc) {
        block
        event
    }
}
```

La query restituisce il seguente risultato.

```
{
    "data": {
        "transactions": [{
                "block": "6629139",
                "event": "AddLiquidity"
            },
            // ... dati estratti per scopi di visualizzazione

        }
    ]
}
```

Come mostra TheGraph, GraphQL potrebbe essere uno strumento molto importante per fornire i dati della blockchain alle applicazioni rivolte agli utenti finali.

BigQuery Google

Come abbiamo trattato in precedenza in questo capitolo, il progetto ETL di Google è una soluzione a data warehouse pienamente integrata che ha lo scopo di trarre dati da più blockchain all'interno di tabelle BigQuery Google. Lo schema dei dati è concepito in modo da unificare più blockchain. In tutti i dataset di blockchain, la blockchain Google ETL supporta una vista a "registro a doppio ingresso", una sorta di "libro mastro a partita doppia" che elenca le transazioni in criptovaluta in un formato contabile tradizionale. Potete eseguire query sui dati impiegando un qualsiasi linguaggio per query supportato da BigQuery, comprese le query in stile SQL. Per esempio, la seguente query verifica che il saldo di un conto corrisponda alla somma delle sue transazioni.

```
WITH double_entry_book AS (
  -- debits
  SELECT
    array_to_string(inputs.addresses, ",") as address
  , inputs.type
  , -inputs.value as value
  FROM 'bigquery-public-data.crypto_bitcoin.inputs' as inputs
  UNION ALL
  -- credits
  SELECT
    array_to_string(outputs.addresses, ",") as address
  , outputs.type
  , outputs.value as value
  FROM 'bigquery-public-data.crypto_bitcoin.outputs' as outputs
)
SELECT
   address
,  type
,  sum(value) as balance
FROM double_entry_book
GROUP BY 1,2
ORDER BY balance DESC
LIMIT 1000
```

La seguente query mostra la frequenza delle varie commissioni per transazioni sulla blockchain Bitcoin.

```
SELECT
  ROUND((input_value - output_value)/ size, 0) AS fees_per_byte,
  COUNT(*) AS txn_cnt
FROM
  'bigquery-public-data.crypto_bitcoin.transactions'
WHERE TRUE
  AND block_timestamp >= '2018-01-01'
  AND is_coinbase IS FALSE
GROUP BY 1
```

Il progetto Google ETL rappresenta una soluzione di data warehousing a cloud di tipo SQL per accedere ai dati della blockchain. Potete anche personalizzarla in base alle vostre esigenze.

Che cosa ci aspetta

Da un punto di vista progettuale, torniamo brevemente a ripensare ai giorni del protocollo SOAP (*Simple Object Access Protocol*). Se da un lato SOAP facilitava la comunicazione fra macchine differenti, contava anche su un insieme di tipi di dati predefiniti che sostanzialmente rappresentavano una struttura permanente. Ogni modifica (per esempio ogni aggiornamento al software e ogni modifica alla configurazione statica) sovvertiva o rendeva completamente inutilizzabile l'interoperabilità precedentemente raggiunta. In poche parole, SOAP è un protocollo rigido.

Al contrario, REST (*Representational State Transfer*) ha introdotto quello che è uno stile di architettura. I sistemi che si conformavano a tutti i sei vincoli architettonici erano considerati "REST". Inoltre, i servizi web che aderivano a tali vincoli erano considerati API REST.

In ogni caso, in fase di progettazione, anche se si è tentati di esplorare i modi in cui possiamo, supponiamo, migliorare la compressione JSON (fra i fornitori di dati e la DApp) e così via, ragionare in questo modo ci fa ricadere nell'idea di un protocollo: un protocollo che richiede che entrambe le parti si accordino su un insieme di regole predefinito e che costringe il lato client (in questo caso la DApp) a eseguire ulteriore lavoro (espansione, decodifica e così via).

Da un punto di vista più legato all'architettura, non sarebbe più efficiente, in termini di flessibilità e interoperabilità, concentrarsi sulle convenzioni più che su una configurazione statica? Dobbiamo ricordare che gli sviluppatori di smart contract possono creare i loro log degli eventi personalizzati che possono emettere molte variabili di vari tipi di dati. Vogliamo davvero predisporre una configurazione statica per ogni singolo contratto che viene pubblicato nella rete blockchain? Una configurazione statica è davvero umanamente sostenibile? Non potrebbe essere del tutto evitata tramite l'impiego di convenzioni forti e dell'automazione?

La prossima generazione di architetture per blockchain è in arrivo e, in questo momento, offre grandi opportunità. Crediamo che i nuovi fornitori di dati blockchain e i progetti di nuovi explorer debbano:

- fornire un meccanismo per raccogliere autonomamente i dati del log degli eventi di uno smart contract basandosi unicamente su un file ABI e l'indirizzo di uno smart contract;
- assegnare automaticamente i tipi di dati corretti ai campi, esclusivamente sulla base dell'ABI dello smart contract;
- richiedere un livello di configurazione minimo, con una generazione automatizzata dello schema, in base al punto precedente;
- fornire un livello di query, filtraggio e logica sufficiente, tale da produrre le risposte più sintetiche;
- offrire automaticamente/dinamicamente al software chiamante la sintassi di auto completamento;
- fornire una varietà di portali visuali standard;
- fornire una libreria di analisi standard, non solo per esplorare le tendenze, le correlazioni e così via, ma anche per generare set di dati per attività di *machine learning*;
- fornire un meccanismo per poter interoperare con il software commerciale, ma anche formati di file e anche applicazioni di gestione dei contenuti e di sviluppo software.

Questo è un periodo molto interessante. Abbiamo a disposizione una quantità di informazioni, documentazione e software senza precedenti, così come un'infrastruttura decentralizzata adatta a collaudare e pubblicare i nostri progetti.

Conclusioni

In questo capitolo abbiamo visto come realizzare un servizio di fornitura dati blockchain. Gli explorer blockchain sono i pionieri di questo spazio, ma vi è molto altro da fare sia sul lato della raccolta dei dati sia su quello delle query. Crediamo che la memorizzazione *off-chain* e la possibilità di eseguire query sui dati di una blockchain, specialmente per quanto attiene ai dati di esecuzione degli smart contract, saranno componenti chiave nell'ecosistema delle DApp. Nel prossimo capitolo, esamineremo un nuovo servizio di fornitura dati che offre aggiornamenti in tempo reale sugli stati pubblici degli smart contract. Il servizio di fornitura dati è offerto attraverso una libreria JavaScript che affianca web3.

Capitolo 11

Un motore di ricerca per smart contract

In questo capitolo

- Introduzione
- Per iniziare
- La DApp FairPlay
- Casi d'uso
- Conclusioni

La prima generazione di explorer di dati della blockchain si concentrava principalmente sul fornire "istantanee" dei dettagli di una transazione. Per esempio, nel caso di Bitcoin, un explorer si limitava alla visualizzazione, tale e quale, di record di dati strutturati, e dei risultati delle transazioni valide eseguite in base al rigido protocollo.

La crescita senza precedenti degli smart contract, con campi di dati personalizzati e una specifica logica di programmazione interna, ha sollevato la necessità di adottare un nuovo meccanismo, che possa fornire un modo facile per ricercare e visualizzare questi nuovi dati, ricchi, non strutturati, che si trovano nella blockchain.

Questo meccanismo sarebbe analogo allo sviluppo dei motori di ricerca, mentre il Web cresceva negli anni Novanta. Tuttavia, le reti blockchain sono particolari, per il fatto che registrano tutti i dati in una serie temporizzata di transazioni. I dati di uno smart contract hanno bisogno di essere indicizzati e resi disponibili sia agli utenti finali sia a macchine che operano in tempo reale. La tecnologia tradizionale del Web, a motore di ricerca, viene impiegata raramente nel mondo blockchain, perché il Web e le reti blockchain sono sostanzialmente differenti. In questo capitolo, introdurremo un motore di ricerca open source per smart contract. Vedremo poi come sfruttarlo per realizzare nuovi tipi di DApp.

Introduzione

Vi sono molti modi per realizzare un motore di ricerca per i dati della blockchain. In questo capitolo, ci concentreremo sul motore di ricerca open source realizzato da Second State. Funziona con tutte le blockchain Ethereum-compatibili ed è pienamente operativo. Soprattutto, serve quale esempio degli schemi di programmazione e implementazione associati ai motori di ricerca per smart contract.

Il motore di ricerca per smart contract realizzato da Second State ha i seguenti componenti, illustrati nella Figura 11.1. Potete scaricare il codice sorgente completo e le istruzioni da: `https://github.com/second-state/smart-contract-search-engine`.

- Un'istanza ElasticSearch che indicizza le interfacce ABI e i campi pubblici dei contratti rispetto all'indirizzo del contratto.
- Un nodo completo della blockchain, che fornisce dati sul contratto come un servizio standard JSON-RPC.
- Uno script Python che opera da *harvester* ed estrae dati da un nodo della blockchain e poi li indicizza e memorizza in ElasticSearch.
- Un servizio web in Python che supporta l'invio di contratti da indicizzare e l'impiego di query di tipo ElasticSearch per i dati in tempo reale generati dallo smart contract.
- Una libreria JavaScript, `es-ss.js`, che consente alle applicazioni client di interagire con i servizi web.

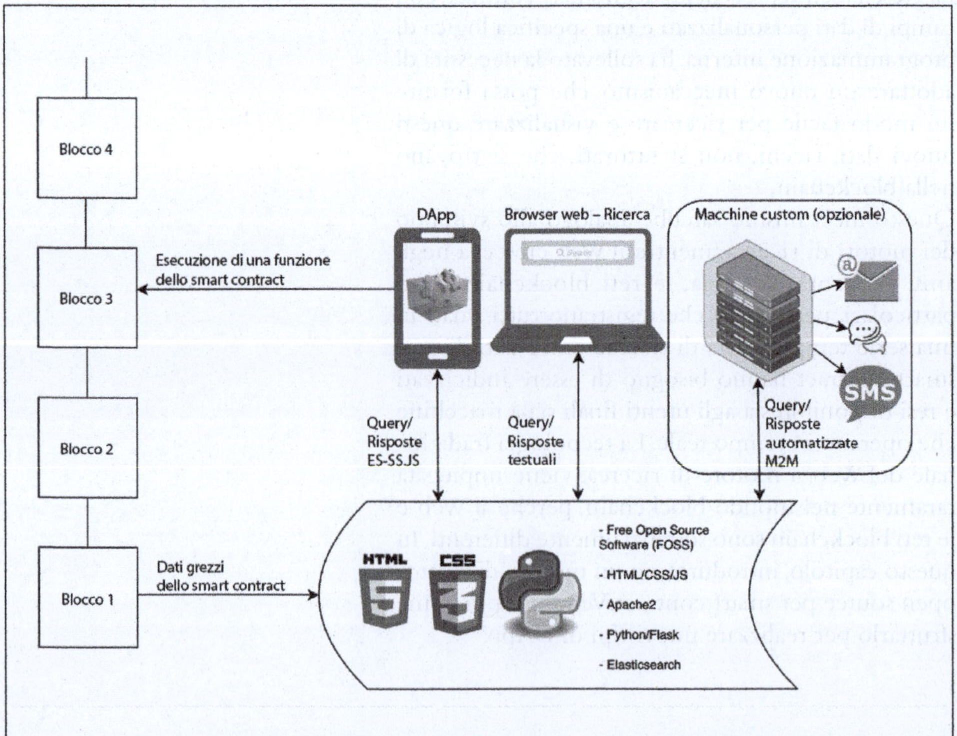

Figura 11.1 I componenti software di un motore di ricerca per smart contract.

È facile creare un nuovo motore di ricerca per smart contract con Docker, ma poi ci vorranno alcune ore per indicizzare completamente una blockchain utilizzabile e poi per mantenere aggiornati i contratti indicizzati, considerando ogni nuovo blocco. Per semplificare le cose per gli sviluppatori, Second State e la community gestiscono alcune istanze del motore di ricerca rivolte a un utilizzo pubblico.

- Ethereum mainnet: `https://eth.search.secondstate.io`.
- Ethereum Classic (ETC) mainnet: `https://etc.search.secondstate.io`.
- CyberMiles mainnet: `https://cmt.search.secondstate.io`.
- Second State DevChain: `https://devchain.search.secondstate.io`.

Potete scaricare questi URL nel browser per vedere lo stato attuale di ognuno dei motori di ricerca pubblici. Da qui, potete eseguire ricerche sugli indirizzi di contratti che si conformano alle interfacce specificate (per esempio, ABI) e poi ottenere i valori aggiornati dei campi pubblici per l'indirizzo di un contratto. Per esempio, potete cercare tutti i contratti di token a norme ERC20 e vederne il simbolo, la somma totale, e i valori. Potete anche aggiungere nuove ABI da indicizzare.

Tuttavia, l'utilizzo più interessante del motore di ricerca per smart contract consiste nel fungere da aggregatore di dati per nuovi tipi di DApp. Potete accedere alle funzioni del motore di ricerca da programma tramite la libreria `es-ss.js` da un'applicazione JavaScript o anche da una pagina web. Nel prossimo paragrafo, osserveremo una DApp che utilizza il motore di ricerca per interagire con più smart contract, contemporaneamente.

Per iniziare

Il modo migliore per fare esperienza con il motore di ricerca per smart contract e la libreria `es-ss.js` è tramite l'IDE di BUIDL (vedi il Capitolo 3 per ulteriori informazioni sull'IDE di BUIDL). La semplice DApp che presentiamo visualizza una serie di contratti `AccountBalanceDemo` pubblicati nella blockchain. Ognuno di questi contratti conserva un numero che può essere modificato dall'utente. Il motore di ricerca controlla e visualizza il conteggio di questi numeri all'interno dei contratti, il tutto in tempo reale. La Figura 11.2 mostra la DApp in azione in un browser web.

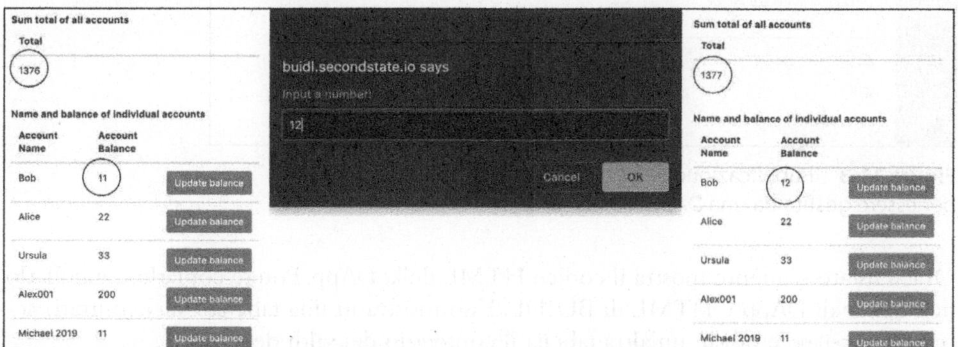

Figura 11.2 La DApp AccountBalanceDemo.

Il listato seguente mostra lo smart contract. Il contratto memorizza semplicemente un numero, che può essere aggiornato dalla funzione `setAccountBalance()`. Potete copiarlo e incollarlo nell'editor di contratti di BUIDL.

```
pragma solidity >=0.4.0 <0.6.0;

contract AccountBalanceDemo {

  string accountName;
  uint accountBalance;

  constructor(string _accountName) public {
    accountName = _accountName;
  }

  function setAccountBalance(uint _accountBalance) public {
    accountBalance = _accountBalance;
  }

  function getAccountName() public view returns(string) {
    return accountName;
  }

  function getAccountBalance() public view returns(uint) {
    return accountBalance;
  }
}
```

Compilate e pubblicate lo smart contract con i pulsanti *Compile* e *Deploy on the chain*. Assicuratevi di dare al conto un nome nel campo `_accountName` prima di fare clic sul pulsante *Deploy on the chain* (vedi la Figura 11.3).

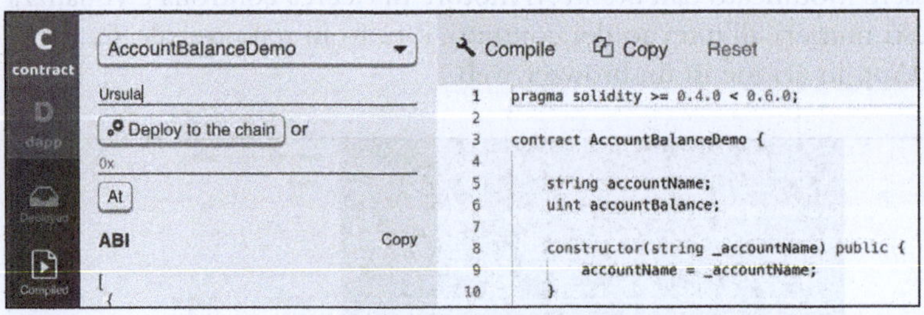

Figura 11.3 Pubblicazione di un nuovo contratto pronto per essere gestito da una DApp di ricerca.

Ora, il listato seguente mostra il codice HTML della DApp. Potete copiarlo e incollarlo nell'editor di DApp e HTML di BUIDL. Esso mostra in una tabella i vari contratti `AccountBalanceDemo` e poi in un'altra tabella il conteggio dei saldi dei conti.

```
<!doctype html>
<html lang="en">
```

```
<head>
  ... ...
  <title>Data Stores</title>
</head>
<body>
  <div class="container">
    <p>This page shows a list of individual accounts ...</p>
    <p>Each account entity ...</p>
    <p>This page demonstrates ...</p>
    <b>Sum total of all accounts</b>
    <table class="table">
      <thead>
        <tr><th scope="col">Total</th></tr>
      </thead>
      <tbody id="totalBody"></tbody>
    </table>
    <p><b>Name e balance of individual accounts</b></p>
    <table class="table">
      <thead>
        <tr>
          <th scope="col">Account Name</th>
          <th scope="col">Account Balance</th>
          <th scope="col"></th>
        </tr>
      </thead>
      <tbody id="individualBody"></tbody>
    </table>
  </div>
</body>
</html>
```

Le tabelle HTML vengono generate in JavaScript. Come abbiamo già detto, l'applicazione JavaScript può impiegare la libreria `web3.js` per comunicare con un nodo della blockchain. Con il motore di ricerca, può essere utilizzata anche la libreria `es-ss.js`, per comunicare con il motore. Sia `web3.js` sia `es-ss.js` sono inizializzate e rese disponibili nel codice JavaScript da BUIDL. Il listato seguente mostra l'applicazione JavaScript. Potete copiarla e incollarla nell'editor di DApp e JS di BUIDL. Dovete inserire il codice sotto la sezione `/* Don't modify */`.

```
var abi_str = JSON.stringify(abi);
var sha = esss.shaAbi(abi_str).abiSha3;
reload();

function reload() {
  document.querySelector("#totalBody").innerHTML = "";
  document.querySelector("#individualBody").innerHTML = "";
  var tInner = "";
  var total = 0;
  esss.searchUsingAbi(sha).then((searchResult) => {
    var items = JSON.parse(searchResult);
    items.sort(compareItem);
```

```
    items.forEach(function(item) {
      tInner = tInner +
        "<tr id='" + item.contractAddress + "'><td>" +
        item.functionData.getAccountName +
        "</td><td>" + item.functionData.getAccountBalance +
        "</td><td><button class='btn btn-info' " +
        "onclick='setNumber(this)'>Update balance</button></td></tr>";
      total = total + parseInt(item.functionData.getAccountBalance);
}); // fine dell'iteratore JSON
    document.querySelector("#totalBody").innerHTML =
      "<tr id='total'><td>" + total + "</tr>";
    document.querySelector("#individualBody").innerHTML = tInner;
  }); // fine di esss
}

function setNumber(element) {
    var tr = element.closest("tr");
    instance = contract.at(tr.id);
    var n = window.prompt("Input a number:");
    n && instance.setAccountBalance(n);
    setTimeout(function() {
      element.innerHTML = "Sending ...";
      esss.updateStateOfContractAddress(
        abi_str, instance.address).then((c2i) => {
          reload();
      });
    }, 2 * 1000);
}

function compareItem(a, b) {
    let comparison = 0;
    if (a.blockNumber < b.blockNumber) {
        comparison = 1;
    } else if (a.blockNumber > b.blockNumber) {
        comparison = -1;
    }
    return comparison;
}
```

Al caricamento della pagina, la funzione JavaScript `reload()` richiama l'API ElasticSearch `es-ss.js` per ottenere dalla blockchain tutti i contratti di tipo `AccountBalanceDemo`. Poi calcola il conteggio nella variabile `total`. Notate che il risultato della ricerca contiene lo stato corrente, ovvero il nome e il saldo del conto, di ogni contratto. Possiamo semplicemente visualizzare questa informazione senza essere costretti a interagire con i lenti nodi della blockchain. La funzione `reload()` costruisce gli elementi del DOM HTML per visualizzare i campi pubblici di questi contratti.

```
esss.searchUsingAbi(sha).then((searchResult) => {
  var items = JSON.parse(searchResult);
  items.forEach(function(item) {
    // Inserisce gli elementi nella tabella
```

```
    total = total + parseInt(item.functionData.getAccountBalance);
  });
  // Visualizza il totale
});
```

I pulsanti *Update balance* della tabella richiamano la funzione JavaScript `setNumber()`, che a sua volta richiama la funzione `setAccountBalance()` del contratto tramite web3. Il codice JavaScript poi richiama la funzione `esss.updateStateOfContractAddress()` per informare esplicitamente il motore di ricerca che questo contratto è cambiato e la funzione `reload()` per aggiornare i dati forniti dal motore di ricerca.

```
function setNumber(element) {
  ... ...
  instance.setAccountBalance(n);
  ... ...
  esss.updateStateOfContractAddress(
    abi_str, instance.address).then((c2i) => {
      reload();
  });
}
```

NOTA

In senso stretto, la chiamata della funzione `updateStateOfContractAddress()` non è proprio necessaria, in quanto il motore di ricerca funziona quasi in tempo reale e rileva automaticamente le modifiche appena apportate con la chiamata della funzione `setAccountBalance()` tramite web3. Ma, per garantire la massima stabilità, vi consigliamo di informare esplicitamente delle modifiche i motori di ricerca, ogni volta che potete.

Infine, potete fate clic sul pulsante *Run* per eseguire la DApp in BUIDL e usare il pulsante *Publish* per pubblicarlo in un sito web pubblico (vedi la Figura 11.2).

La DApp FairPlay

FairPlay utilizza degli smart contract per condurre estrazioni di premi automatizzate, che siano eque e trasparenti. Consente a chiunque di creare e partecipare a offerte di prodotti e campagne marketing di siti di e-commerce. La DApp lavora nella blockchain pubblica CyberMiles, una blockchain compatibile con Ethereum che garantisce consensi a basso costo e veloci (ne riparleremo nel Capitolo 14).

L'accesso alla DApp FairPlay può avvenire da ogni browser web. La DApp impiega `web3.js` e `es-ss.js` per leggere i dati dai nodi della blockchain pubblica e dai nodi del motore di ricerca ElasticSearch. L'utente non ha bisogno di utilizzare un software particolare (per esempio un wallet di criptovalute) per vedere le offerte correnti e passate. La web app FairPlay è semplicemente una collezione di file HTML e JavaScript (vedi la Figura 11.4). Ogni utente può avviare un server web sul proprio computer e servire questi file localmente o pubblicamente. Pertanto, FairPlay è decentralizzata e resistente alla censura.

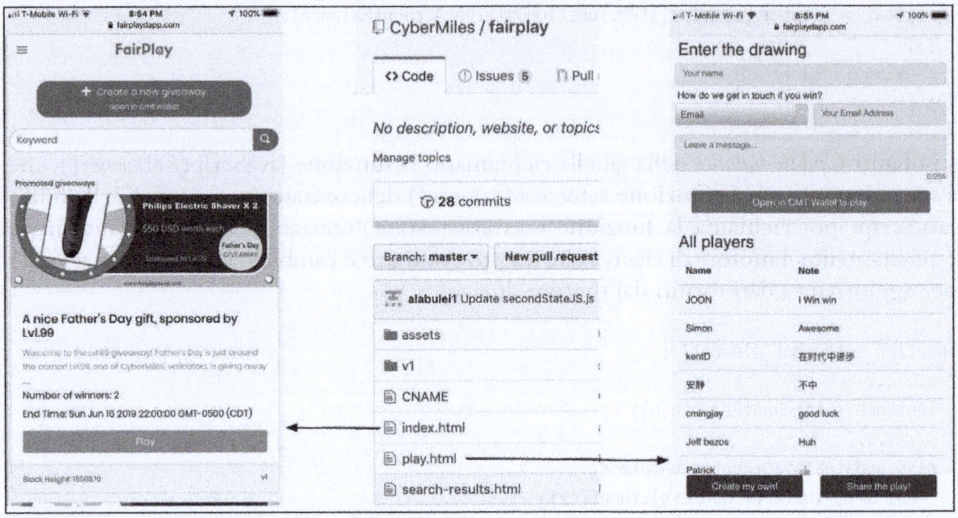

Figura 11.4 FairPlay è una web app che può essere ospitata da chiunque e impiegata su ogni browser web.

Quando l'utente ha bisogno di eseguire una transazione su uno smart contract, per creare una nuova offerta o partecipare a un'offerta, la pagina web fa in modo che l'utente apra l'app CyberMiles per firmare e completare l'operazione (vedi la Figura 11.5).

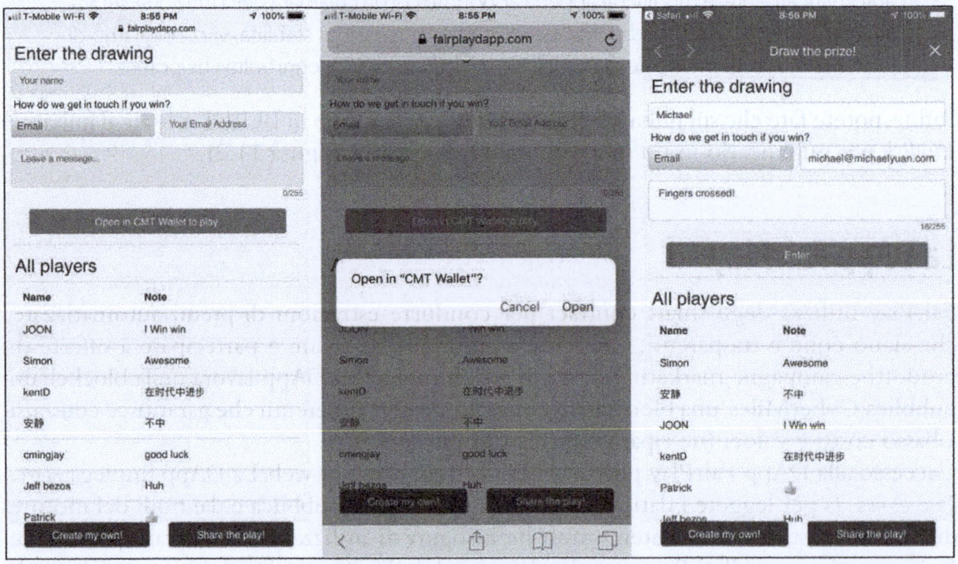

Figura 11.5 La web app FairPlay apre l'app CyberMiles per inviare le transazioni sullo smart contract.

FairPlay è una DApp per smart contract su blockchain. Dietro le quinte, FairPlay ha un'architettura modulare che è facile da sviluppare e gestire. Elemento chiave di questa architettura è il motore di ricerca per smart contract.

Un'architettura modulare

Al giorno d'oggi la maggior parte delle DApp si basa su un unico smart contract monolitico che funge da back end. Lo smart contract gestisce tutti gli utenti e gli stati dell'applicazione. Anche per i sistemi costituiti da più contratti, c'è tipicamente un registro o super-contratto che fornisce informazioni aggregate sul sistema.

Tuttavia, è difficile scrivere e poi manutenere un grosso smart contract. Tende ad accumulare errori ed è quasi impossibile da correggere quando viene rilevato un errore o un problema, cosa che acuisce i problemi di sicurezza che affliggono le DApp. Il super-contratto è poi vincolato dai limiti degli attuali linguaggi di programmazione e dalle macchine virtuali per smart contract. Non è in grado di supportare le più complesse query sui dati.

La DApp FairPlay adotta un approccio differente. La DApp è costituita da molti eventi per le offerte, ma ogni evento ha un suo smart contract. Quando qualcuno crea una nuova offerta, pubblica una nuova istanza dello smart contract FairPlay. Quando un evento termina, la sua istanza dello smart contract viene eliminata. Questo ci consente di migliorare continuamente il contratto FairPlay per aggiungergli funzionalità e correggerne i bug, in quanto ogni nuova offerta impiegherà un nuovo smart contract. Tuttavia, un problema di questo approccio è il modo in cui la DApp organizza tutti questi smart contract creati da indirizzi differenti in momenti differenti e rende poi disponibili le informazioni contenute in tutti questi contratti in un'interfaccia utente unificata. Vediamo il motore di ricerca.

Il motore di ricerca per smart contract

La schermata principale della DApp FairPlay visualizza i risultati del motore di ricerca (vedi la Figura 11.6). Consente agli utenti di trovare delle offerte contenenti specifiche parole chiave o tag, e anche le offerte cui l'utente ha già partecipato precedentemente. Il motore di ricerca indicizza le informazioni di tutti i contratti FairPlay pubblicati nella blockchain.

Anche il motore di ricerca per gli smart contract è decentralizzato: chiunque può creare una DApp a motore di ricerca che rimanda agli smart contract FairPlay. Ogni DAPP basata su un motore di ricerca può impiegare algoritmi e query differenti per far emergere e promuovere quelle offerte FairPlay più adatte ai suoi utenti e all'audience. Questa architettura è illustrata nella Figura 11.7.

Ogni smart contract della DApp FairPlay completa un insieme limitato di specifiche transazioni. Gli smart contract sono piccoli frammenti di codice autonomo, progettati per imporre le semplici regole operative nella blockchain. Tutti gli smart contract correlati vengono aggregati nel motore di ricerca per fornire agli utenti un'interfaccia utente effettivamente utile.

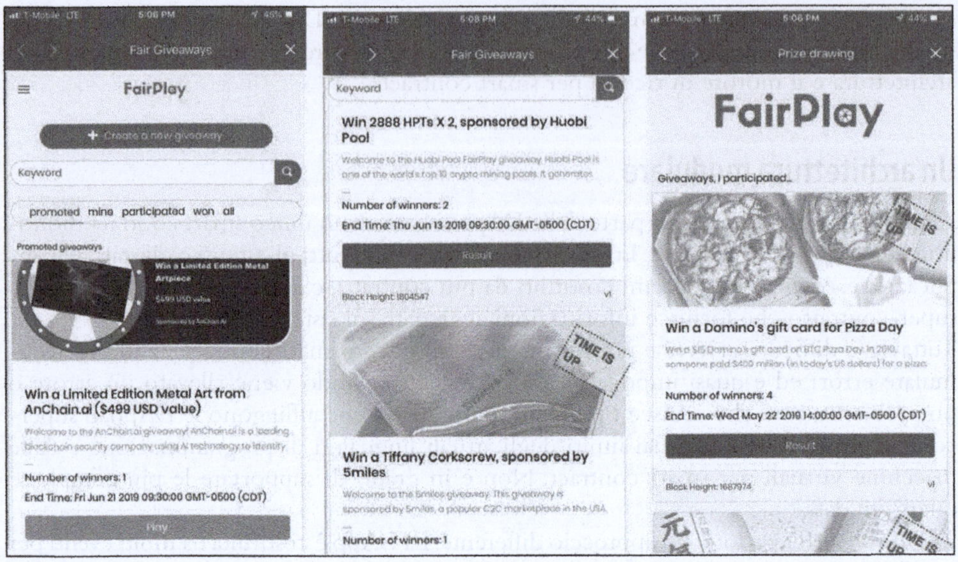

Figura 11.6 La home page della DApp FairPlay si basa sui risultati del motore di ricerca.

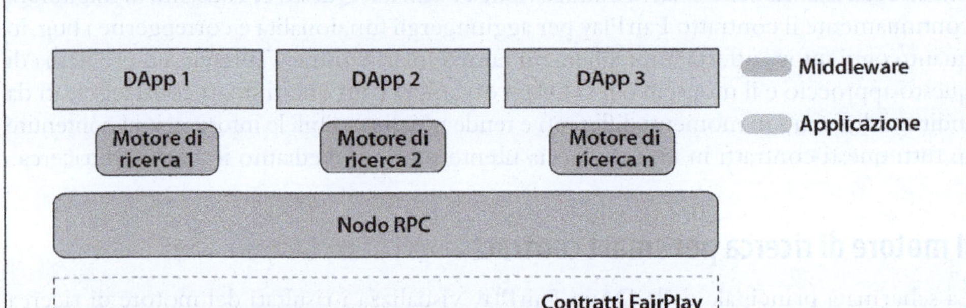

Figura 11.7 La DApp decentralizzata FairPlay.

Casi d'uso

La DApp FairPlay è un esempio di come il motore per smart contract supporti anche DApp di e-commerce a intenso volume di traffico. Vi sono altri casi d'uso.

Asset in criptovalute

Gli asset in criptovalute sono rappresentati da una grande quantità di contratti standard come ERC20, ERC721 e anche ERC1400. Un motore di ricerca può fornire una visione aggregata di tutti i saldi dei conti e di tutte le transazioni svoltesi con questi contratti. Sostanzialmente, ogni standard ERC per smart contract potrebbe sfruttare un motore di ricerca che aggreghi e visualizzi le informazioni di tutti i contratti dello stesso tipo.

DeFi (Decentralized Finance)

Gli exchange decentralizzati di criptovalute spesso offrono più pool di asset, ognuno dei quali è rappresentato da uno smart contract. Un motore di ricerca può fornire informazioni approfondite sulla cronologia e sullo stato corrente di questi pool.
In generale, le soluzioni DeFi, come le valute algoritmiche stabili, i prestiti in criptovalute, gli staking pool, offrono tutte pool di asset gestiti tramite smart contract. Un motore di ricerca potrebbe fornire informazioni approfondite su questi pool.

Giochi

Le blockchain consentono ai partecipanti, da qualunque parte del mondo, di giocare l'uno contro l'altro senza la necessità di un operatore centrale o di un'entità fidata. Un gioco decentralizzato viene condotto interamente in base alla logica dello smart contract. Lo smart contract non consentirà mai a un giocatore di eseguire una mossa non valida, o di partecipare quando non è il suo turno. Lo smart contract garantisce la correttezza e l'equità, fin dalle regole iniziali di ingaggio e fino alla ricompensa finale.
Le DApp che costituiscono il *front end* (la componente visuale e più attraente del gioco) ottengono in tempo reale lo stato del gioco, da programma, tramite l'API del motore di ricerca per smart contract.
L'intero ecosistema è sicuro e affidabile. I passi seguenti vengono continuamente ripetuti fino a raggiungere un risultato soddisfacente.

- La DApp visualizza agli utenti finali lo stato corrente del gioco.
- Se è il suo turno, ogni utente finale effettua una scelta con un tocco o uno swipe sul display.
- La DApp inoltra tale scelta allo smart contract.
- Lo smart contract convalida il gruppo di istruzioni inviato dalla DApp.
- Lo smart contract esegue il gruppo di istruzioni, se sono valide.
- Lo stato dello smart contract viene (o non viene) aggiornato, in base alle necessità.
- La DApp visualizza nuovamente agli utenti finali lo stato corrente del gioco (tramite l'API).

Conclusioni

In questo capitolo abbiamo visto come il motore di ricerca per smart contract possa fornire dati “ricchi” e aggiornati sulla blockchain, cosa che consente la creazione di DApp complesse. Per gli sviluppatori di applicazioni, i servizi a motore di ricerca (per esempio, la libreria `es-ss.js`) possono affiancare web3 e supportare un’architettura modulare per le DApp.

Capitolo 12

Sicurezza degli smart contract e best practice

di Victor Fang, fondatore e CEO di AnChain.ai

Gli *smart contract*, termine coniato da Nick Szabo, sono considerati la funzionalità rivoluzionaria che definisce la blockchain 2.0, rispetto all'era delle transazioni decentralizzate peer-to-peer della blockchain 1.0 (Bitcoin, Ripple e così via).

Al momento della scrittura del libro, Ethereum è la blockchain per smart contract più utilizzata. Uno smart contract Ethereum è un software decentralizzato che può essere eseguito e verificato sulla blockchain pubblica Ethereum.

Gli smart contract Ethereum sono programmati in Solidity, un linguaggio di programmazione simil-JavaScript (sintassi ECMAScript), e vengono eseguiti nella EVM (*Ethereum Virtual Machine*). Potete trovare molte informazioni sugli smart contract Ethereum nel Capitolo 6. Fin dal lancio di Ethereum, nel 2015, gli sviluppatori hanno assistito a una pletora di applicazioni di successo. Eccone alcune:

- Token, come ICO, STO, *stable coin*.
- DApp, come FOMO3D, CryptoKitties.
- Exchange decentralizzati, come IDEX.

Tuttavia, hanno anche sperimentato gravi problemi di sicurezza, che hanno causato perdite per miliardi di dollari e hanno gettato nel panico tutte le community che ruotano attorno alle blockchain.

In questo capitolo, ci concentreremo sugli smart contract Ethereum e sui seguenti aspetti:

- gravi problemi e vulnerabilità degli smart contract Ethereum nel passato;
- best practice per rendere sicuri gli smart contract.

In questo capitolo

- **Gravi problemi e vulnerabilità degli smart contract Ethereum**
- **Best practice per la sicurezza degli smart contract**
- **Conclusioni**

Gravi problemi e vulnerabilità degli smart contract Ethereum

Fin dal lancio di Ethereum, la community ha assistito a gravi problemi che hanno anche occupato i titoli dei giornali. In questo capitolo, esamineremo alcuni di questi e illustreremo le vulnerabilità che sono state sfruttate da questi attacchi.

Attacco Decentralized Autonomous Organization

L'attacco DAO (*Decentralized Autonomous Organization*) è probabilmente quello più noto in tutta la storia di Ethereum. Una DAO è, appunto, una "organizzazione decentralizzata autonoma". Il suo scopo è quello di codificare le regole e l'apparato decisionale di un'organizzazione, eliminando la necessità di documenti e personale gestionale, creando una struttura dotata di un controllo decentralizzato.

Nel giugno 2016, l'hacker sottrasse 3,5 milioni di ETH (equivalenti a circa 50 milioni di dollari) dallo smart contract DAO, dopo che era terminata la ICO del token. Ciò condusse a una *hard fork* di Ethereum. La tecnica utilizzata si chiama *Re-entrancy*.

La *Re-entrancy* (letteralmente "rientranza") è una vulnerabilità a chiamate ricorsive. Si verifica quando le chiamate al contratto esterno possono eseguire nuove chiamate al contratto chiamante prima che l'esecuzione iniziale sia terminata. Per una funzione, questo significa che lo stato del contratto può cambiare nel bel mezzo della propria esecuzione come risultato di una chiamata a un contratto non fidato o dell'uso di una funzione di basso livello con un indirizzo esterno. Un piccolo esempio è il seguente.

```
function withdraw(uint _amount) {
    require(balances[msg.sender] >= _amount);
    msg.sender.call.value(_amount)();  // Ecco il bug di Re-entrancy.
    balances[msg.sender] -= _amount;
}
```

In questo esempio di codice, `msg.sender.call.value` può essere sfruttata da un hacker. Un contratto di attacco potrebbe richiamarla ricorsivamente fino a prosciugare tutto il conto in commissioni.

A dire il vero, la rientranza è piuttosto comune. Nell'ottobre del 2018, SpankChain, un progetto in criptovalute che operava nel mondo dei servizi per adulti, subì una violazione che le costò quasi 40.000 dollari in ETH.

Il team di ricerca di AnChain.ai sulle minacce ha mostrato la natura ricorsiva di questo attacco a SpankChain, come si vede nella Figura 12.1. Notate che l'hacker ha lanciato il contratto di attacco che faceva in modo che SpankChain inviasse ricorsivamente degli ETH al suo indirizzo, fino al consumo di tutte le commissioni. Ogni `call_0`, `call_1_0`, `call_1_1_0_0` è una transazione interna EVM che indica delle chiamate a questo smart contract esterno. In questo caso, ogni chiamata interna ha sottratto 0,5 ETH allo smart contract SpankChain.

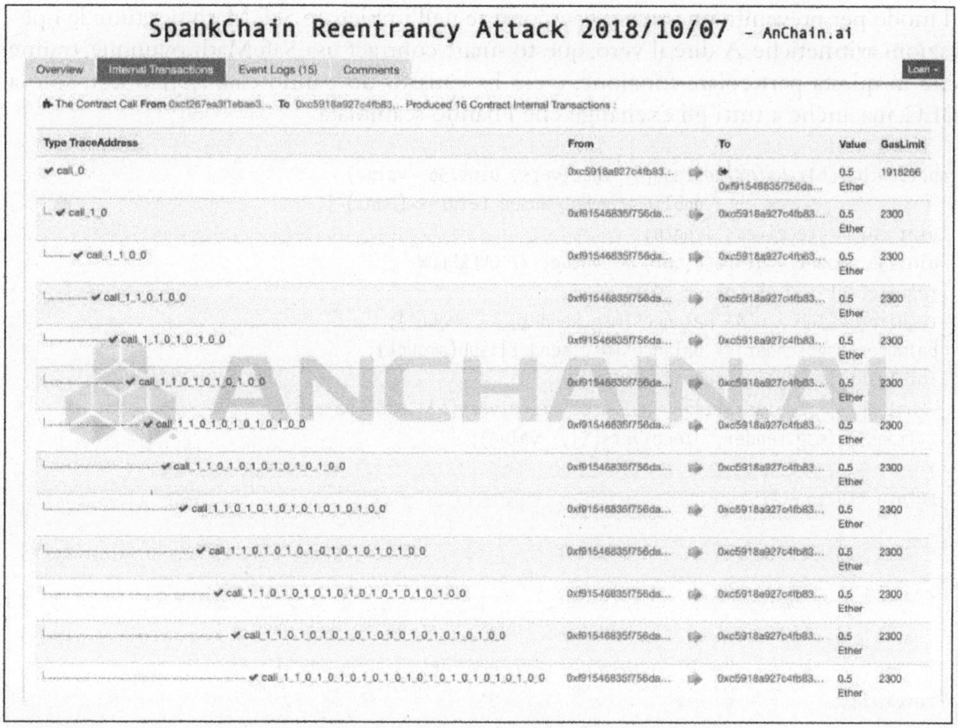

Figura 12.1 La natura ricorsiva della re-entrancy quando è stato attaccato lo smart contract SpankChain.

Attacco al token BEC

L'attacco al token BEC è particolarmente interessante perché mostra come degli asset crittografici a smart contract possano avere un notevole impatto su un exchange centralizzato di criptovalute (OK Exchange) in un modo subdolo, causando perdite per miliardi di dollari.

Beauty Chain (BEC) era una criptovaluta di alto profilo in Cina. Il suo obiettivo era quello di essere "un ecosistema pienamente decentralizzato sul tema della bellezza". Iniziò a operare su OKEX il 23 febbraio 2018. Dalla sua capitalizzazione massima di mercato di circa 70 miliardi di dollari, è gradualmente scesa a circa 2 miliardi di dollari il 22 aprile, dopodiché il suo valore di scambio precipitò improvvisamente a zero. OKEX poi sospese ogni scambio in BEC.

L'attacco al token BEC era dovuto a una vulnerabilità di tipo "integer overflow" nel suo smart contract ERC-20. La riga di codice commentata nel listato sottostante moltiplica due numeri uint256 e assegna il risultato a un'altra variabile uint256: `amount`. Sfortunatamente, non c'è alcun controllo di *overflow* in tale riga. Quando l'hacker passa una variabile uint256 legittima ma molto grande, il prodotto provoca un *overflow*. La Figura 12.2 mostra la transazione che sfrutta questa vulnerabilità.

Il modo per prevenire questo *overflow* consiste nell'impiegare SafeMath per tutte le operazioni aritmetiche. A dire il vero, questo smart contract usa SafeMath ovunque, tranne che in questa particolare funzione, e ciò ha causato un danno catastrofico non solo a BEC, ma anche a tutti gli exchange che l'hanno scambiata.

```
function batchTransfer(address[] _receivers, uint256 _value)
                            public whenNotPaused returns (bool) {
  uint cnt = _receivers.length;
  uint256 amount = uint256(cnt) * _value; // OVERFLOW
  require(cnt > 0 && cnt <= 20);
  require(_value > 0 && balances[msg.sender] >= amount);
  balances[msg.sender] = balances[msg.sender].sub(amount);
  for (uint i = 0; i < cnt; i++) {
    balances[_receivers[i]] = balances[_receivers[i]].add(_value);
    Transfer(msg.sender, _receivers[i], _value);
  }
  return true;
}
```

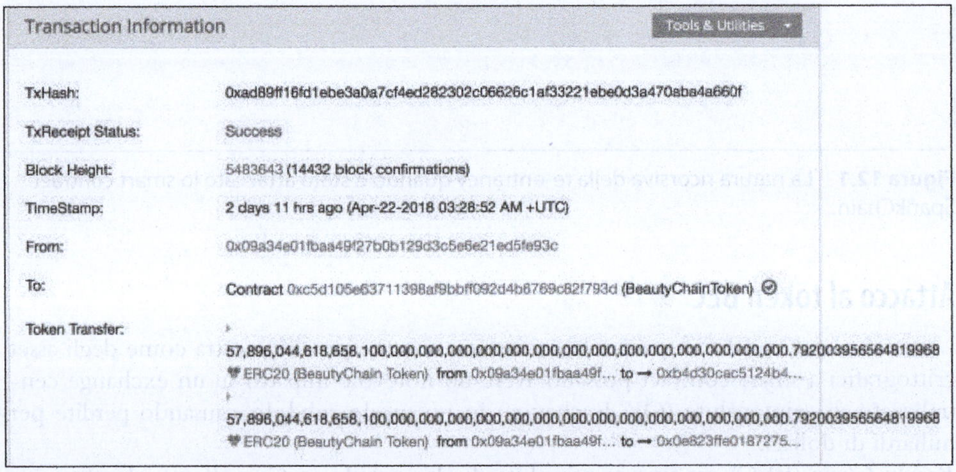

Figura 12.2 La transazione con la vulnerabilità di overflow dello smart contract BEC.

NOTA

Vi sono dei modi per prevenire gli overflow di interi negli smart contract. Lity, sia il linguaggio sia le estensioni della macchina virtuale Ethereum, controllano la condizione di overflow dei valori interi già in fase di compilazione e poi, a runtime, rilevano e rifiutano uno smart contract che contenga overflow. Per informazioni, vedete il Capitolo 14.

Attacco al wallet Parity

Questa vulnerabilità illustra un altro modo in cui un bug nel progetto di uno smart contract crittografico può danneggiare l'ecosistema: il wallet. Il wallet colpito, Parity, era uno dei più noti per Ethereum e altre criptovalute.

A dire il vero, il *Parity MultiSig Bug* è uno dei bug più comuni fra quelli del progetto di cyber-sicurezza OWASP (*Open Web Application Security Project*), sotto il nome *Access Control*. Questi problemi sono comuni in tutti i programmi, non solo negli smart contract. Questo bug ha colpito tutti gli utenti dotati di asset in un wallet multi-sig creato in Parity dopo il 20 luglio 2017. Il danno ammontò a 155 milioni di dollari. Questo bug fu corretto immediatamente dopo l'attacco.

L'hacker inviò due transazioni a ognuno dei contratti colpiti.

Passo 1: ottenere la proprietà esclusiva del MultiSig

Nella funzione `payable()` del contratto del wallet era contenuto in un bug che faceva in modo che tutte le funzioni pubbliche della libreria fossero richiamabili da chiunque, compresa `initWallet`, che poteva cambiare il proprietario del contratto.

Sfortunatamente, `initWallet` non aveva alcun controllo per impedire a un hacker di richiamarla dopo che il contratto era stato inizializzato. L'hacker ha sfruttato questa falla e ha semplicemente cambiato la variabile di stato del proprietario del contratto, specificando il proprio indirizzo. Questo ha modificato il controllo degli accessi, modifica che poi è rimasta nell'immutabile blockchain Ethereum.

Passo 2: trasferire tutti i fondi

Dopo che l'hacker si è attribuito la proprietà, è bastato richiamare una funzione per inviare tutti i fondi al proprio conto! Questa richiesta è stata accettata automaticamente, dal momento che l'hacker risultava l'unico e il solo proprietario del MultiSig: e così ha svuotato il contratto di tutti i suoi fondi.

L'attacco alle DApp FOMO3D e LastWinner

Le DApp, ovvero le app decentralizzate, sono ormai una tendenza dominante, grazie agli smart contract. A marzo 2019, vi sono ben 2.667 DApp in esecuzione sulle blockchain pubbliche e il loro numero probabilmente crescerà enormemente. Consultate il Capitolo 7 per ulteriori informazioni sullo sviluppo di DApp Ethereum.

FOMO3D (*Fear Of Missing Out 3D*) è una DApp per scommesse (Figura 12.3) che era molto popolare fra luglio e agosto 2018 e che co-gestiva perfino la blockchain Ethereum. Le regole del gioco in FOMO3D erano semplici.

- L'utente acquista una "chiave", per partecipare.
- Quando qualcuno acquista una chiave, parte il conto alla rovescia, da pochi secondi a 24 ore.
- Quando il conto alla rovescia giunge allo 0, l'utente vince il *jackpot*, di svariati milioni di dollari.
- Con ogni chiave, l'utente riceve un bonus casuale.

A dire il vero, FOMO3D è in realtà uno *schema Ponzi*, che teoricamente non avrebbe mai fine, perché fa leva sulla natura umana: la voglia di vincere.

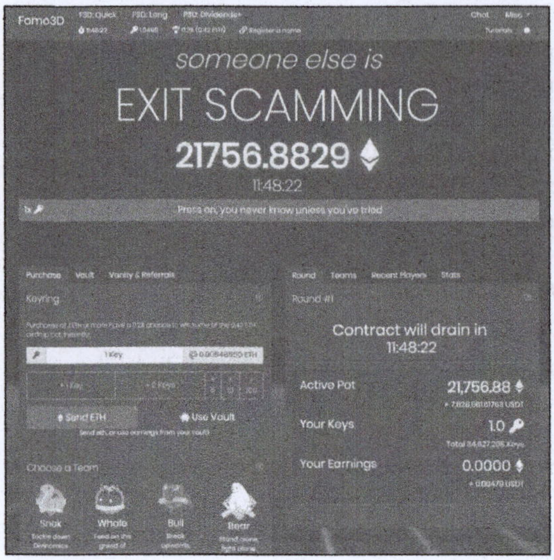

Figura 12.3 Istantanea del sito web della DApp FOMO3D; Victor Fang, luglio 2018.

Sfortunatamente, FOMO3D e il suo emulo LastWinner, furono entrambi attaccati nell'agosto del 2018. Questi attacchi portarono alla scoperta della vulnerabilità BAPT (*Blockchain Advanced Persistent Threat*). La APT, *Advanced Persistent Threat*, è definita come un "flusso continuo e invisibile di processi di attacco, spesso orchestrati da persone che intendono colpire una specifica entità".

NOTA

Anche *MIT Technology Review* ha trattato questa storia: "Nell'agosto del 2018, AnChain.ai ha identificato cinque indirizzi Ethereum che erano all'origine di un attacco estremamente sofisticato che ha sfruttato un difetto in un contratto di un noto sito di scommesse, sottraendo 4 milioni di dollari".

La generazione di numeri casuali (RNG – *Random Number Generation*) viene comunemente usata nelle DApp, come in tutti i giochi online. Pensate a un poker online. La casa genera a ogni partita una mano sulla base di un generatore di numeri casuali.
Un numero casuale perfetto dovrebbe avere, matematicamente, un'elevata entropia e non deve poter essere previsto. Tuttavia, la generazione di numeri casuali nella blockchain diventa un problema, a causa della natura stessa della blockchain: immutabile, decentralizzata, trasparente.
Se la DApp non impiega una "buona casualità", ciò potrà essere sfruttato dagli hacker per predire il gioco.

NOTA

Il linguaggio Lity e la sua macchina virtuale estendono il protocollo Ethereum per fornire i "semi" dei numeri casuali con elevata sicurezza per gli smart contract, quando il consenso sulla blockchain si basa su un meccanismo DPoS (*Delegated Proof-of-Stake*). Consultate il Capitolo 14 per ulteriori dettagli.

Quello che segue è il frammento di codice della funzione `airdrop()` di FOMO3D, che genera un numero casuale sulla base di varie fonti, come `timestamp`, `block coinbase`, `sender`, e così via, fornendo un risultato: il partecipante può vincere o perdere.

```
function airdrop() private view returns(bool) {
  uint256 seed = uint256(keccak256(abi.encodePacked(
  (block.timestamp).add
  (block.difficulty).add
  ((uint256(keccak256(abi.encodePacked(block.coinbase)))) / (now)).add
  (block.gaslimit).add
  ((uint256(keccak256(abi.encodePacked(msg.sender)))) / (now)).add
  (block.number)
  ))); // Generazione del numero casuale

  if((seed - ((seed / 1000) * 1000)) < airDropTracker_)
    return(true);
  else
    return(false);
}
```

Tecnicamente, questa funzione `airdrop()` non ha difetti. Tuttavia, nel contesto di uno smart contract e di una blockchain, questo codice è vulnerabile.

- La blockchain Ethereum impiega dei secondi a raggiungere il consenso.
- Questo codice può essere eseguito in una frazione di secondo in qualsiasi computer, migliaia di volte più velocemente della blockchain.
- Questo codice sorgente è visibile a chiunque, sulla blockchain.
- Tutti i semi per numeri casuali sono noti a chiunque, sulla blockchain (mancanza di entropia).

In base a questi fatti, un hacker può progettare uno smart contract malevolo in grado di sfruttare questa scarsa casualità, pre-calcolando il risultato di `airdrop()`e partecipando a FOMO3D solo quando sa che il risultato è vincente. Un'idea brillante!

La Figura 12.4 mostra l'intera attività di hacking.Vi sono due milioni di transazioni in due sole settimane e oltre 22.000 indirizzi Ethereum. La maggior parte di essi era costituita da smart contract di attacco, lanciati da cinque wallet!

Aspetti sconosciuti e futuro

Notate che queste vulnerabilità sono forse solo la punta dell'iceberg. Nel 2018 era stato pubblicato più di un milione di smart contract Ethereum, ma solo 50.000 di essi contengono codice sorgente pubblicamente accessibile.

Sulla base delle ricerche condotte da AnChain.ai in una *sandbox* di verifica degli smart contract, più dello 0,6% di tutti i 50.000 sorgenti degli smart contract pubblicati sulla mainnet sono vulnerabili all'attacco a rientranza. E le vulnerabilità totali individuate sono state 57.911.

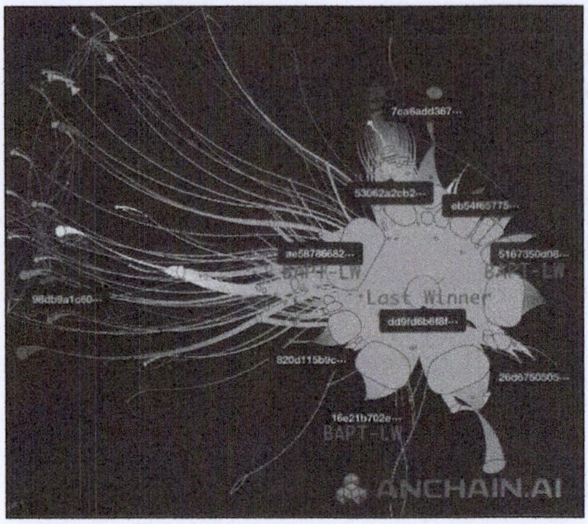

Figura 12.4 Visualizzazione grafica del gruppo di hacker BAPT-LW (5 wallet ETH) all'attacco di LastWinner, una DApp emula di FOMO3D, agosto 2018.

Anche le vulnerabilità note possono ripetersi. Il 16 gennaio 2019, l'aggiornamento del protocollo Constantinople è stato ritardato, all'ultimo minuto, a causa di una vulnerabilità della EIP 1283. Questa modifica introduceva un nuovo vettore di rientranza che in determinate situazioni rendeva vulnerabile un meccanismo di prelievo (`.send()` e `.transfer()`) che precedentemente era noto per la sua sicurezza: l'hacker poteva dirottare il flusso di controllo e usare le commissioni rimanenti attivate dalla EIP 1283. L'aggiornamento fu così ritardato. Altrimenti si sarebbe verificata un'altra catastrofe nel mondo Ethereum.

Ma vi sono anche altre vulnerabilità che non sono ancora state scoperte, come il bug del giorno zero nel mondo della cyber-sicurezza.

Concludiamo questo paragrafo con la Top 10 del 2018 del progetto DASP (*Decentralized Application Security Project*):

- *Reentrancy*;
- *Access Control*;
- *Arithmetic*;
- *Unchecked Low Level Calls*;
- *Denial of Services*;
- *Bad Randomness*;
- *Front Running*;
- *Time Manipulation*;
- *Short Addresses*;
- *Unknown Unknowns*.

Best practice per la sicurezza degli smart contract

Gli attacchi agli smart contract appena descritti dimostrano che lo sviluppo di smart contract davvero sicuri è piuttosto problematico.

A dire il vero, la statistica di bug medi per riga di codice in *Code Complete* di Steve McConnell mostra i seguenti risultati.

- Media del settore: circa 15-50 errori ogni 1000 righe di codice in uso.
- Applicazioni Microsoft: circa 10-20 difetti ogni 1000 righe di codice nei test interni e 0,5 difetto per KLOC (migliaio di righe di codice) nel prodotto commerciale.

Un'altra sfida per la blockchain Ethereum è che, è difficile cambiare il codice degli smart contract, una volta che è stato pubblicato. Pensate alle *patch* di Microsoft Windows che arrivano settimanalmente per correggere le vulnerabilità note. Non esiste questo meccanismo per la blockchain. Qui "il codice è legge".

NOTA

Il progetto Lity fornisce un meccanismo per aggiornare gli smart contract Ethereum-compatibili su blockchain Lity. L'idea è quella di dichiarare l'interfaccia del contratto all'indirizzo del contratto stesso e poi fornire implementazioni proxy di tutte le funzioni.

Pertanto, è fondamentale scrivere codice sicuro nei futuri smart contract. Fortunatamente, vi sono vari progetti e startup che puntano a offrire agli sviluppatori la possibilità di rendere sicuri i loro smart contract svolgendo verifiche che hanno proprio lo scopo di identificare le vulnerabilità.
Quelle che seguono sono alcune delle best practice.

Verifica manuale da parte di esperti

Il modo più utilizzato per verificare gli smart contract, specialmente dei token ICO, è la verifica manuale da parte di esperti. Solidity è un linguaggio di programmazione nuovo e manca di strumenti di sicurezza, rispetto ad altri linguaggi, più affermati in termini di sicurezza, dove esistono strumenti commerciali, come Coverity per la verifica di codice sorgente C++/Java. Trovate esperti particolarmente abili nel linguaggio e dotati dell'esperienza necessaria per identificare manualmente le vulnerabilità.

Verifica formale

La verifica formale è uno dei campi più promettenti per la verifica degli smart contract: punta a dimostrare matematicamente la correttezza del codice sorgente. "La verifica formale consiste nel dimostrare la correttezza o non correttezza degli algoritmi in questione in un sistema rispetto a una certa specifica formale o proprietà, impiegando i metodi formali della matematica". A dire il vero, l'impiego di metodi formali risale a 40 anni fa e vi sono varie applicazioni, per esempio per Windows, per dimostrare la correttezza del codice sorgente di alcuni moduli critici del kernel.

Sandbox

Una *sandbox*, in poche parole, è una particolare "macchina virtuale", in grado di eseguire automaticamente le istruzioni di opcode in un ambiente limitato. Si tratta di una tecnologia di provata efficacia nella sicurezza informatica, e aziende come FireEye e Palo

Alto Network sviluppano prodotti *sandbox* in grado di rilevare i malware più sofisticati, come APT32 e altri.

Per esempio, i malware più avanzati sono "polimorfici", ovvero modificano costantemente la loro impronta. La maggior parte dei software antivirus opera ancora a "signature", andando a cercare un codice hash dei byte del "carico utile" del virus. Pertanto, malware polimorfici aggirano il rilevamento dell'antivirus, in quanto il suo aspetto cambia costantemente, pur funzionando allo stesso modo. Alternativamente, la *sandbox* analizza il comportamento del codice in esecuzione, alla ricerca di schemi sospetti, e questo in modo pienamente automatizzato. Inspirandosi al successo delle *sandbox* per malware, AnChain.ai ha sviluppato la prima *sandbox* al mondo per la verifica di smart contract, che ha lanciato nel febbraio 2019. Una buona *sandbox* deve offrire funzionalità come: analisi statica, esecuzione dinamica, analisi statistica, similarità del codice e altro ancora.

Strumenti

Sulla base delle best practice precedenti, ecco alcuni strumenti open source utili per rendere più sicuri gli smart contract.

- Mythril Classic: strumento open source di analisi della sicurezza del bytecode nella EVM, `https://github.com/ConsenSys/mythril-classic`.
- Oyente: alternativa per la sicurezza statica degli smart contract, `https://github.com/melonproject/oyente`.
- Slither: un framework di analisi statica per Solidity, `https://github.com/crytic/slither`.
- Adelaide: l'estensione SECBIT per l'analisi statica del compilatore Solidity, `https://github.com/sec-bit/adelaide`.

NOTA

Il progetto Lity fornisce strumenti compatibili con Ethereum per eseguire l'analisi statica in fase di compilazione, impiegando Oyente ed ERC Checker. Per ulteriori dettagli, vedete il Capitolo 15.

Conclusioni

In questo capitolo abbiamo trattato i principali attacchi agli smart contract Ethereum e le vulnerabilità recentemente sfruttate e abbiamo discusso brevemente le best practice per la sicurezza degli smart contract.

Ethereum è appena agli inizi. Consideriamolo come se fosse l'Internet del 1990: lenta e vulnerabile. Ma pensiamo che presto sarà maturo come l'Internet del 2019. Tuttavia, viste le violazioni sui dati e gli attacchi APT (*Advanced Persistent Threat*) che emergono nei titoli dei giornali, anche la sicurezza in Internet ha ancora molta strada da percorrere. La sicurezza è un impegno collaborativo, che coinvolge più esperti, team e strumenti. Siete pronti per rendere sicuri i vostri smart contract?

Capitolo 13

Il futuro di Ethereum

di Tim McCallum

In questo capitolo

- Ethereum 1.0
- Oltre Ethereum 1.0
- Ethereum 2.0
- Fasi attuative di Ethereum 2.0
- Innovazioni post-Ethereum 2.0
- Conclusioni

Il creatore di Ethereum, Vitalik Buterin, definisce una blockchain come un sistema decentralizzato che contiene memoria condivisa e, in quanto tale, una buona applicazione blockchain, ha bisogno sia di un'architettura decentralizzata sia di funzionalità di condivisione della memoria sull'architettura della rete stessa. Ethereum, attualmente, si concentra sulla decentralizzazione. In senso filosofico, sulla decentralizzazione di Internet. La rete Internet, pur possedendo le caratteristiche progettuali per essere decentralizzata, fin dal suo concepimento è stata sempre più centralizzata. La rete Ethereum fornisce funzionalità di calcolo effettivamente decentralizzato su scala globale. Oltre a questo, la rete Ethereum ospita una memoria condivisa all'interno della rete: lo chiama "stato".

Questi attributi, in senso tecnico, rendono Ethereum un *world computer*. Ha già dimostrato di poter supportare la prossima generazione di applicazioni decentralizzate (DApp) in grado di facilitare i pagamenti online, i meccanismi di autenticazione, le soluzioni di archiviazione decentralizzate (swarm), le valute digitali e molto altro ancora.

In questo capitolo, inizieremo a trattare lo sviluppo di Ethereum al 2018. Vedremo come i ricercatori e fondatori di Ethereum e anche gli sviluppatori Ethereum stanno risolvendo le loro sfide quotidiane. Poi passeremo al futuro, cercando di scoprire i nuovi sviluppi che ci aspettano; sviluppi che potrebbero portare alle prime adozioni già nel 2020. Prima di concludere l'argomento del futuro di Ethereum, guarderemo ancora più in là, le cose "difficili da implementare" le quali, se realizzate, potrebbero far evolvere Ethereum, ben oltre quanto è perfino ipotizzabile oggi in termini di privacy, scalabilità e sicurezza.

NOTA

I potenziali miglioramenti alla rete Ethereum passano attraverso un processo EIP (*Ethereum Improvement Proposal*) prima di essere implementati. Le fasi di una EIP sono *draft* (bozza), *accepted* (accettata), *final* (finale) e *differed* (differita). Le EIP finali sono proposte che sono ormai adottate. Perché una proposta venga accettata, il proponente deve fornire informazioni dettagliate tra cui la motivazione, le specifiche, la descrizione e la compatibilità all'indietro. La proposta può anche fornire esempi di codice.
Una delle più famose EIP è la EIP20, che definisce gli smart contract per emettere token ERC20 sulla blockchain Ethereum. Potete leggere lo standard EIP20 in: `https://github.com/ethereum/EIPs/blob/master/EIPS/eip-20.md`. Tutte le EIP si trovano elencate in questa pagina web: `https://github.com/ethereum/EIPs`.

Ethereum 1.0

Vi sono state tre grandi categorie di sfide in agenda per Ethereum nel 2018: la privacy, il consenso e la scalabilità. I ricercatori della Ethereum Foundation e gli sviluppatori Ethereum hanno cercato di risolvere queste aree problematiche. Ethereum ha già rilasciato il suo meccanismo di consenso ibrido PoW/PoS (*Proof-of-Work/Proof-of-Stake*) noto come *Casper the Friendly Finality Gadget* (FFG). La futura roadmap di Ethereum si presenta molto eccitante e ricca di attività. Affrontiamo ora i problemi e le soluzioni che ruotano attorno alla privacy, al consenso e alla scalabilità.

Privacy

Il paradosso della privacy è il seguente: se da un lato ci sono molti nodi che verificano i vostri dati sul registro pubblico (garantendo la sicurezza tramite il consenso collaborativo), il fatto stesso di avere i propri dati su un registro pubblico ne compromette la privacy. Ecco un esempio. Se qualcuno conosce la data, l'ora e l'ammontare di una transazione che avete inviato o ricevuto, potrà ispezionare il registro pubblico e identificare l'indirizzo (chiave pubblica) del vostro conto. Questo problema è comune alla maggior parte dei registri pubblici distribuiti (blockchain), non solo Ethereum. Ma è importante considerare che, da questo momento, tale persona può tracciare il saldo, gli ingressi e le uscite del vostro conto sul registro pubblico. Questa è un'invasione della privacy. Sono state prese delle misure per risolvere questo problema di privacy a livello del protocollo di base. La *hard fork* Byzantium rilasciata da Ethereum il 16 ottobre 2017 ha introdotto nuovi algoritmi crittografici (*Zero Knowledge Proofs* e *ring signatures*). Questi strumenti crittografici e altri miglioramenti della rete Ethereum, come l'introduzione dei canali di stato, hanno lo scopo di aiutare gli sviluppatori a risolvere questi e altri problemi di privacy.

Consenso

Nel Capitolo 2 abbiamo trattato i meccanismi di consenso PoW e PoS delle blockchain. Ethereum, fin dalla sua nascita, è sempre stata una blockchain PoW. Tuttavia, con la prossima generazione Ethereum si sta spostando verso un assetto PoS. Il passaggio da PoW a PoS è forse la più grande sfida e opportunità che oggi deve affrontare la community Ethereum.

L'avvento del protocollo PoW ha introdotto uno degli attributi più riconosciuti della blockchain: l'immutabilità. Più in particolare, il fatto che sia impraticabile in termini computazionali invertire le transazioni ormai passate, mentre i computer (i nodi della blockchain sulla rete peer-to-peer) sono in competizione per impiegare la loro energia computazionale nella creazione di nuovi blocchi (minando la blockchain). Ethereum attualmente impiega anche il protocollo di consenso PoW e, proprio come in Bitcoin, il processo di consenso PoW sulla rete Ethereum si svolge in virtù del fatto che tutti i computer competono sulla rete, impiegando la loro energia computazionale, per creare nuovi blocchi in cima alla blockchain.

Se da un lato PoW ha molti pregi, viene anche criticato in relazione all'efficienza energetica e alla potenziale centralizzazione del processo di mining PoW.

Proof-of-Stake (PoS)

Nell'ottobre del 2017 Vitalik Buterin e il suo collega Virgil Griffith redassero la pubblicazione *Casper the Friendly Finality Gadget (FFG)*. Casper FFG è un meccanismo di consenso parziale che combina la ricerca sull'algoritmo PoS e la teoria del consenso *fault tolerant* di *Byzantine*. Quello che conta di più per implementazione, è che Casper FFG è concepito per sovrapporsi a una blockchain PoW già operativa. Pertanto, Casper FFG è una soluzione ibrida di consenso PoW/PoS.

Vi sono più di tre testnet Ethereum. Queste testnet sono *sandbox*, usate per simulare la rete Ethereum e la EVM (*Ethereum Virtual Machine*). L'implementazione ibrida PoW/PoS Ethereum, *Casper FFG*, è già stata lanciata nella sua testnet (non in produzione). La testnet Casper FFG è partita il 1 gennaio 2018. La parte seguente del paragrafo rappresenta una panoramica preliminare della soluzione ibrida di consenso PoW/PoS.

Nel mining PoW, un miner affronta una sfida: trovare un *nonce*. La ricerca del *nonce* avviene per "forza bruta" e prevede di indovinare in modo casuale e ripetutamente il *nonce*, fino a scoprirlo. Questo processo è la prova che i miner hanno lavorato, da cui il nome *Proof-of-Work* (PoW): è una "prova di lavoro". Nel mining PoS i blocchi vengono creati dai validatori. I validatori possono partecipare alla creazione di blocchi solo se pagano per partecipare. Questo prevede l'accumulo di un grosso deposito (in questa fase preliminare, una somma attorno ai 1500 ETH), da cui il nome *Proof-of-Stake* (PoS): è una "prova di potere".

La convalida PoS è diversa, da un punto di vista hardware, dal mining PoW, in quanto non è richiesto un hardware specializzato per partecipare alla competizione. I validatori sono del tutto virtuali (software). Il processo di accesso e abbandono del ruolo di validatore, in PoS è chiamato, rispettivamente, *bonding* e *unbonding*. Come vengono registrate queste attività di *bonding* e *unbonding*? Casper FFG salva le attività di *bonding* e *unbonding* nello stato della blockchain (insieme ai saldi dei conti e altro). Chiunque può unirsi all'insieme dei validatori inviando una transazione Ethereum al contratto Casper (insieme ad alcuni parametri come un indirizzo di prelievo e, naturalmente, degli ETH per le commissioni).

La premessa di base su cui si basa la convalida PoS prevede degli incentivi economici. Per esempio, un validatore che manifesta comportamenti chiaramente pericolosi (come la creazione di due blocchi alla stessa altezza) verrà penalizzato economicamente. Al contrario, un validatore che non attacca deliberatamente la rete riceverà una ricompensa, o un interesse, sul deposito che ha versato. L'implementazione Pos Casper FFG riduce moltissimo il numero di opportunità in cui la manipolazione è più profittevole dei costi associati all'esecuzione della manipolazione. Idealmente, le opportunità di manipolare (attaccare) la rete senza subire un grave danno economico sono prossime allo zero. In una data implementazione di blockchain PoW (dove tutti i nodi impiegano lo stesso meccanismo di consenso PoW) vince la catena con più blocchi (la catena più lunga), come si vede nella Figura 13.1. Questo perché essa esibisce una maggiore "prova di lavoro".

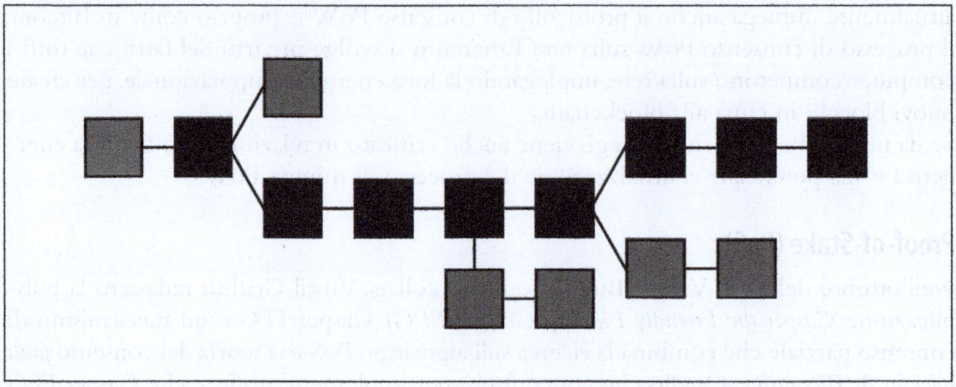

Figura 13.1 L'algoritmo PoW identifica la catena più lunga come quella più autorevole.

Nel PoS di Casper FFG vince la catena supportata dal maggior *Value at Risk* (VaR). Il principio generale è che se supportate un blocco che non entrerà nella catena principale, invece di avere una ricompensa verrete penalizzati. Perderete una somma di ETH equivalente alla ricompensa per il blocco. In pratica supponiamo che vi siano due possibili blocchi da supportare. Il blocco sulla catena A ha una probabilità di successo pari al 90%. Il blocco sulla catena B ha solo una probabilità di successo pari al 10%. Se supportate la catena A, verrete ricompensati. Se supportate la catena B verrete penalizzati. Un potenziale stratagemma economico entra in gioco se iniziate a pensare che potreste supportare sia A sia B, per profitto. Ethereum ha un modo intelligente per renderlo inattuabile. In questo caso, in cui avete diviso la vostra scommessa in due modi, riceverete solo il 50% della ricompensa per la catena A (se ha successo) e solo il 50% della ricompensa per la catena B (se ha successo). Questa "doppia scommessa" su entrambe le catene produrrà sempre un risultato inferiore rispetto al supportare la catena A. Questo incentivo economico favorisce la convergenza e questo è il percorso desiderato per garantire che esista un'unica catena onesta tramite il consenso PoS. Quello che segue è un semplice, ma concreto, esempio per scopi dimostrativi.

Supponete che la ricompensa per il blocco sia di 10 ETH. Supponete ora che voi, in quanto validatore, supportiate un blocco sulla catena A e un blocco sulla catena B. In uno scenario in cui la catena A ha successo, ricevereste 5 ETH (solo il 50% della ricompensa per il blocco) per il vostro impegno nei confronti della catena A e perdereste i 10 ETH (l'intera ricompensa per il blocco) per aver supportato anche un blocco sulla catena B. Il risultato netto di questo scenario sarebbe un danno di 5 ETH.

In PoS, il validatore deve solo autenticare. È stato proposto che, invece di usare semplicemente una chiave privata, possa essere creata una funzione che fornisca un codice di convalida. Questa struttura modulare permetterebbe al validatore di scegliere firme alternative quando si autentica. Per esempio, il validatore potrebbe decidere di impiegare una firma Lamport, in quanto ritenuta sicura contro le minacce *quantum computer*.

Scalabilità

I sistemi blockchain devono scendere a compromessi fra decentralizzazione, scalabilità e sicurezza. È ragionevolmente facile risolvere due qualsiasi di questi tre problemi. Vitalik Buterin scherza sul fatto che questo è il "trilemma" di una blockchain: è possibile risolvere facilmente due problemi, alle spese del terzo, mentre è difficile risolvere insieme tutti e tre.

Plasma

Plasma è solo una delle strategie che puntano a risolvere il problema della scalabilità della blockchain. Plasma è differente dall'approccio a *sharding* di cui parleremo più avanti nel capitolo. Un'implementazione Plasma di successo invia le transazioni *off-chain* per migliorare la scalabilità. In questo senso, Plasma è una cosiddetta soluzione di secondo livello: è implementata tramite codice che si trova all'esterno del protocollo del livello base. Più in particolare le soluzioni di secondo livello non hanno alcun effetto sul meccanismo di consenso del protocollo del livello base. Per chiarire, Plasma differisce dallo *sharding* per il fatto che una soluzione a *sharding* di successo sarebbe programmata dentro il protocollo del livello base. Plasma è una soluzione progettata per essere compatibile con le soluzioni a scalabilità *on-chain*, come *sharding*, e pertanto può non solo coesistere, ma anche essere complementare. A dire il vero i miglioramenti della scalabilità *on-chain* non fanno che migliorare la scalabilità della soluzione di secondo livello.

Plasma è un insieme di blockchain annidate. Queste Plasma Blockchain vengono create impiegando smart contract sulla rete Ethereum principale. Inviando il vostro smart contract alla blockchain pubblica Ethereum potrete lanciare le vostre applicazioni. Tali applicazioni possono comprendere exchange decentralizzati, reti social, reti di pagamento e anche una vostra implementazione privata della blockchain Ethereum. Queste Plasma Blockchain (le vostre applicazioni) fanno tutte riferimento alla blockchain pubblica Ethereum.

La scalabilità è dovuta al fatto che anche se elabora un volume di transazioni estremamente elevato, la Plasma Blockchain non trasferisce l'intero volume delle transazioni alla blockchain pubblica Ethereum. Piuttosto la Plasma Blockchain invia solo una quantità di dati molto piccola (i codici hash delle intestazioni dei blocchi) sullo stato della Plasma Blockchain. Plasma funziona in base al presupposto che i dati inviati alla catena principale sono esenti da attività fraudolente, così che alla blockchain pubblica Ethereum non è richiesto di eseguire alcun calcolo. Se qualcuno può pubblicare una prova che hanno avuto luogo attività fraudolente (e quindi vi è una disputa) la blockchain pubblica Ethereum effettua un calcolo, per risolvere la disputa e punire il partecipante in torto.

Canali di stato

I canali di stato sono un meccanismo che consente a due partecipanti di firmare delle promesse, in un determinato momento. Queste promesse firmate, temporali e *off-chain* forniscono una prova di attività. I canali di stato forniscono un'opportunità per le applicazioni decentralizzate (DApp) di interagire con altre parti (client) *off-chain*. Questo offre un'esperienza utente rapida ed economica, che non sarebbe possibile sulla catena. I canali di stato sono smart contract. Anche i canali di stato sono una soluzione di secondo livello al problema della scalabilità di Ethereum. Dal punto di vista della facilità d'uso (ovvero dello sviluppo di DApp) il fatto di avere un elevato volume di attività *off-chain* significa avere commissioni minime o addirittura assenti, in quanto quelle DApp che impiegano canali di stato come parte della propria soluzione non solo offrono attività quasi in tempo reale, ma anche la possibilità per i client di inviare e ricevere micro-pagamenti. Un caso d'uso potrebbe essere un'applicazione per scommesse che consente di eseguire un elevato volume di micro-puntate, in tempo reale, per scopi di intrattenimento.

Raiden

La rete Raiden sfrutta dei canali di stato *off-chain*. La rete Raiden offre micro pagamenti di token compatibili ERC20 richiedendo commissioni minime e fornendo risposte quasi in tempo reale alle transazioni. La differenza fra i canali di stato e la rete Raiden è che invece di creare un nuovo canale di stato per ogni nuova interazione fra due parti, Raiden crea una rete di canali mediante la quale ogni partecipante è connesso in modo transitivo tramite una rete di canali di pagamento di token compatibili ERC20, sempre utilizzando l'architettura naturale della rete.

Miglioramenti ai token

I token ERC20 si sono dimostrati un grande successo. ERC20 si è dimostrata una delle prime applicazioni "killer" per Ethereum, come una piattaforma ICO (*Initial Coin Offering*) per la vendita di token. La community Ethereum sta lavorando per migliorare ulteriormente i token emessi dagli smart contract Ethereum.
Una delle idee più interessanti è quella dei token NFT (*Non-Fungible Token*). Una caratteristica chiave del denaro è la fungibilità, ovvero una banconota da un dollaro è sempre scambiabile con un'altra uguale. Questo vale anche per i token blockchain. Anche se potete tracciare l'uso di ogni token nel registro, due token non sono mai differenti. Ma con i token NFT, un token è davvero unico. Il gioco Ethereum CryptoKitties è un buon esempio di come si può applicare l'idea NFT, in quanto ogni "gatto" è unico. La ERC721 propone uno standard NFT compatibile con ERC20. Tali NFT possono rendere possibili molte applicazioni a token che vanno dalle collezioni alle transazioni di beni immobili. Per partecipare a questa EIP, aprite la pagina: `https://github.com/ethereum/eips/issues/721`.

Oltre Ethereum 1.0

In Ethereum hanno intenzione di creare una blockchain per superare le attuali soluzioni di secondo livello. L'idea è sostanzialmente quella di creare una soluzione blockchain che sarebbe in grado di trattare anche migliaia di transazioni *on-chain* al secondo. La più promettente fra le soluzioni proposte è lo *sharding*.

Lo sharding

L'idea di base dello *sharding* (letteralmente "sminuzzamento") è che la blockchain principale di Ethereum pubblichi un *Validator Manager Contract*, il quale è semplicemente uno smart contract sulla blockchain Ethereum 1.0. Nel luglio 2017 è stato deciso , poco dopo vari processi di sviluppo su Casper (PoS) e lo *sharding* che questa architettura avrebbe dovuto cambiare. Il cambiamento più significativo all'idea originale fu quello di creare il componente di base del sistema di *sharding*: non solo uno smart contract, ma un'intera catena PoS. Questo passaggio da uno smart contract PoW a una catena PoS autosufficiente eliminerebbe la necessità di applicare commissioni, ridurrebbe i tempi per le transazioni e ridurrebbe la dipendenza dalla EVM sottostante.
Nel paragrafo Ethereum 2.0 esamineremo questa nuova architettura a *sharding*, e in particolare l'introduzione della Beacon Chain.

Zero Knowledge Proof

La premessa di base della *Zero Knowledge Proof* è questa: in una determinata situazione binaria (dove vi sono solo due risultati possibili, per esempio sì o no) un "dimostratore", con un'arma segreta in grado di discernere un'affermazione binaria sottopostagli, deve convincere uno scettico "verificatore" che l'affermazione binaria è corretta, ma senza rivelare il proprio segreto. Nel 2003 un membro di facoltà del *Weizmann Institute of Science*, Oded Goldreich, introdusse un nuovo scenario Zero Knowledge Proof, che prevede un verificatore insensibile ai colori. In questo scenario, il verificatore ha due schede, una rossa e l'altra verde. Per quel verificatore le schede hanno esattamente lo stesso aspetto, essendo insensibile ai colori, tranne per il fatto che sul retro della scheda rossa è scritta la parola rosso e sul retro della scheda verde è scritta la parola verde. Figuriamoci questo scenario e presupponiamo che il verificatore sia scettico sull'affermazione del dimostratore di essere in grado di distinguere le schede senza leggerne il retro. Per condurre questo esperimento, il verificatore mostra ripetutamente al dimostratore il fronte di ogni scheda, in modo casuale. Ogni volta, il verificatore chiede al dimostratore che colore vede. Dopo un po' di tempo, il verificatore si convince che il dimostratore è in grado di discernere i colori delle due schede. Questo è dovuto soprattutto al fatto che a) il verificatore ha effettuato molti tentativi e b) il verificatore ha presentato ogni volta le schede in modo casuale.
Quelle che seguono sono le tre proprietà che devono essere soddisfatte da una Zero Knowledge Proof.

- Completezza: si ha quando un verificatore onesto si convince che il dimostratore onesto ha fornito la risposta corretta all'affermazione binaria.
- Nessuna conoscenza: il verificatore non ha modo di sapere come il dimostratore fornisce la sua affermazione binaria e non impara nulla dal processo, se non il fatto che l'affermazione binaria fornita dal dimostratore è corretta.
- Solidità: si ha quando un dimostratore (anche disonesto, che tira a indovinare la risposta dell'affermazione binaria) è in grado di convincere un verificatore onesto che la sua risposta è corretta.

Mentre le prime due proprietà possono essere soddisfatte abbastanza facilmente in una sessione interattiva Zero Knowledge Proof, c'è statisticamente solo un 50% di probabilità di ottenere la solidità. In poche parole, un dimostratore disonesto può anche cercare di indovinare la soluzione del problema binario, ma riuscirà solo il 50% delle volte.
Questo, per quanto ci riguarda, significa che le Zero Knowledge Proof sono probabilistiche, non deterministiche. Per avere successo contano su un elemento di casualità.
L'informazione precedente descrive un determinato tipo di protocollo Zero Knowledge "interattivo": il verificatore e il dimostratore devono ripetere ogni turno finché il verificatore si convince, al di là di ogni ragionevole dubbio, che il dimostratore conosca il segreto.
Un protocollo Zero Knowledge non interattivo è differente, perché richiede un unico turno. Tuttavia richiede anche un "assetto fidato". Un vantaggio del protocollo Zero Knowledge non interattivo è che consente a più verificatori di interrogare in modo indipendente il dimostratore. Si attiva pertanto una relazione uno-a-molti fra il dimostratore e i verificatori, al contrario di una relazione uno-a-uno del protocollo Zero Knowledge interattivo.

ZK-SNARKs

Questi *Zero-Knowledge Succinct Non-interactive ARguments of Knowledge* (ZK-SNARKs), possono essere soddisfatti tramite codice dal computer, in quanto tali implementazioni Zero Knowledge Proof hanno grandi potenzialità nello spazio online. Un esempio delle potenzialità di ZK-SNARKs è la creazione di un'asta a offerte sigillate decentralizzata e anonima. In questo caso, la logica che determina il vincitore viene eseguita con successo, ma l'identità del vincitore e la somma offerta rimangono segrete.
Potete pensare a ZK-SNARKs nel seguente modo. Gli ZK-SNARKs si occupano di calcoli arbitrari, per esempio può trattarsi di un algoritmo di hashing per dati arbitrari. In poche parole, potete trasformare un calcolo arbitrario in uno ZK-SNARKs e, poiché la verifica di calcoli arbitrari è la base della blockchain Ethereum, gli ZK-SNARKs sono naturalmente molto interessanti per Ethereum. Se implementati in Ethereum, gli ZK-SNARKs possono non limitarsi a un singolo problema di calcolo. L'attivazione di ZK-SNARKs per Ethereum, fra le altre cose, ridurrebbe i costi per commissioni per alcune funzioni associative e operazioni a curva ellittica. In generale, il principale vantaggio dell'attivazione degli ZK-SNARKs sarebbe un incremento (sicuro) delle prestazioni della EVM (*Ethereum Virtual Machine*). Sfortunatamente, un'implementazione di questa ampiezza sarebbe estremamente difficile da completare e sarebbero necessari molti anni per passare dalla proposta alle prime adozioni. Questo può essere qualcosa che verrà implementato nel futuro di Ethereum. Parliamo ora di ZK-STARKs.

ZK-STARKs

La riservatezza di Zero Knowledge Proof viene già impiegata per migliorare la privacy nelle criptovalute. Per esempio, Zcash, utilizza già il protocollo ZK-SNARKs. Abbiamo appena parlato della possibilità di un'implementazione Ethereum di ZK-SNARKs e dei suoi vantaggi. Tuttavia, un suo parente stretto, *Zero Knowledge Succinct Transparent ARguments of Knowledge* (ZK-STARKs) sembra riuscire a risolvere uno dei principali punti deboli di ZK-SNARKs: il fatto che conta su un "assetto fidato". È interessante notare che ZK-STARKs adotta presupposti crittografici più semplici. Come abbiamo detto ZK-SNARKs offriva vantaggi promettenti in relazione alle funzioni associative e

le operazioni a curva ellittica. ZK-STARKs evita la necessità di utilizzare curve ellittiche, associazioni e la conoscenza dell'esponente; al contrario, ZK-STARKs conta unicamente sui codici hash e sulla teoria delle informazioni.
Questo significa che se da un lato ZK-STARKs offre vantaggi in termini di efficienza, è anche sicuro contro gli attacchi sferrati tramite computer quantistici. Pensando al futuro, ZK-STARKs potrebbe sostituire ZK-SNARKs, garantendo migliori doti di scalabilità e privacy, in particolare ai registri pubblici decentralizzati come Ethereum. È anche importante notare che questi vantaggi hanno anche un costo: le dimensioni di una prova vanno da 288 byte ad alcune centinaia di kilobyte. Sono necessarie ulteriori ricerche in relazione alla riduzione della lunghezza della prova e sull'aggregazione e compressione di più prove ZK-STARKs.
Nel contesto delle applicazioni blockchain pubblica c'è a) un'elevata necessità di una riduzione del requisito della fiducia, b) la possibilità che i calcoli a curva ellittica possano essere violati e c) la possibilità che per i futuri attacchi vengano impiegati computer quantistici. Dati tutti questi fattori, sembra che valga la pena di implementare ZK-STARKs nei registri pubblici decentralizzati, anche se ciò introduce dei costi.

Ethereum 2.0

Ethereum 2.0 è costituito da molti componenti. *Casper Proof-of-Stake* (PoS), *sharding* e EWASM sono nei pensieri degli sviluppatori Ethereum già da qualche tempo. Per esempio, Vitalik Buterin ha fornito idee sull'implementazione PoS fin dal 2014. Questo mix di tecnologie ha fatto in modo che Ethereum 2.0 adottasse un nome non proprio gradevole: "Shasper", una combinazione di *sharding* e *Casper*. Fortunatamente la maggior parte, lo troverete chiamato perlopiù Serenity o, semplicemente, Ethereum 2.0.
Dopo anni di ricerca e sviluppo, queste idee su Ethereum 2.0 si sono fatte strada nei repository di codice di molti sviluppatori della community Ethereum. Per esempio, vi sono molte implementazioni delle specifiche Ethereum 2.0, fra cui l'implementazione Rust della Ethereum 2.0 Beacon Chain e un'implementazione Java della Beacon Chain Ethereum 2.0. L'implementazione di riferimento ufficiale Ethereum, che questi altri repository stanno sviluppando ora, è un'implementazione Python della Ethereum 2.0 Beacon Chain.
I documenti delle specifiche Ethereum 2.0 indicano che inizialmente può essere implementato tramite modifiche a Ethereum 1.0 non legate al consenso. Questo significa che in questa fase preliminare, il livello base Ethereum 1.0 non sarà sottoposto a fork o a divisioni della catena nel passaggio di queste nuove idee alla fase di produzione. Come vedremo fra poco, un contratto (il passaggio verso Ethereum 2.0) verrà aggiunto a Ethereum 1.0 e dei versamenti su questo contratto consentiranno agli utenti di diventare validatori della Ethereum 2.0 Beacon Chain.

La Beacon Chain

Uno dei componenti base, menzionato nelle specifiche di Ethereum 2.0, è la Beacon Chain: la principale catena Proof-of-Stake (PoS) sulla quale si basa il sistema di *sharding*. La Beacon Chain conserva e gestisce un registro dei validatori.

I validatori

La Beacon Chain invita i nuovi validatori a unirsi a Ethereum 2.0. Come abbiamo detto in precedenza, i validatori si uniscono alla Beacon Chain semplicemente depositando degli ether nel contratto Ethereum 1.0 appropriato. Un validatore attivo è in grado di proporre blocchi sulla Beacon Chain. Un validatore che crea un blocco Ethereum 2.0 Beacon Chain è chiamato *Proposer*. Oltre a proporre blocchi, i validatori sono anche in grado di firmare i blocchi sulla Beacon Chain. Tuttavia, per poterlo fare, il validatore deve far parte di un comitato. I validatori non possono autonominarsi parte di un comitato. Al contrario i comitati di validatori indipendenti vengono costituiti in modo casuale. Tale casualità è generata dalla stessa Beacon Chain. Un validatore può uscire volontariamente dalla Beacon Chain o essere costretto a farlo nel caso in cui abbia attaccato la catena.

Shard Chain

Vi sono molte Shard Chain. Le Shard Chain sono il luogo in cui si svolgono le transazioni dell'utente finale e dove vengono memorizzate le informazioni sulle transazioni. Quando si firma (attesta) un blocco, il comitato dei validatori crea un *crosslink*: sostanzialmente un insieme di firme di validatori, che attesta un blocco in una Shard Chain, cosa che viene poi confermata nella Beacon Chain. Un *crosslink* consente di comunicare alla Beacon Chain gli aggiornamenti di una Shard Chain. In pratica i *crosslink* vengono impiegati per determinare la finalità delle Shard Chain.

Uno degli obiettivi progettuali di Ethereum 2.0 è di consentire a un tipico computer portatile, di livello standard, di elaborare (convalidare) le Shard Chain, comprendendo ogni convalida di sistema, come la Beacon Chain. Questo è possibile grazie al fatto che l'architettura a *sharding* impiega una propria catena PoS, contrariamente all'idea originale, menzionata in precedenza, in cui la vecchia architettura a *sharding* consisteva di un singolo smart contract sulla catena PoW.

A questo punto avrete capito che Ethereum 2.0/Serenity è una nuova blockchain, anche se si collega alla catena Ethereum 1.0 PoW esistente (la nuova catena PoS è a conoscenza dei codici hash dei blocchi della catena PoW). L'obiettivo di questa architettura è consentire il trasferimento di ether fra la catena PoW originale e la catena PoS. Inoltre, la visione a lungo termine sarà quella di consentire alle applicazioni della blockchain corrente di essere ripubblicate su una Shard Chain del sistema Ethereum 2.0. Questo verrebbe implementato tramite un nuovo interprete EVM scritto in eWASM.

eWASM

Al momento vi sono compilatori distinti per ognuno dei linguaggi di programmazione per smart contract. Potete compilare e installare il compilatore Solidity o Vyper e poi eseguirlo sul disco rigido locale. O, alternativamente, potete usare gli editor di codice gratuiti online per Solidity e Vyper.

Il compito di un compilatore è quello di convertire il codice di alto livello degli smart contract in bytecode, ABI e LLL. Una volta che il codice è compilato può essere eseguito dalla EVM (*Ethereum Virtual Machine*).

eWASM è un'implementazione Ethereum di *WebAssembly* (WASM), che attualmente è concepito come uno standard aperto di un W3C Community Group.
eWASM è stato sviluppato per sostituire la EVM. Una volta che eWASM è implementato, gli sviluppatori potranno scrivere smart contract in altri linguaggi, come Rust e C/C++, non solo in Solidity e Vyper. È importante notare che eWASM sarà pienamente compatibile all'indietro con la EVM attuale. Questo significa che gli smart contract attualmente scritti in Solidity o Vyper continueranno a funzionare anche nel nuovo ambiente.

Fasi attuative di Ethereum 2.0

Le fasi attuative di Ethereum 2.0 procederanno nel seguente modo.

Fase 0

La Fase 0, che abbiamo brevemente delineato, prevede l'introduzione della Beacon Chain; sostanzialmente la Fase 0 contrassegna l'inizio della nuova catena PoS. Più specificatamente, PoS Beacon Chain senza *sharding*.

Fase 1

La Fase 1 implementerà lo *sharding* come catene di dati. Getterà le basi per creare applicazioni decentralizzate; tuttavia per implementare pienamente questi tipi di applicazioni saranno necessari i vantaggi forniti dalla Fase 2. In poche parole, la Fase 1 implementa le basi dello *sharding* senza la EVM.

Fase 2

La Fase 2 introduce la funzionalità di transazione fra stati della EVM. Introdurrà inoltre la funzionalità di creazione e gestione di conti e contratti e il trasferimento di fondi fra shard.
Le successive Fasi 3, 4, 5 e 6 introdurranno:

- un protocollo light client per gli stati;
- le transazioni inter-shard;
- un forte accento sulla sicurezza della catena principale;
- *sharding* super-quadratico o esponenziale.

Si spera che la transizione fra stati cambi e che l'esecuzione delle transazioni migliori significativamente grazie all'implementazione di eWASM. C'è una ricca roadmap per Ethereum 2.0 che descrive nei dettagli ognuna delle fasi proposte. Considerate che queste specifiche cambiano frequentemente e che sono in corso di sviluppo algoritmi proof-of-concept e il repository di codice.

Innovazioni post-Ethereum 2.0

Abbiamo parlato di ZK-STARKs: la principale differenza fra SNARKs e STARKs è la trasparenza e, più in particolare, il fatto che non ci sia "assetto fidato" (nessun segreto nella configurazione del sistema). Questo è un campo di ricerca molto interessante e c'è una probabilità che Ethereum alla fine passerà all'uso di STARKs per svolgere compiti come i controlli della disponibilità dei dati, i controlli della correttezza dell'esecuzione degli stati e nuove transazioni inter-shard al livello base, solo per nominarne alcuni.

Conclusioni

In questo capitolo abbiamo trattato il futuro della blockchain Ethereum. Ethereum non è solo una blockchain decentralizzata, ma anche una community decentralizzata di sviluppatori. Offre un processo di aggiornamento solido e democratico, denominato EIP. Siamo ottimisti sul fatto che Ethereum rimarrà anche in futuro una delle blockchain più utilizzate e tecnicamente avanzate.

Parte IV

Creazione di protocolli applicativi

Mentre la visione originale di Ethereum prevede una singola blockchain pubblica che funge da *world computer*, la realtà è molto più sfumata. È chiaro che una singola blockchain pubblica non può sostenere la capacità richiesta da applicazioni rivolte al mercato di massa. Ethereum si sta perciò muovendo verso la direzione di più blockchain interconnesse con Sharding e canali di stato (vedi il Capitolo 13). A dire il vero, un'idea interessante per lo Sharding consiste nel dividere il carico di calcolo su più blockchain, in base alle applicazioni impiegate. Per esempio, vi potrebbe essere una blockchain specializzata per l'e-commerce, un'altra specializzata per i giochi di scommesse e un'altra ancora specializzata per i pagamenti e *stable coin*. Queste blockchain specializzate sono chiamate blockchain di "protocollo applicativo".

Immaginiamo un mondo in cui vi sono più blockchain di protocollo applicativo interconnesse, ognuna con una macchina virtuale specifica e ottimizzata in modo da gestire con efficienza un solo tipo di applicazioni. Il protocollo Ethereum garantirebbe un livello di interoperabilità per tutte queste blockchain.

In realtà, nello sviluppo di software commerciale, i prodotti di successo sono sempre ottimizzati per i casi d'uso dell'applicazione. Non esiste una soluzione *passepartout*: non funziona. In questa parte del libro, vedremo come sviluppare blockchain ottimizzate per specifici protocolli applicativi. Impiegheremo software open source sviluppato da Second State per personalizzare e ottimizzare la piattaforma Ethereum, comprendendo il linguaggio

In questa parte

Lity, un'estensione di Solidity (`www.LityLang.org`). Impiegheremo anche, come caso di studio, la blockchain pubblica CyberMiles (`www.CyberMiles.io`), pienamente compatibile con Ethereum, ma ottimizzata per le applicazioni di e-commerce.

Capitolo 14

Estensione del protocollo Ethereum

In questo capitolo

- Pienamente compatibile, ma più veloce
- Miglioramenti "smart" alla EVM
- La sicurezza innanzitutto
- Conclusioni

Nei capitoli precedenti, abbiamo sondato le potenzialità e anche i limiti di Ethereum. Ethereum è una delle prime e certamente la più nota piattaforma blockchain per smart contract. È il protocollo con più implementazioni open source da parte della community e ha un solido processo di aggiornamento del software, basato su EIP (*Ethereum Improvement Proposal*). Tuttavia, dal momento che è una grande organizzazione con molti interessi, il miglioramento di Ethereum è un processo molto lento. Come *world computer*, è anche improbabile che Ethereum possa essere ottimizzato per specifiche applicazioni. Crediamo che vi siano opportunità per creare molte blockchain pubbliche distinte. Ognuna di esse ottimizzerà Ethereum per specifici protocolli applicativi. Tuttavia, tutte dovranno quanto meno correggere alcuni dei problemi più evidenti di Ethereum, che sono i seguenti.

- La Ethereum Virtual Machine (EVM) ha molti limiti. Anche se la EVM è Turing completa, è molto inefficiente per l'implementazione di molti algoritmi. Per esempio, attualmente è impossibile implementare in Ethereum applicazioni a chiave pubblica e privata, in quanto una singola operazione crittografica PKI consumerà commissioni in Ethereum per centinaia di dollari. Con la EVM standard, perfino le semplici operazioni sulle stringhe sono molto lente e costose in termini di commissioni.

- È troppo lenta. A circa 20 transazioni al secondo (e ancora meno per le transazioni degli smart contract), Ethereum non è adatta alla maggior parte dei casi d'uso delle applicazioni.
- Ha problemi di estensione di scala. Nel 2019, con la blockchain pubblica Ethereum, più viene utilizzata, e più l'esperienza utente peggiora. Questo è un grosso problema per l'effetto rete.
- È notoriamente non sicura, specialmente per i principianti. È molto facile inviare asset Ethereum all'indirizzo sbagliato o perdere asset a causa di smart contract mal realizzati.
- La programmazione di smart contract è molto difficile. Le verifiche eseguite sul codice hanno dimostrato che gli smart contract Ethereum contengono circa 100 bug evidenti ogni 1000 righe di codice. Questo è un numero sorprendentemente elevato per delle applicazioni che devono gestire asset finanziari. Per esempio, le applicazioni commerciali Microsoft, che sono molto meno critiche, presentano circa 15 bug ogni 1000 righe di codice.

Questo capitolo fornisce una panoramica degli approcci tecnici che, potenzialmente, possono correggere questi difetti di Ethereum.

Pienamente compatibile, ma più veloce

Second State crea una macchina virtuale Ethereum-compatibile in grado di operare su una varietà di meccanismi di consenso di base. Questo consente agli sviluppatori di scegliere la blockchain più adatta per la pubblicazione delle loro applicazioni. Per esempio, la macchina virtuale può operare come un'applicazione Tendermint (vedete il Capitolo 20) in modo da sfruttare il motore di consenso Tendermint BFT, come pure i vari meccanismi DPoS (*Delegated Proof-of-Stake*) che possono essere implementati su Tendermint (per esempio la blockchain pubblica CyberMiles).

I difetti prestazionali di Ethereum sono dovuti principalmente al suo meccanismo di consenso PoW (*Proof-of-Work*). Occorre svolgere una grande quantità di calcoli inutili per ogni blocco di dati da aggiungere alla blockchain. Una blockchain Ethereum-compatibile può raggiungere con facilità un incremento prestazionale di 100 volte semplicemente sostituendo il modulo PoW con un modulo DPoS o DBFT. Per esempio, sulla blockchain CyberMiles, il consenso viene raggiunto da 19 nodi validatori (per esempio, i *supernodi*) e ciò basta a creare un nuovo blocco. I validatori sono eletti dai proprietari di token CyberMiles e devono impiegare hardware ad alte prestazioni all'interno di data center di primo livello.

NOTA

Essendo compatibili con Ethereum, tutte le soluzioni di scalabilità di Ethereum sono disponibili anche su blockchain EVM. Questo consente agli utenti di sfruttare la notevole ricerca svolta dalla community Ethereum e di contribuire ai miglioramenti che ricadono poi sulla community Ethereum. Un ottimo esempio è rappresentato dal protocollo Plasma, che punta a realizzare reti di livello 2 per portare Ethereum a un livello di milioni di transazioni al secondo.

Inoltre, come vedremo fra poco, la macchina virtuale può demandare i compiti più complessi dal punto di vista computazionale alle funzioni della libreria nativa. Questo garantisce una grande velocità di esecuzione degli smart contract e un ridotto costo in commissioni per tali compiti. Per molte operazioni, le funzioni native offrono vantaggi prestazionali pari a 4 o 6 ordini di grandezza (vedi il Capitolo 18).

Miglioramenti "smart" alla EVM

Abbiamo creato una nuova estensione del linguaggio di programmazione Solidity, chiamata Lity, e una EVM estesa per supportare queste nuove funzionalità del linguaggio. Ecco alcuni esempi.

- Lity fornisce una nuova parola riservata del linguaggio per richiamare le funzioni della libreria nativa scritte in C o C++: si tratta del framework libENI. Tramite libENI, ogni Blockchain basata su Lity può essere personalizzata e ottimizzata per scenari applicativi specifici dell'indirizzo. Parleremo di libENI nel Capitolo 18.
- Lity supporta operazioni matematiche a virgola fissa e operazioni matematiche sofisticate. Fornisce risultati deterministici per le operazioni in virgola mobile, uno dei grandi limiti di Ethereum.
- Lity supporta operazioni temporizzate per operare in futuro. L'esecuzione programmata è fondamentale per molte classi di casi d'uso, come il pagamento degli interessi e dividendi, "volontà" postume e testamenti, conferme di consegna e così via: i contratti a lungo termine.
- Lity supporta le operazioni "fidate" che possono essere richiamate solo dagli attuali validatori o dai supernodi della blockchain sottostante. Questo consente l'esistenza nella blockchain di smart contract "fidati", che rappresentano un sostituto di prima-classe per gli oracoli basati sulla community, che connettono la blockchain al mondo esterno.
- Lity supporta i numeri casuali sicuri, generati dai validatori o dai supernodi della blockchain sottostante.
- Lity supporta meccanismi alternativi di pagamento delle commissioni nelle blockchain che richiedono commissioni per l'esecuzione di smart contract.
- Lity supporta un nuovo tipo di smart contract "aggiornabili". Questi contratti mostrano al mondo, all'indirizzo del contratto, solo le interfacce delle funzioni. L'effettiva implementazione di queste funzioni è rappresentata da contratti proxy pubblicati in altri indirizzi nella blockchain. Lity supporta operazioni della macchina virtuale per cambiare l'implementazione proxy dello smart contract. Questo consente agli sviluppatori di aggiornare o correggere i bug degli smart contract.
- Lity supporta anche nuovi costrutti del linguaggio, come le espressioni per regole, in modo che gli sviluppatori di applicazioni possano realizzare le regole operative direttamente nello smart contract (vedete il Capitolo 17). Queste sono comunemente chiamate funzionalità DSL (*Domain Specific Language*).

Vediamo ora alcuni esempi concreti di questi punti.

Oracoli fidati

Uno dei più importanti servizi operanti su blockchain è il servizio di oracolo. Un "oracolo" è, tipicamente, uno smart contract che rende disponibili deterministicamente nella blockchain dei dati esterni (per esempio, dati fuori catena, del mondo reale o *cross-chain*). Rappresenta una fonte unica di verità per stati *off-chain* e pertanto consente ai nodi della blockchain di raggiungere un consenso.

Un oracolo tradizionale è altamente centralizzato e ciò va contro lo spirito di una blockchain decentralizzata. Per esempio, FedEx potrebbe creare un oracolo per un servizio di consegne che fornisce lo stato di "consegnato" dei pacchi. Una stazione di rilevamento meteorologico potrebbe creare un oracolo per il tempo. Per usare questi oracoli, gli utenti della blockchain e delle DApp devono avere fiducia nell'entità che sta dietro questi oracoli.

Un secondo approccio per gli oracoli consiste nel creare un gioco criptoeconomico gestito dalla community per i membri della community, in grado di competere e fornire la verità in uno smart contract. Esempi di tali oracoli comprendono BTC Relay, che fornisce informazioni sulla blockchain Bitcoin o Ethereum Alarm Clock, che fornisce l'ora.

In Lity, tuttavia, adottiamo un approccio differente per creare smart contract fidati e per rendere gli oracoli cittadini di "prima classe" nell'ecosistema della blockchain. Questo approccio funziona sulle blockchain DPoS. In una blockchain DPoS, i validatori (supernodi) sono entità fidate. Devono raccogliere una grande quantità di token dal loro conto e da quello dei loro supporter o dalla loro community. Questi token sono soggetti a tagli e confische se il validatore è disonesto. E così, se uno smart contract può solo essere aggiornato dagli attuali validatori, i dati di questo contratto godranno di un elevato livello di fiducia nella blockchain DPoS. Nel linguaggio Lity, forniamo la funzione interna `isValidator`, per controllare se colui che ha inviato la transazione o il chiamante della funzione è un validatore. Funziona su ogni blockchain DPoS basata su Lity.

```
// isValidator è una funzione interna fornita da Lity.
// isValidator accetta un solo parametro: un indirizzo, per controllare se è un validatore o no.
isValidator(<address>) returns (bool returnValue);
```

Poi, con il modificatore `ValidatorOnly`, possiamo realizzare smart contract che si comportano come oracoli fidati nella blockchain.

```
contract BTCRelay {
  uint[] BTCHeaders;
  modifier ValidatorOnly() {
      require(isValidator(msg.sender));
      _;
  }

  function saveBTCHeader(uint blockHash) ValidatorOnly {
    BTCHeaders.append(headerHash);
  }

  function getBTCHeader(uint blockNum) pure public returns (uint) {
    return BTCHeaders[blockNum];
  }
}
```

Numeri casuali sicuri

La possibilità di ottenere numeri casuali sicuri è una sfida significativa per gli smart contract blockchain. Lity propone un approccio per accedere a serie di numeri casuali da un seme nell'intestazione del blocco corrente. Il seme casuale si basa sui codici hash di tutte le transazioni del blocco corrente, ed è estremamente difficile manipolare il nodo validatore che crea e propone il blocco.
All'interno dello smart contract, potete accedere alla serie di numeri casuali semplicemente richiamando la funzione interna `rand()`. Quello che segue è un esempio.

```
pragma lity >=1.2.6;

contract RandDemo {
  uint x;
  function getRand () public returns (uint) {
    x = rand();
    return x;
  }
}
```

Non dovreste richiamare `rand()` in una funzione `view` o `pure`. Se il numero casuale non ha la necessità di essere registrato nella blockchain (per esempio, all'esterno di una transazione in una funzione `view` eseguita in un nodo singolo), non deve essere generato dalla blockchain. L'applicazione chiamante dovrebbe semplicemente generare localmente un numero casuale: è molto più economico in termini di consumo di risorse.

Commissioni (gas fee) alternative

Una delle principali difficoltà nell'adozione di un'applicazione blockchain è che gli utenti finali devono pagare una commissione, un "gas fee", per svolgere alcune funzioni della blockchain. Il meccanismo delle commissioni è cruciale per la sicurezza della blockchain, in quanto impedisce agli hacker DoS di sovraccaricare i nodi della blockchain con richieste pesanti in termini computazionali. Tuttavia, il requisito delle commissioni significa anche che occorre insegnare ai nuovi utenti finali ad acquistare criptovalute e gestire le chiavi private prima di poter addirittura iniziare a impiegare applicazioni decentralizzate. Lity fornisce un approccio alternativo per includere i nuovi utenti nelle applicazioni blockchain. Tramite la parola riservata `freegas`, il proprietario dello smart contract può fare in modo che le commissioni di una funzione del contratto debbano essere pagate dal proprietario stesso. Quando l'utente richiama queste funzioni, per indicare che non deve pagare le commissioni basta impostare `gasPrice` a `0`.

- Se la transazione `gasPrice=0` richiama una funzione che non è `freegas`, la transazione fallisce.
- Se la transazione `gasPrice=0` richiama una funzione `freegas` in un contratto che non ha fondi, la transazione fallisce.

Naturalmente, il chiamante può specificare un normale `gasPrice` (per esempio 2 gwei) e, in tal caso, il chiamante paga le commissioni anche se la funzione del contratto è `freegas`.

Se la transazione `gasPrice=0` richiama una funzione `freegas` in un contratto che ha fondi sufficienti, la funzione viene eseguita e la commissione viene dedotta dall'indirizzo del contratto. Il chiamante non paga nulla e il contratto paga le commissioni in base allo standard.

NOTA

C'è un limite configurabile per le transazioni `gasPrice=0`. Il software del nodo della blockchain può evitare che gli utenti sovvertano il sistema richiedendo una grande quantità di transazioni gratuite.

Quello che segue è un esempio. Sulla blockchain CyberMiles, se un utente finale richiama la funzione `test` con `gasPrice=0` e l'indirizzo del contratto ha un saldo CMT positivo, le commissioni per la transazione proverranno dall'indirizzo del contratto.

```
pragma lity >= 1.2.7;

contract FreeGasDemo {
  int a;
  function test (int input) public freegas returns (int) {
    a = input;
    return a;
  }

  function () public payable {}
}
```

La funzione `payable` è importante, in quanto consente al contratto di ricevere fondi che successivamente verranno utilizzati per le commissioni. La Figura 14.1 mostra in azione la transazione `freegas` nella blockchain pubblica CyberMiles.

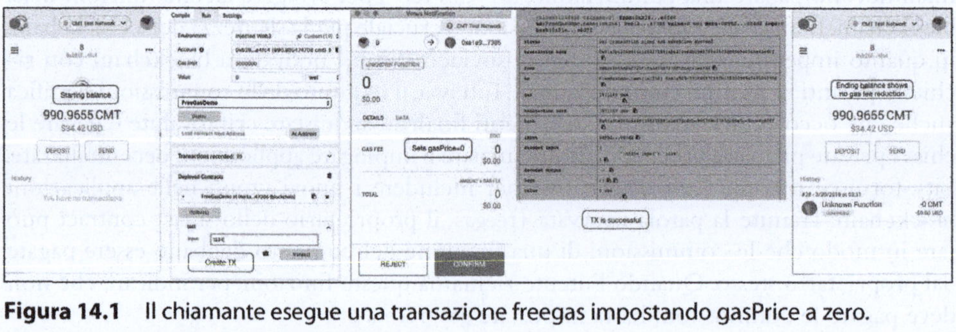

Figura 14.1 Il chiamante esegue una transazione freegas impostando gasPrice a zero.

La sicurezza innanzitutto

Tramite i miglioramenti al linguaggio e alla macchina virtuale apportati da Lity, possiamo prevenire attivamente molti tipi di problemi di sicurezza. Ecco alcuni esempi.

- Il compilatore Lity controlla automaticamente la firma strutturale degli smart contract che compila. Se rileva che lo smart contract non è uno dei tipi noti (per esempio un contratto ERC 20 o ERC 721), controlla che tutti i metodi richiesti siano implementati e che il contratto sia esente da errori. Il compilatore Lity lancia delle eccezioni se trova un contratto non-ERC 20 (ulteriori informazioni nel Capitolo 15).

- Il compilatore Lity controlla l'esistenza di problemi nel codice e di bug, in base alle norme per i contratti ERC 20 e l'aderenza agli standard di sicurezza ERC 223. Lancia dei warning e può anche tentare di correggere automaticamente alcuni dei problemi più gravi.
- Il linguaggio Lity fornisce l'accesso a numeri casuali sicuri generati dai validatori della blockchain, quando il meccanismo di consenso lo consente.
- La macchina virtuale Lity controlla automaticamente l'esistenza di operazioni non sicure a runtime, come l'overflow dei numeri interi, un tipico problema di ERC 20 che ha provocato perdite per miliardi di dollari. Quando un contratto incontra un overflow dei numeri interi nel runtime Lity, arresta l'esecuzione con un errore invece di procedere con il buffer in overflow, come fa Ethereum oggi. Questo elimina un'intera classe di errori.

Essendo un impegno collaborativo open source, il progetto Lity punta a portare alla community continui aggiornamenti a queste funzionalità di sicurezza, come supporto per le nuove ERC e la ricerca di nuovi schemi di vulnerabilità del codice.

Conclusioni

In questo capitolo abbiamo visto come il progetto Lity estenda il protocollo Ethereum in termini sia di consenso sia di macchina virtuale per creare blockchain Ethereum-compatibili che supportino i tanto ambiti miglioramenti in termini di prestazioni, sicurezza e usabilità, come pure alcune funzionalità sperimentali. Nei prossimi capitoli, osserveremo in azione la struttura e lo sviluppo in corso sulla piattaforma Lity.

Capitolo 15

Estensione degli strumenti per Ethereum

In questo capitolo

- Strumenti per smart contract
- Strumenti per DApp
- Conclusioni

Nel capitolo precedente abbiamo visto come il linguaggio Lity e la sua macchina virtuale estendono e migliorano il protocollo Ethereum. L'ecosistema open source di Ethereum incoraggia queste piattaforme a estendere, tramite anche fork, gli strumenti esistenti, con lo scopo di incorporare nuove funzionalità.

Fra gli strumenti Lity vi sono wallet, explorer di blocchi e strumenti di programmazione/pubblicazione. Questi strumenti sono personalizzati e configurati per ogni blockchain e sono supportati da entità commerciali, come Second State (`www.SecondState.io`).

In questo capitolo, parleremo degli strumenti personalizzati di Lity per la blockchain pubblica CyberMiles. Essi includono quanto segue.

- L'estensione per Chrome Venus è l'estensione CyberMiles del wallet Metamask per Ethereum.
- L'IDE Europa è la fork di Lity e CyberMiles dell'IDE Remix per Ethereum.
- La libreria `web3-cmt.js` è la libreria personalizzata `web3` che supporta la criptovaluta CMT sulla blockchain CyberMiles. Può essere personalizzata per ogni blockchain basata su Lity.
- L'app CyberMiles (il wallet CMT) è un wallet mobile che esegue DApp CyberMiles all'interno del wallet stesso.
- Il progetto `lityc` fornisce strumenti per analizzare e rendere sicuro il codice sorgente Lity degli smart contract.
- Un servizio web explorer per la blockchain che fornisce un'interfaccia di ricerca a query per

i dati presenti in una blockchain basata su Lity. In CyberMiles, questo servizio di fornitura dati è disponibile presso `www.CMTTracking.io`.

NOTA

Nell'IDE online BUIDL di Second State (`http://buidl.secondstate.io`), potete sperimentare le ultime funzionalità di Lity su una blockchain attiva. Non vi è alcuna necessità di operare con criptovalute o commissioni o eventi del wallet. Vi troverete solo contratti Lity e applicazioni JavaScript web3. Trovate ulteriori informazioni nel Capitolo 3.

Strumenti per smart contract

Vedremo ora come sviluppare e pubblicare smart contract sulla blockchain CyberMiles impiegando l'IDE online Europa, insieme al wallet Venus.

Il wallet Venus

Il wallet Venus (Figura 15.1) è un'estensione del browser web Chrome ideata per gestire i conti sulla blockchain CyberMiles. Si basa sul software open source Metamask. Conserva e gestisce le chiavi private dei vostri conti sul vostro computer (le chiavi private dei wallet e, per estensione, la criptovaluta conservata in questi conti). Per gli sviluppatori, Venus è un ottimo strumento, in quanto si integra con altri strumenti di sviluppo e consente di interagire con i conti CyberMiles.

Innanzitutto, assicuratevi di avere installato la versione più recente del browser Google. Potete scaricarla da: `https://www.google.com/chrome`.

Poi, seguite le istruzioni sul sito web CyberMiles per installare Venus per Chrome: `https://cybermiles.io/venus`.

Ora, dovreste trovare l'icona di Venus nella barra degli strumenti di Chrome. Fate clic su di essa per richiamare la sua interfaccia utente. Dovrete creare una password per il wallet Venus. Questa password è importante, in quanto protegge le chiavi private del vostro conto, conservato in questo computer. Una volta che avrete creato la password, Venus vi presenterà una frase di ripristino composta da dodici parole. Questo è l'unico modo che avete per recuperare la password. Conservatela con cura!

Per le attività di sviluppo, selezionate il menu a discesa in alto a sinistra dall'interfaccia utente di Venus e selezionate *CyberMiles Testnet*, una blockchain pubblica di CyberMiles utilizzata per scopi di test.

Dovrete anche creare un conto sulla Testnet per ospitare i vostri CMT. Selezionate l'icona in alto a destra dell'interfaccia utente di Venus e selezionate *Create Account*. Venus creerà per voi un indirizzo per il conto e la relativa chiave privata. Potete denominare questo conto in modo da potervi poi accedere dall'interfaccia utente di Venus. Potete inoltre usare Venus per gestire i CMT della mainnet, che possono essere ceduti e scambiati per valori in dollari. Ma per farlo, dovete assicurarvi che il vostro computer sia fisicamente sicuro, poiché in questo caso si parla di soldi veri.

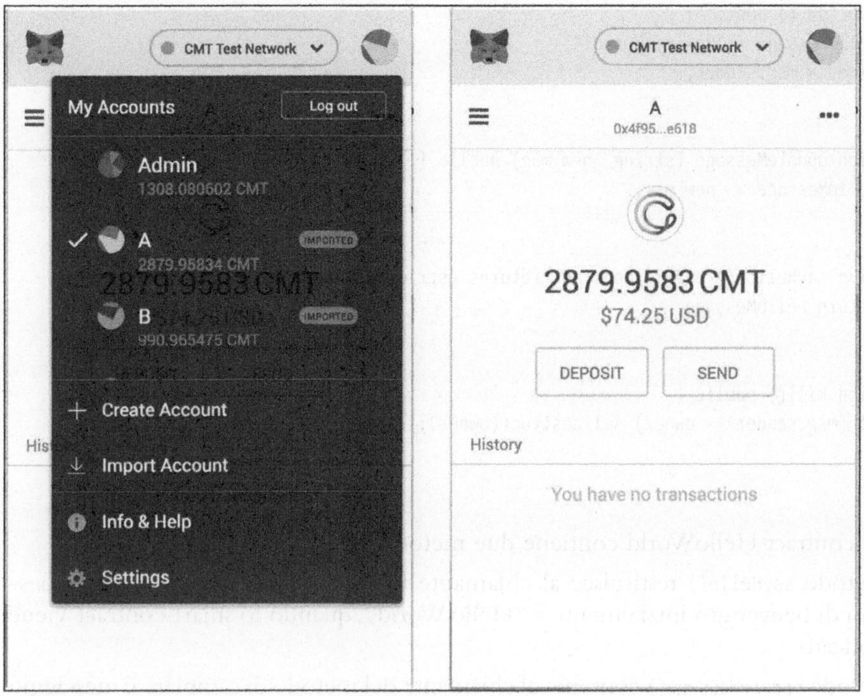

Figura 15.1 Il wallet Venus si basa sul progetto open source Metamask.

Naturalmente, dovrete comunque caricare nel vostro conto alcuni CMT della testnet, per poterlo usare. Andate al faucet della testnet pubblica CyberMiles e richiedete 1000 CMT della testnet per il vostro indirizzo (`https://travis-faucet.cybermiles.io`). I CMT della testnet possono essere impiegati solo nella testnet. Non si possono commerciare negli exchange e possono sparire ogni volta che la testnet viene ritirata. A differenza dei CMT della mainnet, quelli della testnet hanno valore economico pari a zero.
Ora avete configurato Venus e siete pronti per interagire con il vostro primo smart contract sulla testnet CyberMiles.

L'IDE Europa

L'IDE Europa si basa su Remix sulla blockchain Ethereum, ma è personalizzato per CyberMiles. Inoltre Europa è completamente web-based. Basta andare al sito web e scaricare l'app: `http://europa.cybermiles.io`.
Nell'editor di codice, a destra, inseriamo un semplice smart contract. Quello che segue è un esempio dello smart contract Hello World. È scritto in Solidity/Lity.

```
pragma solidity ^0.4.17;

contract HelloWorld  {

    string helloMessage;
    address public owner;
```

```
    constructor () public {
        helloMessage = "Hello, World!";
        owner = msg.sender;
    }

    function updateMessage (string _new_msg) public {
        helloMessage = _new_msg;
    }

    function sayHello () public constant returns (string) {
        return helloMessage;
    }

    function kill() public {
        if (msg.sender == owner) selfdestruct(owner);
    }
}
```

Lo smart contract HelloWorld contiene due metodi chiave.

- Il metodo `sayHello()` restituisce al chiamante un messaggio di benvenuto. Il messaggio di benvenuto inizialmente è "Hello World", quando lo smart contract viene pubblicato.
- Il metodo `updateMessage()` consente al chiamante del metodo di cambiare il messaggio di benvenuto da "Hello World" a un altro messaggio.

Fate clic sul pulsante *Start to compile* nel riquadro a destra (Figura 15.2) per compilare questo contratto. Verrà così generato il bytecode e l'interfaccia ABI (*Application Binary Interface*) che useremo successivamente. Quando fate clic sui pulsanti *ABI* o *Bytecode*, tale elemento viene copiato negli Appunti del computer e potete incollarlo in altri file o applicazioni.

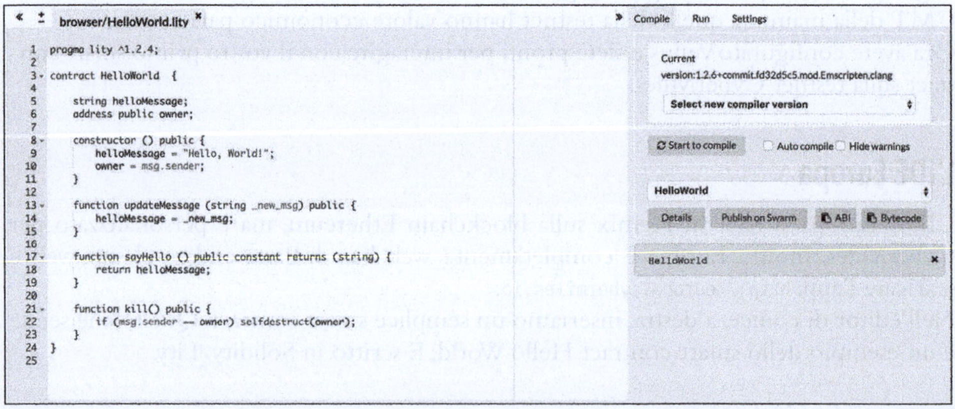

Figura 15.2 Compilazione di uno smart contract CyberMiles in Europa.

Poi, nella scheda *Run* di Europa, potete connettere Europa al vostro conto Venus tramite l'elenco a discesa *Injected web3*. Europa rileverà automaticamente il vostro conto Venus attualmente selezionato.

A questo punto dovreste vedere le opzioni per eseguire la pubblicazione dello smart contract sulla blockchain. Fate clic sul pulsante *Deploy* per eseguire la pubblicazione del contratto sulla blockchain. Il contratto verrà pubblicato sulla testnet CyberMiles. A questo punto, Europa vi chiederà di inviare una commissione "gas fee" dall'indirizzo del vostro conto (Figura 15.3). La commissione è richiesta dalla blockchain CyberMiles per pagare il servizio di rete richiesto per eseguire la pubblicazione (*deployment*) del vostro contratto.

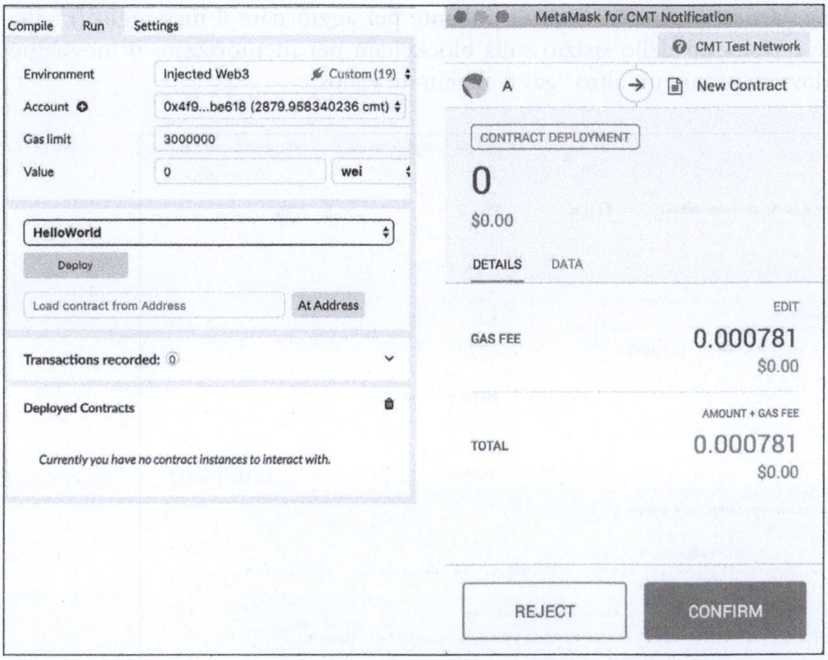

Figura 15.3 Pagamento delle commissioni per eseguire la pubblicazione del contratto.

Dopo aver inoltrato la richiesta, attendete alcuni minuti, perché la rete CyberMiles confermi la pubblicazione del vostro contratto. L'indirizzo di deployment del contratto sarà indicato nella conferma (Figura 15.4) e il contratto pubblicato e i suoi metodi saranno disponibili nella scheda *Run* di Europa.

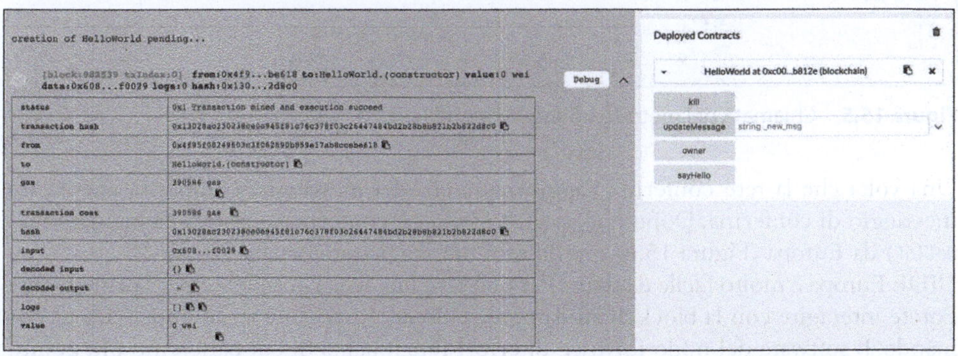

Figura 15.4 Il contratto ora è pubblicato e vengono mostrati i metodi disponibili.

Se in precedenza avete già pubblicato uno smart contract sulla testnet, conoscete già l'indirizzo di pubblicazione del contratto. In questo caso potete semplicemente digitare l'indirizzo del contratto nella casella a lato del pulsante *Address* e fare clic sul pulsante. Europa si configurerà in modo da usare un contratto già pubblicato. In questo caso non è richiesto alcun "gas fee".

Una volta che Europa è connesso al contratto che avete pubblicato, mostra nella scheda *Run* i metodi del contratto. Potete digitare un nuovo messaggio di benvenuto a lato del pulsante *updateMessage* e poi fare clic sul pulsante per aggiornare il messaggio (Figura 15.5). Poiché è richiesto dello spazio sulla blockchain per memorizzare il messaggio aggiornato, dovrete pagare un altro "gas fee" tramite Venus.

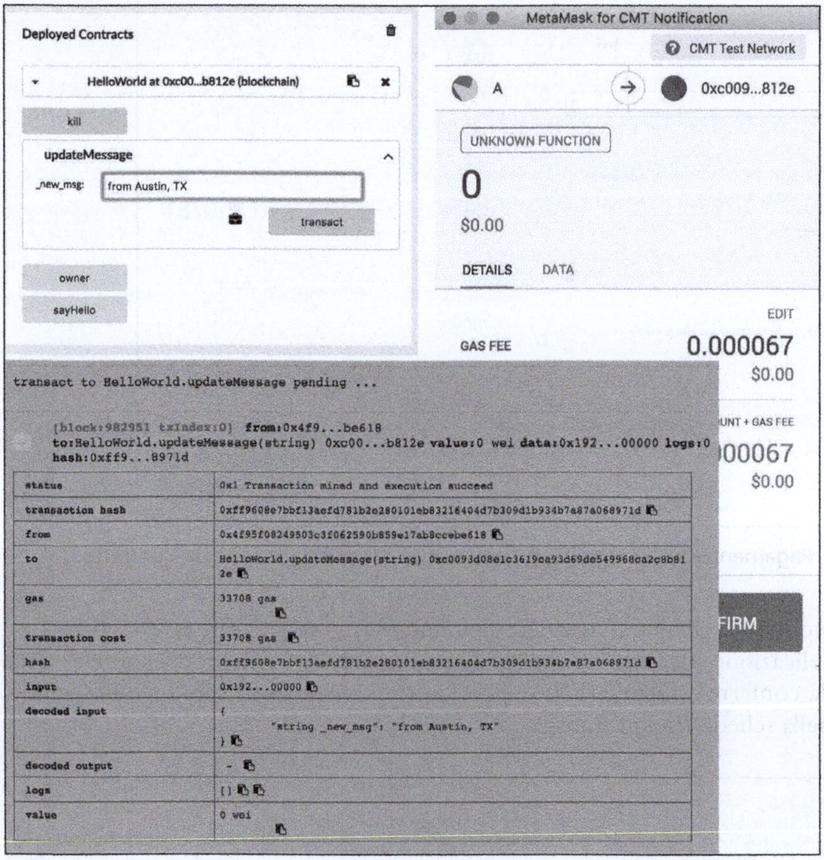

Figura 15.5 Chiamata del metodo updateMessage.

Una volta che la rete conferma l'aggiornamento del messaggio, comparirà ancora un messaggio di conferma. Dopo che `updateMessage()` è confermata, potete richiamare `sayHello()` da Europa (Figura 15.6) e vedrete il messaggio aggiornato.

L'IDE Europa è molto facile da usare. Per questo è una scelta eccellente per i principianti. Potete interagire con la blockchain da ogni nodo anche tramite strumenti a riga di comando. Il software del nodo fornisce ulteriori funzionalità di cui parleremo più avanti.

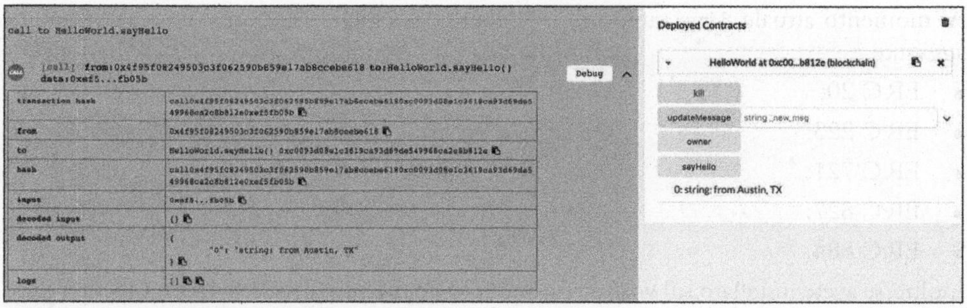

Figura 15.6 Chiamata del metodo sayHello.

Il compilatore e lo strumento di analisi Lity

Il software `lityc` estende il `solc` Ethereum per fornire un compilatore per il linguaggio Lity. Esso compila lo smart contract Lity in un'ABI (*Application Binary Interface*) e bytecode. A questo punto potete usare la console del nodo Travis o `web3-cmt.js` per pubblicare l'ABI e il bytecode sulla blockchain pubblica CyberMiles, come per i normali smart contract. Consultate l'Appendice A per ulteriori dettagli.

Mentre la compilazione e pubblicazione può essere effettuata in strumenti come Europa, una funzionalità più interessante del comando `lityc` è il suo analizzatore statico del codice sorgente. Per esempio, il compilatore `lityc` può controllare l'aderenza del contratto a determinate specifiche ERC. Consideriamo il seguente contratto. La funzione `totalSupply()`non è conforme alle specifiche ERC20.

```
pragma lity ^1.2.4;

contract ERC20Interface {
  // mutability dovrebbe essere view, non pure
  function totalSupply() public pure returns (uint);
  function balanceOf(address owner) public view returns (uint);
  function allowance(address owner, address spender) public view returns (uint);
  function transfer(address to, uint tokens) public returns (bool);
  function approve(address spender, uint tokens) public returns (bool);
  function transferFrom(address from, address to, uint tokens) public returns (bool);

  event Transfer(address indexed from, address indexed to, uint tokens);
  event Approval(address indexed owner, address indexed spender, uint tokens);
}
Eseguendo lityc per compilarlo otterrete il seguente messaggio d'errore.
$ lityc --contract-standard ERC20 wrong_mutability.sol

wrong_mutability.sol:3:1: Info: Missing 'totalSupply' with type signature 'function () view
external returns (uint256)'. ERC20Interface is not compatible to ERC20.
contract ERC20Interface {
^ (Relevant source part starts here e spans across multiple lines).
```

Al momento attuale, `lityc` supporta le seguenti specifiche ERC ma altre ne verranno aggiunte:

- ERC 20;
- ERC 223;
- ERC 721;
- ERC 827;
- ERC 884.

Inoltre, se avete installato sul vostro computer lo strumento di analisi statica Oyente, `lityc` può lanciarlo automaticamente in fase di compilazione. Vedete di seguito un esempio.

```
$ lityc --abi StringReverse.sol

======= StringReverse.sol:StringReverse =======
Contract JSON ABI
[...]
INFO:root:contract StringReverse.sol:StringReverse:
INFO:oyente.symExec:    ============ Results ===========
INFO:oyente.symExec:      EVM Code Coverage:                        29.8%
INFO:oyente.symExec:      Parity Multisig Bug 2:                    False
INFO:oyente.symExec:      Callstack Depth Attack Vulnerability:     False
INFO:oyente.symExec:      Transaction-Ordering Dependence (TOD):    False
INFO:oyente.symExec:      Timestamp Dependency:                     False
INFO:oyente.symExec:      Re-Entrancy Vulnerability:                False
INFO:oyente.symExec:    ====== Analysis Completed ======
```

Oyente è un progetto open source attivamente sviluppato e aggiornato per rilevare ancora più problemi nel codice sorgente degli smart contract. L'integrazione di Oyente con `lityc` porterà probabilmente all'adozione di strumenti di analisi statica nelle applicazioni blockchain.

Strumenti per DApp

Europa è certamente un ottimo strumento, ma è troppo complesso per le persone comuni. Per rendere disponibili anche al grande pubblico i vostri smart contract, in genere dovrete realizzare un'interfaccia utente basata sul Web. A tale scopo avrete bisogno della libreria JavaScript `web3-cmt.js` per interagire con la blockchain CyberMiles.

Da questo punto in poi, presupponiamo che abbiate pubblicato con successo il contratto Hello World sulla mainnet CyberMiles e che abbiate registrato l'indirizzo del contratto pubblicato. Il motivo è che la versione di produzione dell'App CyberMiles (CMT wallet) funziona solo su contratti della mainnet CyberMiles (vedete di seguito).

Web3-cmt

Una volta che Europa è installato, inietta automaticamente nel contesto JavaScript della pagina un'istanza personalizzata dell'oggetto `web3` (`web3.cmt`). Le chiamate a metodi che richiedono l'uso di chiavi private chiederanno automaticamente all'utente di selezionare un conto, e Metamask impiegherà la chiave privata selezionata per firmare la transazione prima di inviarla alla rete Ethereum. Inoltre, tutte le chiamate all'API `web3` devono essere asincrone. E così, impieghiamo l'API callback web3 per gestire i valori restituiti. Il codice sorgente del file `helloworld_europa.html` ha il seguente aspetto.

```
<!DOCTYPE html>
<html lang="en">
  <head>
    <script>
    window.addEventListener('load', function() {
      var hello = web3.cmt.contract(...).at("...");

      var new_mesg = location.search.split('new_mesg=')[1];
      if (new_mesg === undefined || new_mesg == null) {
      } else {
        new_mesg = decodeURIComponent(new_mesg.replace(/\+/g, '%20'));

        web3.cmt.getAccounts(function (error, address) {
          if(!error) {
            hello.updateMessage(new_mesg, {
                from: address.toString()
            }, function(e, r){
              if(!e)
                document.getElementById("status").innerHTML =
                  "<b>Submitted to blockchain</b>. " +
                  "New message will take a few seconds to show up! " +
                  "<a href=\"helloworld_europa.html\">Reload page.</a>";
            });
          }
        });
      }

      hello.sayHello(function(error, result){
        if(!error)
          document.getElementById("mesg").innerHTML = result;
      });
    })
    </script>
  </head>

  <body>
  <h2>Hello World</h2>
    <form method=GET>
      New message:<br/><br/>
      <input type="text" name="new_mesg"/><br/><br/>
      <input type="submit"/>
      <p id="status"/>
    </form>
    <p>The current message is: <span id="mesg"/></p>
  </body>
</html>
```

La funzione `web3.cmt.contract(...).at("...")` prende come parametro l'indirizzo di deployment del contratto nella blockchain. Potete trovarlo nella scheda *Run* di Europa. La funzione `contract` accetta una struttura JSON che è l'interfaccia ABI (*Application Binary Interface*) del contratto, che potete copiare da Europa come illustrato nella Figura 15.2. L'applicazione web ora consente agli utenti di interagire con lo smart contract Hello World direttamente dal Web (Figura 15.7). L'azione "submit new message" richiede che Europa invii una commissione (gas fee), in quanto richiama il metodo `updateMessage()` del contratto. Notate che tutte le funzioni web3 sono annidate e vengono richiamate in modo asincrono.

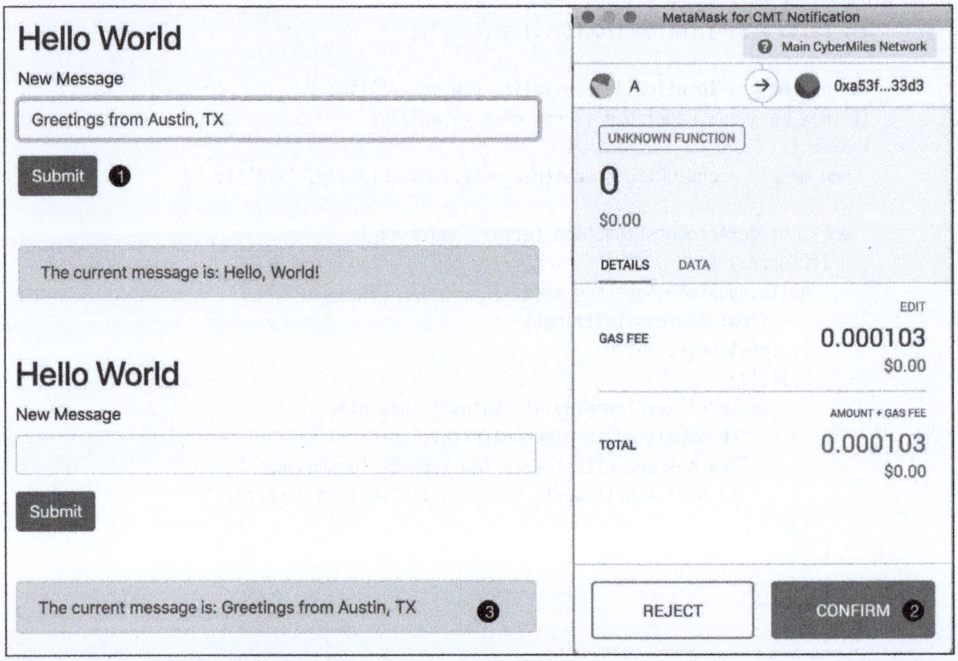

Figura 15.7 Uso del wallet Europa per scrivere su un contratto.

L'utilizzo di Europa insieme a `web3-cmt` è uno dei modi migliori per iniziare a sviluppare applicazioni con CyberMiles. Ma per l'utente medio, l'installazione e l'uso di Europa è una barriera d'ingresso significativa. Ora, quindi, vediamo come eseguire delle DApp all'interno dell'app mobile CyberMiles (CMT Wallet).

L'app CyberMiles

L'app CyberMiles è un'applicazione a wallet mobile rivolta al mercato consumer, che non richiede complicate installazioni. Potete scaricarla qui: `http://app.cybermiles.io`. Per eseguire una DApp dall'app CyberMiles, l'approccio più semplice consiste nel creare un codice QR dall'URL della DApp e poi usare l'applicazione wallet per eseguirne la scansione. Potete creare un codice QR per un URL da qui: `https://www.qr-code-generator.com`. L'intero processo è illustrato nella Figura 15.8.

Figura 15.8 Scansione di un codice QR per caricare una DApp dall'app CyberMiles.

Alternativamente, la DApp potrebbe trovarsi in un normale sito web e rinviare all'app CyberMiles quando richiede di inviare transazioni alla blockchain. La DApp FairPlay trattata nel Capitolo 11 è un buon esempio. La Figura 15.9 mostra un altro semplice esempio.

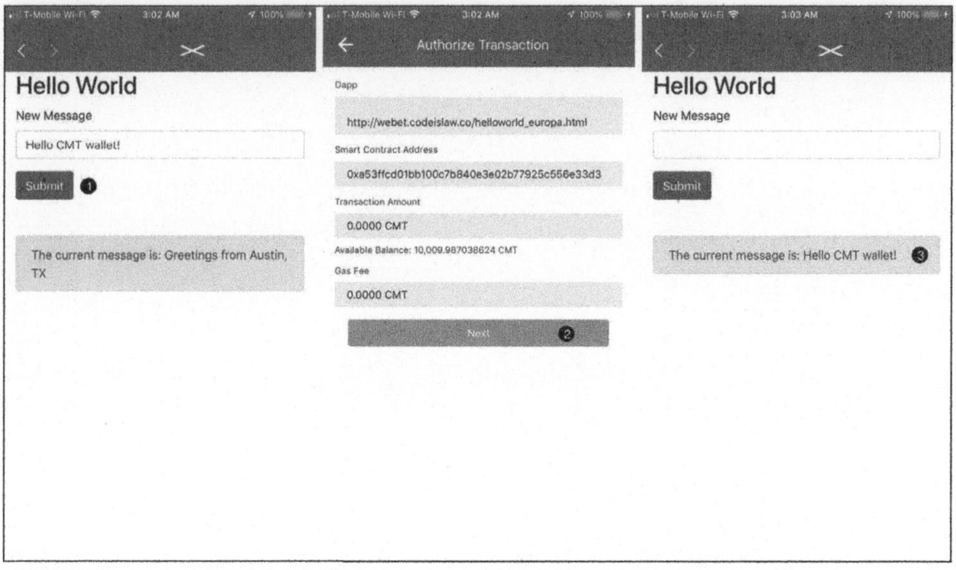

Figura 15.9 Uso dell'app CyberMiles per eseguire la DApp e pagare le commissioni.

L'esperienza utente della DApp nell'app CyberMiles è uno dei vantaggi di CyberMiles rispetto a Ethereum.

Conclusioni

In questo capitolo abbiamo esaminato vari strumenti per la blockchain Ethereum-compatibile CyberMiles. Abbiamo parlato dei wallet disponibili, della libreria web3, degli explorer di blocchi e degli strumenti di sviluppo e pubblicazione per CyberMiles. Nel prossimo capitolo metteremo insieme questi concetti e vedremo alcuni esempi completi di DApp che sono stati sviluppati impiegando Lity e pubblicati nella blockchain pubblica CyberMiles.

Capitolo 16

Esempi di DApp

Nei due capitoli precedenti abbiamo visto come estendere il protocollo Ethereum e i suoi strumenti di sviluppo. Ma in quali modi tali estensioni e miglioramenti si traducono effettivamente in vere applicazioni? In questo capitolo, impiegheremo alcune DApp pubblicate su CyberMiles per illustrare come le estensioni Ethereum consentono agli sviluppatori di creare DApp interattive per la blockchain.

Tutto ciò che è trattato in questo capitolo è compatibile con Ethereum. Ma, come abbiamo detto, CyberMiles offre alcuni importanti vantaggi, essendo una piattaforma di sviluppo e pubblicazione Ethereum-compatibile.

- CyberMiles offre un tempo di conferma della transazione molto più veloce rispetto a Ethereum. Questo è importante per l'esperienza utente delle DApp interattive, in quanto riduce il tempo di conferma e registrazione delle operazioni sulla blockchain.
- CyberMiles ha un'applicazione wallet mobile in grado di eseguire applicazioni JavaScript web3 in modalità embedded. Il wallet CMT è disponibile su iOS e Android e potete caricare la DApp eseguendo la scansione di un codice QR che rimanda a un URL contenente il codice JavaScript.
- La blockchain CyberMiles impiega il token CMT per pagare le commissioni. Poiché il prezzo dei CMT è molto inferiore a quello degli ETH, è possibile fare molto di più con la stessa quantità di denaro.

In questo capitolo

Caso di studio 1: Valentines

La DApp Valentines consente a chiunque di dichiarare e registrare nella blockchain il proprio amore imperituro. Tramite l'app CyberMiles (CMT Wallet), chiunque può creare una dichiarazione d'amore e condividere il codice QR con la persona amata (Figura 16.1).

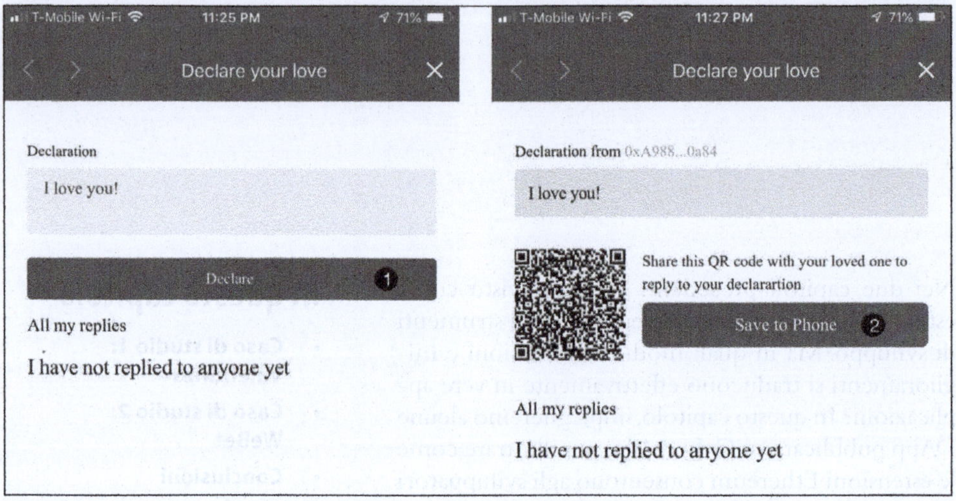

Figura 16.1 Dichiarate il vostro amore.

Il destinatario della dichiarazione impiega la propria app CyberMiles per scansionare il codice QR e aprire la DApp. Da qui, potrà rispondere alla dichiarazione. Una volta che ha risposto, potrà condividere il codice QR con il mondo, in modo che chiunque possa aprire la DApp e osservare la dichiarazione e la risposta registrate per sempre nella blockchain (Figura 16.2).

Ora vediamo il codice su cui poggia il contratto Valentines e poi la DApp JavaScript che consente di interagire con il contratto Valentines.

Lo smart contract Valentines

Lo smart contract Valentines contiene tutte le dichiarazioni e le risposte (ognuna di esse è un *valentine*) inviate dalla DApp. Vi sono due funzioni: `declare()` per creare una nuova dichiarazione e `reply()` per rispondere a una dichiarazione. Vi sono anche due funzioni informative (funzioni `view`), `getDeclaration()` e `getReplies()`, per aiutare le DApp a estrarre informazioni dalla blockchain.

```
contract Valentines {
    struct Declaration {
        string stmt;
        address reply_from;
        string reply_stmt;
    }
```

```
    mapping(address => Declaration) declarations;
    mapping(address => address[]) replies;

    function declare (string _stmt) public {
        Declaration memory d = Declaration(_stmt, 0, "");
        declarations[msg.sender] = d;
    }

    function reply (address _from, string _stmt) public {
        declarations[_from].reply_from = msg.sender;
        declarations[_from].reply_stmt = _stmt;
        replies[msg.sender].push(_from);
    }

    function getDeclaration (address _from) public view returns (string, address, string) {
        return (declarations[_from].stmt, declarations[_from].reply_from, declarations[_
from].reply_stmt);
    }

    function getReplies (address _from) public view returns (address[]) {
        return (replies[_from]);
    }
}
```

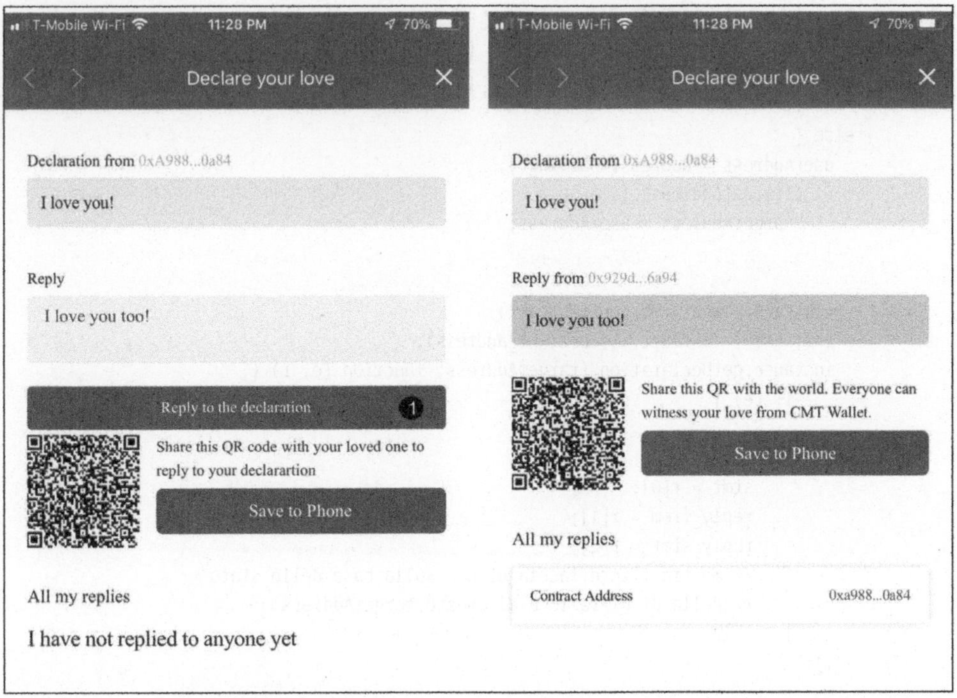

Figura 16.2 Risposta alla dichiarazione.

Le quattro funzioni del contratto sono autoesplicative. La struct `Declaration` contiene una dichiarazione e la sua risposta. La dichiarazione viene mappata al suo creatore nell'array `declarations`. L'array `replies` associa ogni indirizzo alle dichiarazioni cui ha risposto. Notate che ogni indirizzo può creare a una sola dichiarazione, ma può rispondere a più dichiarazioni.

Ora potete pubblicare il contratto sulla blockchain CyberMiles e registrare l'indirizzo del contratto pubblicato. L'approccio più semplice è probabilmente quello di impiegare lo strumento CyberMiles Europa oppure lo strumento Second State BUIDL configurato per CyberMiles. La DApp JavaScript accede a questo contratto pubblicato.

La DApp JavaScript

La DApp è scritta in JavaScript e funziona in un browser insieme a un'applicazione wallet. La funzione `getDeclaration()`nel file `declare.js` richiama la funzione `getDeclaration()` dello smart contract e poi impiega i risultati per aggiornare l'interfaccia utente HTML nel file `declare.html`. Il frammento di codice sottostante mostra la funzione `getDeclaration()` nella DApp JavaScript. Notate che tutte le operazioni web3 vengono eseguite in modo asincrono, in quanto molte sono chiamate remote e dobbiamo garantire il corretto ordine di esecuzione. Il `contract_address` è proprio l'indirizzo del contratto dopo la pubblicazione. È specificato direttamente (*hardcoded*) nella DApp. Il `targetAddress` è l'indirizzo dal quale è partita questa dichiarazione. L'`userAddress` è l'indirizzo CMT dell'utente corrente.

```
var getDeclaration = function () {
    web3.cmt.getAccounts(function (e, address) {
        if (e) {
            // ...
        } else {
            userAddress = address.toString();
            if (!targetAddress) {
                targetAddress = userAddress;
            }

            contract = web3.cmt.contract(abi);
            instance = contract.at(contract_address);
            instance.getDeclaration (targetAddress, function (e, r) {
                if (e) {
                    // ...
                } else {
                    stmt = r[0];
                    reply_from = r[1];
                    reply_stmt = r[2];
                    // mostra l'interfaccia utente sulla base dello stato
                    // della dichiarazione di questo targetAddress
                }
            });

            instance.getReplies (userAddress, function (e, r) {
                if (e) {
                    // ...
```

```
            } else {
                // Mostra le risposte nella UI
            }
        });
    }
  });
}
```

Quando l'utente fa una dichiarazione, richiama la funzione `declare()` del contratto. Notate che dobbiamo pagare una piccola commissione per richiamare questa funzione, in quanto essa salva dei dati nella blockchain. All'uscita con successo dalla chiamata a funzione del contratto, il codice JavaScript attende che la transazione venga confermata nella blockchain (quando il blocco viene prodotto e accettato dai validatori) e poi ricarica la funzione `getDeclaration()` per aggiornare l'interfaccia utente.

```
var declare = function () {
    var v = $("#declaration-field").val();
    if (v == null || v == '') {
        // ...
    }
    $(".main-button").css("background-color", "#696969");
    $('#declaration-submit').text(lgb.wait);
    $('#declaration-submit').removeAttr('onclick');

    instance.declare(v, {
        gas: '200000',
        gasPrice: 2000000000
    }, function (e, result) {
        if (e) {
            // ...
        } else {
            setTimeout(function () {
                getDeclaration();
            }, 20 * 1000);
        }
    });
}
```

Quando un secondo utente risponde alla dichiarazione, la DApp richiama la funzione `reply()` sul contratto e aggiorna l'interfaccia utente dopo che la transazione è stata confermata nella blockchain.

```
var reply = function () {
    var v = $("#reply-field").val();
    if (v == null || v == '') {
        // ...
    }
    $(".main-button").css("background-color", "#696969");
    $('#reply-submit').text(lgb.wait);
    $('#reply-submit').removeAttr('onclick');
```

```
    instance.reply(targetAddress, v, {
        gas: '200000',
        gasPrice: 2000000000
    }, function (e, result) {
        if (e) {
            // ...
        } else {
            setTimeout(function () {
                getDeclaration();
            }, 20 * 1000);
        }
    });
}
```

Finora, abbiamo esaminato la logica operativa della DApp Valentines e abbiamo visto come interagisce con i dati e le funzioni della blockchain tramite web3. La DApp impiega librerie open source per eseguire altri compiti importanti. Per esempio, impiega lo script `qrcode.js` per generare al volo i codici QR e poi lo script `IUToast` per creare messaggi e avvisi per gli utenti.

La DApp Valentines impiega una sola pagina web e un unico file di controllo JavaScript e interagisce con uno smart contract già pubblicato. Nel prossimo paragrafo, studieremo una DApp più complessa: WeBet.

Caso di studio 2: WeBet

La DApp WeBet è un'applicazione per scommesse peer-to-peer. Consente a chiunque di creare un contratto per scommesse all'interno dell'app CyberMiles (Figura 16.3) e di condividere la scommessa (Figura 16.4). La scommessa è una domanda a scelte multiple. Altre persone potranno poi impiegare la loro app CyberMiles per piazzare scommesse (Figura 16.5). Possono piazzare scommesse semplicemente eseguendo la scansione del codice QR condiviso dal creatore del contratto di scommesse. Tutti effettueranno una scelta e invieranno dei CMT al contratto per partecipare, appunto, alla scommessa.

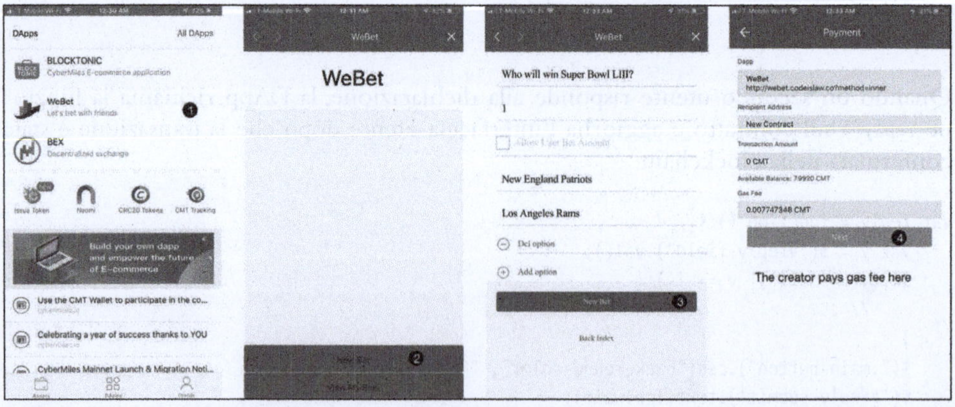

Figura 16.3 Creazione di un nuovo contratto WeBet.

Figura 16.4 Condivisione di un contratto WeBet.

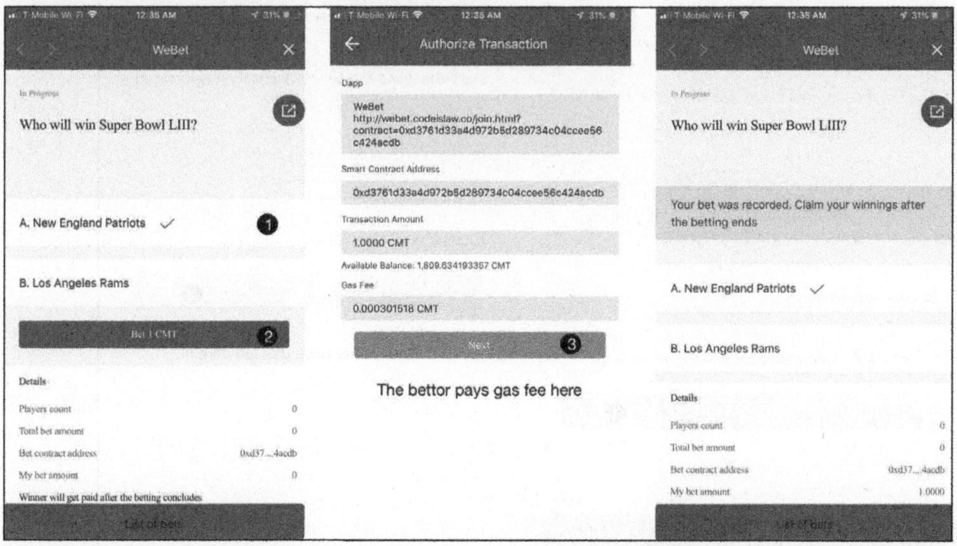

Figura 16.5 Piazzamento di una scommessa su un contratto WeBet.

Il creatore può dichiarare la scelta vincente dopo che tutti hanno piazzato le loro scommesse (Figura 16.6). Vi potrebbero essere più vincitori, perché ovviamente più persone potrebbero decidere per la stessa scelta.

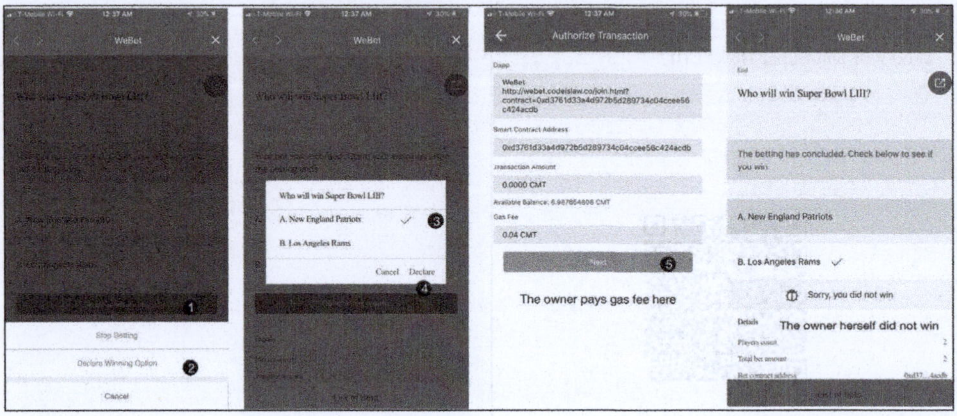

Figura 16.6 Dichiarazione della scelta vincente.

I vincitori impiegheranno i loro wallet CMT per richiedere la somma dovuta alla vincita della scommessa (Figura 16.7).

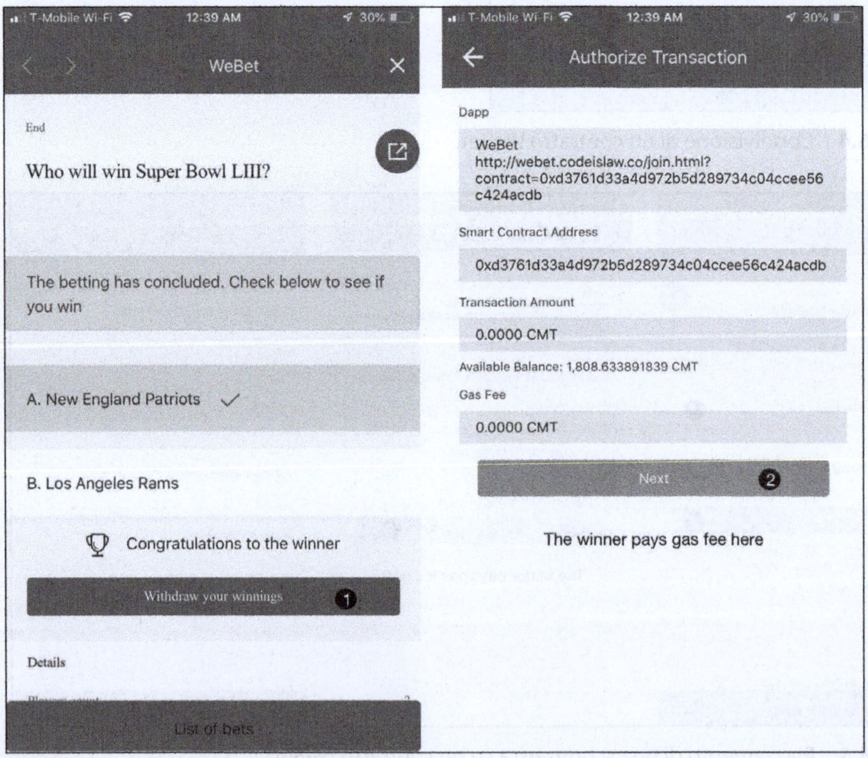

Figura 16.7 Riscossione della vincita.

Un altro caso d'uso della DApp WeBet consiste nel creare "contratti di impegno". Per esempio qualcuno potrebbe avere un obiettivo personale (come perdere 10 chilogrammi in un mese) e scommettere sulla riuscita del suo impegno una grande quantità di CMT (per esempio 10.000 CMT). Poi, gli amici e i familiari scommetteranno ognuno una piccola quantità sul risultato opposto (per esempio 1 CMT). Se il creatore raggiunge il suo obiettivo, riotterrà la somma in CMT impegnata. Altrimenti, gli amici e i familiari si divideranno i CMT che ha impegnato.

Questo tipo di applicazioni per scommesse personali è particolarmente adatto a una blockchain pubblica. La blockchain DApp può fornire, potenzialmente, un'esperienza utente molto migliore di un'applicazione web tradizionale.

- Gli smart contract sulla blockchain pubblica garantiscono che lo sviluppatore dell'applicazione o l'ospite non possano ingannare, modificando i dati della scommessa, o magari prendendosi tutti i fondi. Analogamente, è difficile per un governo o un'altra entità bloccare questo genere di contratti.
- È molto più semplice trasferire del "valore" nella blockchain. Per scommettere anche piccole somme di denaro corrente, avrete comunque bisogno di un'infrastruttura bancaria e delle sue pesanti commissioni. In una catena pubblica come CyberMiles o Ethereum, i token da un lato hanno un loro valore effettivo (in moneta corrente) e dall'altro sono molto più semplici ed economici da impiegare per i pagamenti.

Ora vediamo il codice su cui si basa il contratto WeBet e poi la DApp JavaScript per interagire con i contratti WeBet.

NOTA

Avrete probabilmente notato che il proprietario del contratto WeBet deve dichiarare la scelta vincente per la scommessa. Può ingannare gli scommettitori? Sì, il mappaggio fra informazioni reali e *off-chain* (per esempio, il fatto di aver effettivamente perso 10 chilogrammi) e la blockchain è sempre problematico. Tuttavia, è anche importante notare che tutto ciò che è relativo al contratto WeBet, compresa la dichiarazione e tutte le scommesse piazzate, viene registrato nella blockchain in modo pubblico. Se il proprietario di un contratto mente, danneggia per sempre la propria reputazione.

Potremmo anche modificare il prodotto in modo che richieda la presenza di più "arbitri" per verificare la dichiarazione del proprietario del contratto prima che abbia effetto. Tuttavia, questo complica il progetto.

Lo smart contract WeBet

La struttura generale dello smart contract WeBet scritto in Solidity è la seguente. Come abbiamo detto, la DApp crea una nuova istanza del contratto WeBet per ogni nuovo contratto.

```
contract BettingGame {

    address public owner;

    struct Bet {
        int8 choice;
```

```
        uint256 amount;
        bool paid;
        bool initialized;
    }
    mapping(address => Bet) bets;

    string public game_desc;
    int8 public number_of_choices;
    uint256 public min_bet_amount;
    bool public allow_user_bet_amount;
    uint256 total_bet_amount;
    int8 public total_bet_count;

    mapping(int8 => uint256) choice_bet_amounts;

    int8 public correct_choice;
    string public correct_choice_txt;

    int8 public game_status; // 0 not started; 1 running; 2 stopped; 3 ended; 4 cancelled

    modifier onlyOwner() {
        assert(msg.sender == owner);
        _;
    }


    constructor (string _game_desc, int8 _number_of_choices, uint256 _min_bet_amount, bool
_allow_user_bet_amount) public {
        require(_number_of_choices > 0);
        require(_min_bet_amount > 0);

        owner = msg.sender;
        game_status = 1;
        game_desc = _game_desc;
        number_of_choices = _number_of_choices;
        min_bet_amount = _min_bet_amount;
        allow_user_bet_amount = _allow_user_bet_amount;

        total_bet_count = 0;
        total_bet_amount = 0;
        correct_choice = -1;
        correct_choice_txt = "";
    }

    function placeBet (int8 _choice) public payable {
        // la vedremo più avanti
    }

    function stopGame() external onlyOwner {
        require (game_status == 1);
        game_status = 2;
    }
```

```
    function resumeGame() external onlyOwner {
        require (game_status == 2);
        game_status = 1;
    }

    function endGame(int8 _correct_choice, string _correct_choice_txt) external onlyOwner {
        correct_choice = _correct_choice;
        correct_choice_txt = _correct_choice_txt;
        game_status = 3;
    }

    function cancelGame() public {
        require (msg.sender == owner || isValidator(msg.sender));
        game_status = 4;
    }

    function payMe () public {
        // La vedremo più avanti
    }

    function checkStatus (address _addr) public view returns (int8, string, int8, uint256,
uint256, bool, int8) {
        // La vedremo più avanti
    }

    function getBetInfo()public view returns(int8,string,int8,int8, uint256,bool){
        return (game_status, game_desc, correct_choice, total_bet_count, total_bet_amount,
allow_user_bet_amount);
    }

    function getAnswer() public view returns (int8, string) {
        return (correct_choice, correct_choice_txt);
    }

    function terminate() external onlyOwner {
        selfdestruct(owner);
    }
}
```

Il metodo costruttore crea il contratto con tutte le informazioni richieste dalla scommessa.

- La stringa `game_desc` contiene il titolo, la descrizione e tutte le scelte della scommessa. Vengono costruite in una singola stringa con il simbolo ; a delimitare i vari componenti. Per esempio, la stringa `game_desc` potrebbe avere il seguente aspetto: `titolo;scelta 1;scelta 2;scelta 3`. Non passiamo e memorizziamo le scelte in array di stringhe a causa dei limiti di Solidity. Il lavoro di parsing è lasciato al JavaScript della DApp, in quanto non attiene alla logica del contratto.
- Il valore `number_of_choices` specifica il numero di scelte contenute nella stringa `game_desc`. Nel nostro esempio, sarebbe `3`. Aiuta la DApp JavaScript a eseguire il parsing dei componenti.

- Il valore min_bet_amount è la somma minima che ogni utente deve scommettere per participare al gioco. È in unità di CMT.
- allow_user_bet_amount è una variabile boolean che specifica se un utente può scommettere una somma maggiore di min_bet_amount.

Una volta che il contratto è stato creato, la variabile game_status usa il default 1, che dà avvio alle scommesse. Tramite metodi come stopGame(), resumeGame(), endGame() e cancelGame(), potete cambiare lo stato del gioco. Questo consente al proprietario del contratto di chiudere le scommesse prima di proclamare un vincitore. Per esempio, una scommessa sportiva deve chiudere le giocate una volta che il gioco è partito nel mondo reale; il vincitore verrà dichiarato quando termina il gioco nel mondo reale. La funzione getBetInfo() restituisce le informazioni e lo stato della scommessa.

L'array bets nel contratto associa gli indirizzi a Bet. Ogni struct Bet dell'array viene creata da una scommessa. Contiene la scelta dello scommettitore, la somma scommessa e il fatto che questo user reclama le sue vincite in caso di vittoria. L'indirizzo dello scommettitore è la chiave dell'array bets.

L'array choice_bet_amounts del contratto associa ogni scelta alla somma aggregata scommessa (in unità di CMT). Ciò consente un facile calcolo delle vincite per ogni indirizzo. La funzione checkStatus() viene richiamata dalla DApp per controllare lo stato della scommessa e l'indirizzo del vincitore.

```
function checkStatus (address _addr) public view returns (int8, string, int8, uint256,
uint256, bool, int8) {

    safeuint payout = 0;
    if (game_status == 3 && bets[_addr].choice == correct_choice) {
        payout = bets[_addr].amount * total_bet_amount / choice_bet_amounts[correct_choice];
    } else if (game_status == 4) {
        payout = bets[_addr].amount;
    }

    return (game_status, game_desc, bets[_addr].choice, uint256(bets[_addr].amount),
uint256(payout), bets[_addr].paid, correct_choice);
}
```

La funzione chiave dell'intero contratto è placeBet().Viene richiamata da ogni utente che voglia piazzare una scommessa su una scelta di questo contratto. La funzione è payable, ovvero l'utente può allegarle un pagamento nella chiamata. Il pagamento è la scommessa piazzata sulla scelta e deve essere di almeno min_bet_amount. Una volta che una scommessa è stata accettata, vengono aggiornati gli array bets e choice_bet_amounts.

```
function placeBet (int8 _choice) public payable {
    require (game_status == 1); // il gioco è attivo
    require (_choice <= number_of_choices); // Scelta valida
    require (msg.value >= min_bet_amount); // Superiore alla scommessa minima
    require (bets[msg.sender].initialized == false); // Si scommette una sola volta

    Bet memory newBet = Bet(_choice, msg.value, false, true);
    bets[msg.sender] = newBet;
```

```
    choice_bet_amounts[_choice] = choice_bet_amounts[_choice] + msg.value;
    total_bet_amount = total_bet_amount + msg.value;
    total_bet_count += 1;
}
```

Un utente controlla la vincita richiamando la funzione `checkStatus()` dal suo indirizzo. Se l'utente vince, può essere pagato dal contratto richiamando la funzione `payMe()`. Notate che se `game_status` indica che il proprietario ha annullato la scommessa, ogni somma viene rimborsata.

```
function payMe () public {
    require (bets[msg.sender].initialized); // Deve avere una scommessa
    require (bets[msg.sender].amount > 0); // Maggiore di zero
    require (bets[msg.sender].paid == false); // Non pagata

    if (game_status == 3) {
        // il gioco è terminato normalmente
        require (bets[msg.sender].choice == correct_choice);
        uint256 payout = bets[msg.sender].amount * total_bet_amount / choice_bet_
amounts[correct_choice];
        if (payout > 0) {
            msg.sender.transfer(uint256(payout));
            bets[msg.sender].paid = true; // evita i doppi pagamenti
        }
    } else if (game_status == 4) {
        // Rimborsa la scommessa
        msg.sender.transfer(uint256(bets[msg.sender].amount));
        bets[msg.sender].paid = true; // evita i doppi pagamenti
    } else {
        require (false); // Fallisce
    }
}
```

Lo smart contract Solidity è deliberatamente semplice. Si occupa soprattutto degli stati più importanti dell'applicazione e del trasferimento automatico del "denaro" (CMT, in questo caso). È un "servizio back end" per la DApp JavaScript.

L'applicazione JavaScript WeBet

La DApp WeBet è un'applicazione JavaScript che può essere eseguita all'interno dell'app CyberMiles o in un browser web Chrome con l'estensione CyberMiles Venus attiva (Metamask per i CMT). Nel file `browser.js`, controlliamo se l'oggetto `web3.cmt` è `nil`. In caso affermativo, l'utente verrà invitato a installare il wallet CMT sul dispositivo mobile o sull'estensione Venus del browser Chrome sul PC e poi a riavviare la DApp.
Poiché la DApp è solo una collezione di file JavaScript e HTML statici, può essere servita da ogni server web anonimo o essere addirittura incorporata nello stesso dispositivo client. Non vi è alcuna necessità di avere un server centrale per gestire lo stato dell'applicazione. Nel nostro esempio, i file della DApp vengono serviti dall'URL `http://webet.codeislaw.co`.

Creazione di un nuovo contratto WeBet

I file `start.html` e `start.js` della DApp operano in tandem per supportare la creazione e pubblicazione di un nuovo contratto WeBet. Il file HTML cattura l'input dell'utente sui dettagli del contratto (per esempio il titolo, le scelte, la somma minima che può essere scommessa) e il file JavaScript crea il contratto nella blockchain. Quello che segue è il codice di inizializzazione per lo script `start.js`.

```
$(function () {
    webBrowser.openBrowser();
    getAbi();
    getBin();
    initLanguage();
    initUserAddress();
    // ...
});

var initUserAddress = function () {
    var interval = setInterval(function () {
        web3.cmt.getAccounts(function (e, address) {
            if (address) {
                userAddress = address.toString();
                $("#userAddress").val(address);
                userAddress = address;
                tip.closeLoad();
                clearInterval(interval);
            }
        });
    }, 300);
}
```

Notate che ogni operazione sulla blockchain viene svolta in modo asincrono. L'app mostra uno *spinner* e domanda all'utente di attendere mentre individua dal wallet l'indirizzo del conto dell'utente. La funzione JavaScript `startGame()` viene associata all'evento del clic dell'utente sul pulsante *Submit* quando crea un contratto WeBet.

```
var startGame = function () {
    var inputs = document.getElementsByName("choice");
    var numChoices = 0;
    var gameDesc = '';

    for (var i = 0; i < inputs.length; i++) {
        if (inputs[i].value != null && inputs[i].value != '') {
            var inputValue = inputs[i].value
            gameDesc += inputValue.trim() + ";";
            numChoices++;
        }
    }
    var title = $("#title").val();
    var betMinAmount = $("#betMinAmount").val();
    var allowUserBet = $("#allowUserBetCheckbox").val();
```

```
    var allowUserBetAmount = false;
    var minBetAmount = web3.toWei(betMinAmount, "cmt");
gameDesc = gameDesc.replace(/(^;)|(;$)/g, "");

    // pubblicazione e avvio del gioco
    var contract = web3.cmt.contract(betAbi);
    var feeDate = '0x' + contract.new.getData(gameDesc, numChoices - 1, minBetAmount,
allowUserBetAmount, {data: betBin.object});
    web3.cmt.estimateGas({data: feeDate}, function (e, returnGas) {
        var gas = '1700000';
        if (!e) {
            gas = Number(returnGas * 2);
        }
        contract.new([gameDesc, numChoices - 1, minBetAmount, allowUserBetAmount], {
            from: userAddress.toString(),
            data: feeDate,
            gas: gas,
            gasPrice: '2000000000'
        }, function (e, instance) {
            if (e) {
                tip.close();
                tip.error(lang.tip.createFailed);
            } else {
                contract_address = instance.address;
                // ...
                setTheContractAddressAndTurn(instance);
            }
        });
    });
};
```

A parte il codice di convalida ed elaborazione dell'input, la parte principale della funzione è annidata in due blocchi asincroni. La funzione `estimateGas()` chiede a un nodo connesso alla blockchain di stimare l'entità delle commissioni (*gas fee*) richieste per creare questo contratto. Moltiplichiamo il valore per 2, in quanto la stima è talvolta conservativa. Notate che questo è il *gas limit*, il massimo importo che l'utente autorizza a impiegare per le commissioni. All'utente verranno però addebitate solo le commissioni effettivamente applicate per la creazione del contratto. Poi, la funzione `contract.new()` passa l'informazione alla funzione `constructor()` del contratto e restituisce in modo asincrono l'indirizzo del contratto appena creato.

L'interfaccia utente della DApp visualizza uno *spinner* finché l'indirizzo del contratto non è stato creato con successo e restituito. Poi richiama la funzione `setTheContractAddressAndTurn()` per passare alla schermata della scommessa.

```
var setTheContractAddressAndTurn = function (result) {
    if (result != null && (result.contractAddress != 'undefined' || result.address !=
'undefined')) {
        tip.right(lang.bet.betCreated);
        setTimeout(function () {
            var turnAddress = result.contractAddress;
```

```
        if (turnAddress == 'undefined') {
            turnAddress = result.address
            saveLocalStorageBet(turnAddress);
        }
        console.log(turnAddress);
        window.location.href = './join.html?contract=' + turnAddress;
    }, 2000);
  }
};
```

La DApp ora raggiunge la schermata `join.html`. L'URL con l'indirizzo del contratto è il modo in cui gli scommettitori accederanno a questa scommessa dal loro wallet CMT. La schermata `join.html` può creare un barcode QR da condividere con gli amici e gli altri potenziali scommettitori.

Scommessa su una scelta

I file `join.html` e `bet.js` operano in tandem per generare l'interfaccia utente della scommessa. La funzione `getGameStatus()` recupera le informazioni dalla funzione `checkStatus()` del contratto. È una funzione `pure view` e pertanto non richiede "gas" per poter funzionare. Una volta che la funzione JavaScript `getGameStatus()` riceve il risultato, esegue il parsing del titolo, delle scelte, della scelta corrente, della scommessa corrente e dello stato di ricompensa o meno dell'utente e poi visualizza questi elementi sulla schermata `join.html`. Non viene presentato questo codice nel libro a causa della sua lunghezza, ma potete trovarlo nel codice sorgente del libro.
La funzione `confirmOptionSubmit()` viene richiamata quando l'utente inoltra la propria scommessa. Richiama in modo asincrono la funzione `placeBet()` del contratto dopo aver stimato le commissioni. La scommessa viene poi inviata al contratto come `value` per la funzione "pagabile" `placeBet()`.

```
var confirmOptionSubmit = function () {
  var amount = $("#minBetAmount").val();
  var selectedValue = $("#selectedValue").val();
  // ... convalida lo stato del gioco ...
  var allowBet = $("#allowUserBetAmount").val();
  if (allowBet == 'true') {
      var betAmount = $("#SubmitValue").val();
      betAmount = onlyNumber(betAmount);
      if (betAmount <= 0 || betAmount < amount) {
          tip.error(lgb.tip.moreThanZero);
          return;
      }
      amount = betAmount;
  }

// cambia il colore e l'evento per il pulsante Submit

  var feeData = instance.placeBet.getData(selectedValue + "");
  var amountStr = String(web3.toWei(amount, "cmt"));
  web3.cmt.estimateGas({
```

```
        data: feeData,
        to: contract_address,
        value: amountStr
    }, function (error, gas) {
        var virtualGas = '20000000';
        if (error) {
            console.log("error estimating gas");
        } else {
            virtualGas = gas;
        }
        instance.placeBet(selectedValue, {
            value: web3.toWei(amount, "cmt"),
            gas: virtualGas,
            gasPrice: 2000000000
        }, function (e, result) {
            if (e) {
                // ...
            } else {
                showUserChoice(gameStatus, userChoice, correctChoice);
                $("#msg").html(lgb.bet.pendingBet);
                $('#msg').css('display', 'block');
                getGameStatus('bet');
            }
        });
    });
}
```

Al termine dell'esecuzione della funzione `placeBet()`, la DApp non attende che la transazione venga confermata. Procede e aggiorna l'interfaccia utente per mostrare la scelta effettuata e un messaggio che mostra che la scommessa è stata inviata. La funzione `getGameStatus()` aggiorna la pagina ogni 10 secondi per avere le ultime informazioni dalla blockchain. Una volta che la transazione è confermata dalla blockchain, il messaggio cambia, per dire che la scommessa è stata registrata.

Dichiarazione della scelta vincente

Quando lo script `bet.js` visualizza le informazioni tratte dallo smart contract WeBet, determina se visualizzare le opzioni di controllo del proprietario, per fermare le scommesse o per dichiarare l'opzione vincente.

```
web3.cmt.getAccounts(function (e, address) {
    // ...
    contract = web3.cmt.contract(betAbi, contract_address);
    instance = contract.at(contract_address);
instance.checkStatus(userAddress, function (gameError, result) {
// ...
        instance.owner(function (e, owner) {
            if (owner && owner.toLowerCase()==userAddress.toLowerCase()) {
                if (gameStatus != 3) {
                    showBetSetting(contentId, afterBtnName, lgb.bet.setting, betSetting);
                }
```

```
            }
        });
    });
});

var showBetSetting = function (btnId, afterBtnName, buttonName, betFun) {
    var showColor = "#1976d2";
    if (!document.getElementById(btnId)) {
        fun.addButton(btnId, afterBtnName, buttonName, showColor, betFun);
    }
}
```

Quando l'utente fa clic sul pulsante *Owner*, riceve una finestra di dialogo per dichiarare l'opzione vincente. L'azione è associata alla funzione `declareBetGame()`.

```
var declareBetGame = function () {
    var choiceValue = $("#declareValue").val();
    var dateTime = new Date();
    var desc = "This Bet Game stop at the Time : " +
        dateTime + ", and the correct choice is :" +
        fun.getLetterByNum(choiceValue);
    if (choiceValue <= 0) {
        tip.error(lgb.tip.selectOption);
        return;
    }
    var feeData = instance.endGame.getData(choiceValue, desc);

    web3.cmt.estimateGas({
        data: feeData,
        to: contract_address
    }, function (error, gas) {
        var virtualGas = '20000000';
        if (error) {
            console.log("error getting gas");
        } else {
            virtualGas = gas;
        }

        instance.endGame(Number(choiceValue), desc, {
            gas: virtualGas,
            gasPrice: 2000000000
        }, function (e, result) {
            if (e) {
                // ...
            } else {
                getGameStatus('declare');
            }
        });
    });
}
```

Viene richiamata la funzione endGame() del contratto chiamato, la quale consente al contratto di calcolare le vincite per ogni partecipante. Dopo il termine della funzione remota, viene aggiornata l'interfaccia di WeBet.

Incassare la vincita

Quando l'utente carica nuovamente la DApp dopo che è stata dichiarata la scelta vincente, vede se la sua scelta è quella vincente. Se ha vinto, vede un'opzione che gli consente di incassare la vincita sull'indirizzo del suo conto.

```
var showRightChoice = function (contentId, userChoice, correctChoice,
        afterBtnName, withdrawButtonName, statusPaid, payoutAmount) {
    if (userChoice > 0) {
        if (correctChoice == userChoice) {
            if (statusPaid) {
                showWithdrawSuccess(contentId, payoutAmount);
            } else {
                showWithdraw(contentId, afterBtnName, withdrawButtonName, withdraw);
            }
        } else {
            showFailed(contentId);
        }
    } else {
        showNotJoin(contentId);
    }
}

var showWithdraw = function (contentId, afterBtnName, buttonName, betFun) {
    var id = "winner-div";
    var showColor = "#1976d2";
    if (!document.getElementById(id)) {
        fun.addButton(contentId, afterBtnName, buttonName, showColor, betFun);
    }
    var content = '<div class="winner-show">...</div>';
    fun.addDivInnerhtml(domType[0], [attrType[0]], appendType[1], content, [id], contentId);
}
```

Quando l'utente fa clic sul pulsante di incasso, viene richiamata la funzione payMe() del contratto.

```
var withdraw = function () {
    instance.payMe(function (e, result) {
        if (e != null) {
            if (e.code == '1001') {
                tip.error(lgb.withdraw.info + lgb.cancelled)
            } else {
                tip.error(lgb.withdraw.info + lgb.error)
            }
        } else {
            console.log(result);
            $("#msg").html(lgb.bet.pendingWithdraw);
```

```
                $('#msg').css('display', 'block');
                document.getElementById(contentId).style.display = 'none';
                getGameStatus('withdraw');
            }
        });
}
```

Questo assetto richiede che l'utente torni alla scommessa e paghi la commissione per incassare la vincita. Un'altra opzione potrebbe essere quella di automatizzare il contratto, in modo che il proprietario paghi la commissione in `endGame()` e il contratto distribuisca automaticamente le vincite. Con l'attuale assetto di WeBet, l'utente della DApp ha bisogno di accedere alle sue scommesse passate. Nella nostra configurazione, impieghiamo dei dati conservati localmente o su server sostituibili per ottenere la decentralizzazione. Questo è l'argomento del prossimo paragrafo.

Operazioni off-chain della DApp

La DApp WeBet mostra come memorizzare i dati non essenziali dell'applicazione in servizi *off-chain*. I dati *off-chain* non vengono memorizzati in un server centrale come nel caso di una tipica web app. I dati appartengono a ogni utente della DApp WeBet.

Memorizzazione locale JavaScript

La DApp WeBet impiega l'API JavaScript `localStorage` per memorizzare i dati relativi all'utente corrente. Per esempio, nel file `start.js` impieghiamo un'area locale per memorizzare l'indirizzo dell'utente corrente e l'indirizzo del contratto appena creato. Sono informazioni necessarie per la successiva pagina web `join.html`, che può essere condivisa con gli altri scommettitori.

```
var saveLocalStorageBet = function (contractAddress) {
    if (window.localStorage) {
        var storage = window.localStorage;
        var item = {"userAddress": userAddress,
                    "contractAddress": contractAddress};
        storage.setItem("bets", item);
    }
}
```

L'area di memorizzazione locale può essere impiegata per memorizzare dati che sono privati dell'utente corrente. È ospitata dal dispositivo sul quale opera il wallet. Solo coloro che hanno accesso al dispositivo possono leggere questi dati.

Servizi sostituibili offerti da una terza parte

I file `my.html` e `my.js` operano insieme per visualizzare un elenco di contratti WeBet ai quali l'utente corrente ha partecipato. Il protocollo Ethereum non fornisce un modo per interrogare i nodi della blockchain per questo tipo di informazione. Per la DApp WeBet, abbiamo creato un servizio online che esamina i blocchi tratti da un nodo CyberMiles, costruisce un database relazionale con i dati contenuti nei blocchi (per esempio i contratti, i proprietari e le scommesse) e poi fornisce un'API per interrogare il database.

Questo database è decentralizzato, perché può essere pubblicato da chiunque impiegando del software open source. E così, la DApp ha molte potenziali scelte per questa fonte di dati. Non esiste un singolo punto di fallimento o di controllo. Quello che segue è il codice di interesse in `my.js`.

```
var requestListInfo = function (pageNo) {
    var methodId = 'de2fd8ab,83bd72ba,3cc4c6ce,9c16667c,340190ec';
    var url = 'https://api.cmttracking.io/api/v3/contractsByType?funcIds=' + methodId +
"&limit=" + pageSize + "&page=" + pageNo
    $.ajax({
        url: url,
        dataType: 'json',
        type: 'GET',
        async: true,
        success: function (result) {
            if (result && result.data && result.data.objects) {
                $("#totalCount").val(result.data.meta.total);
                var totalPage = parseInt(result.data.meta.total / pageSize) + 1;
                $("#totalPage").val(totalPage);
                var lastCount = result.data.meta.total % pageSize;
                if (pageNo < totalPage) {
                    lastCount = pageSize;
                }
                var id = "listContent";
                divCount = 0;
                if (result.data.objects.length <= 0) {
                    tip.closeLoad();
                    return;
                }
                console.log(result.data.objects);
                for (var i = 0; i < result.data.objects.length; i++) {
                    var obj = result.data.objects[i];
                    appendChildList(obj.address, id, lastCount, userAddress);
                }
            }
        },
        error: function (e) {
            console.log("Get user contract address failed" + e)
        }
    });
}
```

In questo caso, il servizio è pubblicato in `api.cmttracking.io` e consente di ricercare gli indirizzi degli smart contract tramite la "firma" del loro bytecode.

Conclusioni

In questo capitolo, impiegando gli esempi delle DApp Valentines e WeBet, abbiamo visto come creare DApp complete nella blockchain pubblica CyberMiles.

Capitolo 17

Regole operative e contratti

In questo capitolo

- Un esempio
- Il linguaggio per definire le regole
- Altri esempi
- Conclusioni

La macchina virtuale della blockchain è sostanzialmente una macchina a stati che reagisce ai cambiamenti di stato dei conti (per esempio, a causa delle transazioni). Naturalmente, come parte della reazione, anche la stessa macchina virtuale può provocare altri cambiamenti di stato. In molti casi, tali cambiamenti di stato possono essere definiti e descritti tramite insiemi di regole formali ("Se questo, allora quello", in inglese "ITTT", ovvero "If This Then That"). A dire il vero, nei computer di oggi, la maggior parte delle interazioni macchina-macchina è definita da regole di questo tipo.

Tuttavia, quando abbiamo più sistemi interagenti fra loro, diventa impossibile, anche per i programmatori esperti, programmare esplicitamente e poi applicare le regole impiegando un linguaggio di programmazione di natura generale. Per esempio, in un tipico programma di conteggio dei "punti volo" di una linea aerea, i punti guadagnati da una persona dipendono da regole complesse che riguardano lo stato del suo conto, la cronologia del conto, il biglietto acquistato e il volo preso. Ognuno di questi sistemi ha le sue regole e il risultato finale dell'esecuzione (i punti guadagnati dopo questo volo) è il risultato di un'operazione di "unione" di tutte queste regole. Inoltre, queste regole non dovrebbero essere scritte o gestite dai programmatori, in quanto spesso possono cambiare in base ai requisiti commerciali. Vi dev'essere un analista in grado di creare, convalidare e manutenere queste regole. Ciò ha fatto sorgere la necessità di impiegare dei motori BRE (*Business Rules Engine*).

Un tipico BRE è costituito da un linguaggio di programmazione specializzato (un linguaggio per regole formali), un runtime per eseguire le regole e degli strumenti visuali opzionali per creare e gestire le regole. Sono disponibili BRE per quasi ogni linguaggio di programmazione, ampiamente disponibili da fornitori commerciali ma anche in open source. Fra i BRE più noti vi sono Drools, Jess, Pega, ILOG e InRule. Il linguaggio di programmazione Lity e la sua macchina virtuale rappresentano il primo BRE per blockchain.

Il supporto del linguaggio e degli strumenti per le regole negli smart contract per la blockchain potrebbe contribuire a portare nell'ecosistema blockchain una grande quantità di analisti/programmatori commerciali, con le loro applicazioni a regole. Ciò consente di realizzare applicazioni finanziarie, di e-commerce e di altro tipo decentralizzate, impiegando strumenti familiari. Dal canto suo, la blockchain fornisce una piattaforma sicura e verificabile per eseguire le regole e può dotare un BRE di un nuovo livello di fiducia. In questo capitolo, vedremo come il linguaggio per smart contract Lity e la blockchain pubblica CyberMiles supportino le regole operative formali direttamente nello smart contract.

Un esempio

La definizione delle regole in Lity è semplice. L'approccio, in generale, consiste nel definire quando deve attivarsi la regola e poi definire le azioni da intraprendere.

Esaminiamo una regola che eroga ai pensionati quanto spetta loro quando c'è un budget disponibile. Il BRE ha una "memoria di lavoro" per memorizzare i profili personali, come pure il budget. Quando scatta la regola, il motore di esecuzione nella macchina virtuale Lity esamina tutti gli oggetti nella memoria di lavoro e identifica le combinazioni che esaudiscono la clausola `when`. Poi esegue la clausola `then` e aggiorna lo stato degli oggetti nella memoria di lavoro. La macchina virtuale esegue questa regola su tutti gli oggetti contenuti nella memoria di lavoro, finché la clausola `when` non viene più esaudita dagli oggetti presenti nella memoria di lavoro.

```
rule "payPension" when {
  p: Person(age >= 65, eligible == true);
  b: Budget(amount >= 10);
} then {
  p.addr.transfer(10);
  p.eligible = false;
  b.amount -= 10;
}
```

Nel frammento di codice precedente, la macchina virtuale Lity è esaudita da una persona che ha più di 65 anni e ha diritto alla pensione. Poi controlla se il budget è disponibile. Se entrambe le condizioni sono esaudite, la clausola trova una corrispondenza e quindi si attiva. La clausola poi invia i fondi alla persona e riduce il budget. Una delle azioni `then` consiste nel cambiare l'attributo `eligible` in `false`, in modo che questa persona non esaudisca più la clausola una seconda volta perché, come abbiamo detto, il motore delle regole ripete la regola più e più volte finché non trova più dati che la esaudiscano.

Ora, come portiamo gli oggetti `Person` e `Budget` nella memoria di lavoro del motore di regole Lity? L'operazione viene svolta dalle istruzioni Lity `factInsert` e `factDelete`. Il listato seguente mostra il contratto nella sua interezza. L'oggetto `Budget` viene inserito nella memoria di lavoro al momento della creazione del contratto. La funzione `addPerson()` aggiunge un oggetto `Person` alla memoria di lavoro. Mantiene un riferimento alla persona nell'array `ps`, in modo che la persona possa poi essere rimossa dalla memoria di lavoro, se necessario. La funzione `pay()` applica la regola a tutti gli oggetti presenti nella memoria di lavoro.

```
contract AgePension {
    struct Person {
        int age;
        bool eligible;
        address addr;
    }

    struct Budget {
        int amount;
    }

    mapping (address => uint256) addr2idx;
    Person[] ps;
    Budget budget;

    constructor () public {
        factInsert budget;
        budget.amount = 100;
    }

    function addPerson(int age) public {
        ps.push(Person(age, true, msg.sender));
        addr2idx[msg.sender] = factInsert ps[ps.length-1];
    }

    function deletePerson() public {
        factDelete addr2idx[msg.sender];
    }

    function pay() public {
        fireAllRules;
    }

    function () public payable { }

    rule "payPension" when {
        p: Person(age >= 65, eligible == true);
        b: Budget(amount >= 10);
    } then {
        p.addr.transfer(10);
        p.eligible = false;
        b.amount -= 10;
    }
}
```

Potete digitare questo contratto nell'IDE online Europa di CyberMiles e pubblicarlo sulla rete blockchain pubblica CyberMiles (Figura 17.1). Potete usare l'interfaccia utente di Europa anche per interagire direttamente con i metodi del contratto come `addPerson()` e `pay()`, per vedere le regole in azione.

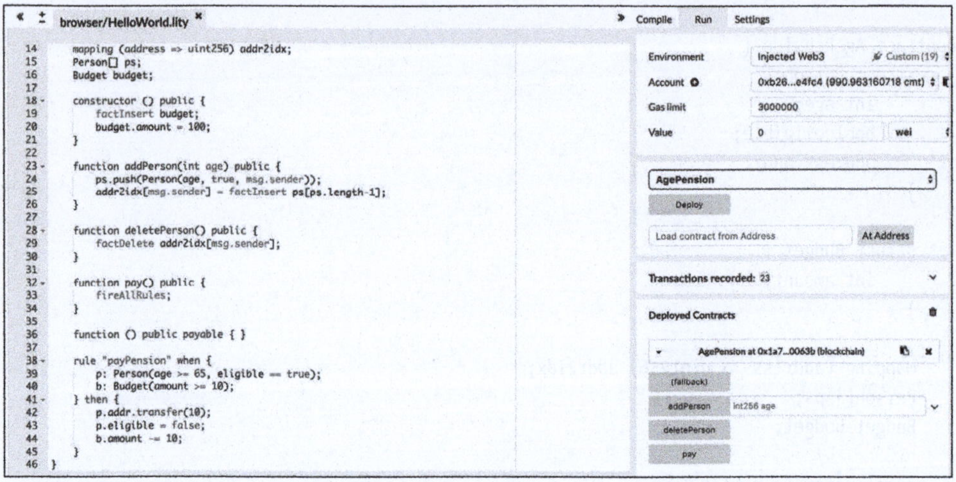

Figura 17.1 Pubblicazione delle regole del contratto tramite Europa sulla blockchain pubblica CyberMiles.

> **NOTA**
>
> Anche l'IDE di BUIDL può compilare e pubblicare degli smart contract contenenti regole. Provate!

Ora abbiamo visto un semplice esempio di smart contract a regole in Lity. In questo esempio, la funzionalità può essere facilmente implementata impiegando semplici istruzioni `if/then`. Nei prossimi paragrafi, esamineremo il linguaggio per definire le regole e alcuni classici casi d'uso per le regole.

Il linguaggio per definire le regole

I BRE, compreso Lity, usano l'algoritmo Rete per costruire, valutare e poi eseguire una rete di regole potenzialmente interagenti fra loro.

Tutte le regole possono essere sequenziate in una serie di istruzioni `if/then` annidate. Tuttavia, quando le regole sono complesse, la struttura `if/then` può farsi molto complicata. Considerate le seguenti semplici regole per le ricompense delle compagnie aeree.

- Il cliente riceve il riconoscimento Silver quando raggiunge le 25.000 miglia di voli.
- Il cliente riceve il riconoscimento Gold quando raggiunge le 50.000 miglia di voli.
- I clienti Silver hanno un bonus del 10% per i "punti miglia" guadagnati per ogni volo.
- I clienti Gold hanno un bonus del 20% per i "punti miglia" guadagnati per ogni volo.

Questo esempio prevede solo due insiemi di semplici regole che interagiscono fra loro: lo status del cliente e i bonus per i voli. Ora, considerate le regole per calcolare i riconoscimenti per tutti i clienti di un volo. Alcuni clienti potrebbero raggiungere lo status Silver o Gold durante il volo stesso. E così, la sequenza `if/then` dovrà innanzitutto calcolare le miglia, poi aggiornare lo status e infine ricalcolare i punti per alcuni dei clienti. Se le regole sono più complesse e includono altre interazioni, la sequenza `if/then` potrebbe complicarsi esponenzialmente. Ogni insieme di regole dovrà essere valutato e poi eseguito più e più volte all'interno di ogni combinazione delle altre regole dell'insieme. Una sequenza così annidata diverrebbe troppo complessa per essere realizzata a mano e impossibile da sottoporre a test e convalidare. Inoltre, se le regole cambiano in base a nuovi requisiti commerciali, occorrerà cambiare l'intera sequenza di valutazione, rivalutazione ed esecuzione.

L'algoritmo Rete

L'algoritmo Rete, inventato da Charles Forgy, risolve questo problema in modo elegante. Senza entrare troppo nei dettagli dell'algoritmo, ci consente di dichiarare le regole come i nodi di, appunto, una rete e poi di connettere i nodi tramite relazioni inferenziali fra le regole. Una volta che è stata definita questa rete, l'algoritmo viene applicato automaticamente a una collezione di oggetti presenti nella memoria di lavoro (per esempio il cliente e i voli nell'esempio della raccolta di "punti volo"). L'algoritmo Rete valuta e rivaluta in modo efficiente gli oggetti attraversando i nodi della rete e poi esegue le regole. Gli sviluppatori e gli analisti possono semplicemente dichiarare le regole e collocare gli oggetti nella memoria di lavoro. Nessuno avrà più bisogno di realizzare le sequenze di costrutti `if` e `then` annidati e basterà quindi eseguire l'algoritmo Rete sulle regole e sugli oggetti.
Il motore di regole di Lity implementa l'algoritmo Rete. La sintassi delle regole Lity è la seguente.

```
contract C {
    rule "ruleName"
    // Attributi della regola
    when {
        // Istruzioni di filtraggio
    } then {
        // Istruzioni delle azioni
    }
}
```

Osserviamo ora la struttura delle regole.

Gli attributi delle regole

Una regola può avere i seguenti attributi.
L'attributo `salience` indica la priorità di attivazione di una regola. Un contratto può avere più regole, tutte ordinate per `salience`. Per prime vengono valutate ed eseguite le regole

con salience più elevata. Il valore di default è 0. Nel seguente esempio, la seconda regola viene valutata per prima.

```
rule "test1" salience 20 when {
  p: Person(val >= 10);
} then {
  p.addr.send(1);
  p.val--;
  update p;
}

rule "test2" salience 30 when {
  p: Person(val >= 20);
} then {
  p.addr.send(2);
  p.val--;
  update p;
}
```

Quando è true, l'attributo no_loop impedisce a una regola di attivarsi sullo stesso insieme di fatti. Questo per evitare l'innescarsi di cicli infiniti. Il suo valore di default è false. Nel seguente esempio, la regola viene lanciata una sola volta per ogni Person presente nella memoria di lavoro.

```
rule "test" no_loop true when {
  p: Person(age >= 20);
} then {
  p.age++;
  p.addr.send(1);
  update p;
}
```

Quando è true, l'attributo lock_on_active impedisce a una regola di attivarsi più di una volta sullo stesso insieme di fatti. Questo è un attributo più stringente di no_loop, perché impedisce comunque la riattivazione della regola, anche se è provocata dalle azioni di altre regole.

I filtri per le regole

Le istruzioni di filtraggio specificano come applicare le regole ai fatti (struct e oggetti). È una serie di condizioni unite da un and: ciò significa che devono essere tutte soddisfatte perché una combinazione di oggetti possa applicare la regola.

Ogni istruzione specifica un oggetto e un criterio di filtraggio per i suoi attributi. Inizia con un *pattern binding*, che specifica l'identificatore del fatto nell'ambito di questa regola. Poi si specifica il tipo dell'oggetto che rappresenta il fatto. Infine, un insieme di vincoli descrive le condizioni di questo fatto. I vincoli devono essere espressioni boolean.

```
rule "test" when {
  p: Person(age >= 65, eligible == true);
```

```
} then {
  ... ...
}
```

Lo schema precedente descrive il fatto `p` di tipo `Person` e i suoi vincoli sono che `age` deve essere maggiore o uguale a `65` ed `eligible` deve essere `true`.

Le azioni per le regole

Queste istruzioni specificano le funzioni da richiamare sui fatti filtrati. Per esempio, il codice seguente nel blocco delle azioni richiama `transfer()` e poi aggiorna lo stato di eligibilità di una persona.

```
rule "test" when {
  p: Person(age >= 65, eligible == true);
} then {
  p.addr.transfer(10);
  p.eligible = false;
  update p;
}
```

La parola riservata `update` nel blocco delle azioni è specifica del linguaggio per regole. L'istruzione `update` informa il motore di regole che questo oggetto può essere stato modificato e le regole possono dover essere ri-valutate.

Ereditarietà delle regole

Le regole possono essere ereditate. Talvolta i vincoli di una regola si basano sui vincoli di un'altra regola. In questo caso, una regola può estendere un'altra regola.
Per esempio, un supermercato vuole offrire ai clienti di una certa età uno sconto del 10 percento e il parcheggio gratuito. La regola dello sconto è descritta come segue.

```
rule "test1"
when {
   customer : Customer( age > 60 );
} then {
   customer.discount = 10;
}
```

La regola del parcheggio gratuito può estendere il vincolo dell'età dei clienti (`age > 60`). A questo punto, la regola può essere scritta come segue.

```
rule "test2"
   extends "test1"
when {
   car : Car ( ownerID == customer.id );
} then {
   car.freeParking = true ;
}
```

L'ereditarietà consente agli sviluppatori e agli analisti di realizzare complesse librerie di regole sulla base del lavoro passato.

La memoria di lavoro

Come abbiamo visto nell'esempio, le istruzioni `factInsert` e `factDelete` consentono di gestire i fatti presenti nella memoria di lavoro, così che le regole possano applicare i loro filtri e le loro azioni.

L'operatore `factInsert` prende un oggetto per posizione nell'area dati, e lo valuta generandone un *handle*, di tipo `uint256`. Inserisce poi nella memoria di lavoro il riferimento all'oggetto. Un esempio è il seguente.

```
contract C {
  struct fact { int x; }
  fact[] facts;
  constructor() public {
    facts.push(fact(0));
    // inserisce il fatto nella memoria di lavoro
    factInsert facts[facts.length-1];
  }
}
```

Notate che l'istruzione `factInsert fact(0);` non può essere compilata. Il motivo è che `fact(0)` è un riferimento a una posizione di memoria che non è persistente e pertanto non può essere inserita nella memoria di lavoro.

L'operatore `factDelete` prende l'*handle* di un fatto (un valore di tipo `uint256`) e lo valuta in `void`. Poi rimuove il riferimento al fatto dalla memoria di lavoro.

Infine, `fireAllRules` è una speciale istruzione che lancia l'esecuzione del motore di regole di Lity.

Altri esempi

Vi sono molte applicazioni per le regole negli smart contract. Abbiamo già visto un semplice esempio di "punti volo" per una compagnia aerea. In generale, le blockchain pubbliche sono ottime piattaforme per questi programmi a punti, in quanto forniscono trasparenza nell'erogazione, emissione e utilizzo di tali punti e potenzialmente può permettere lo scambio di punti fra più erogatori. In questo paragrafo, vedremo alcuni altri esempi, per darvi alcune idee per l'applicazione delle regole nel mondo reale.

Assicurazione sul volo

Considerate un'assicurazione che risarcisca i ritardi del volo secondo il seguente schema.

- Se il volo è in ritardo di oltre 4 ore, ognuno riceve almeno 5000 dollari.
- Se il volo è in ritardo di oltre 6 ore, ognuno riceve fino a 15.000 dollari.

La prima regola (4 ore o più) ha il seguente aspetto.

```
rule "four hour fix amount" when {
    p: Person()
    f: Flight(delay >= 4, id == p.flightID)
} then {
    p.claimAmount = max(5000, p.claimAmount);
}
```

Quanto alla seconda regola (6 ore o più), il risarcimento di 5.000 dollari è già implicito in base alla prima regola, pertanto dobbiamo solo considerare la parte eccedente.

```
rule "six hour limited amount" when {
    p: Person()
    f: Flight(delay >= 6, id == p.flightID)
} then {
    p.claimAmount = max(min(p.delayExpense, 15000), p.claimAmount);
}
```

Il motore di regole può essere molto utile nella valutazione dei risarcimenti, in quanto i pagamenti dipendono dalle regole scritte nei contratti di assicurazione.

Tasse

In questo esempio, illustriamo il calcolo delle tasse tramite il motore di regole. In molti paesi, le tasse sono strutturate a "forchette". Ogni livello di reddito viene tassato in modo differente. In pratica, a maggiori guadagni corrispondono imposizioni più pesanti. Per esempio, in base al sistema federale statunitense del 2018, i contribuenti pagano le loro tasse in base al seguente schema.

- $0 - $9.525: 10%
- $9.526 - $38.700: 12%
- $38.701 – $82.500: 22%
- $82.501 – $157.500: 24%
- $157.501 – $200.000: 32%
- $200.001 – $500.000: 35%
- $500.001+: 37%

Il contribuente paga una percentuale solo in base alla quota di reddito che cade nella relativa forchetta. Per esempio, se avete redditi per 10.000 dollari, i primi 9.525 sono soggetti a una tassazione del 10% e i rimanenti 475 dollari sono soggetti alla tassazione della forchetta successiva: 12%. Ora esaminiamo le regole. Per la prima forchetta, il reddito fino a 9.525 dollari viene tassato al 10%.

```
rule "first bracket" when{
    p: Person(income > 0)
} then {
    p.tax += min(9525, p.income) * 10 / 100;
}
```

Analogamente, il reddito compreso fra 9.526 e 38.700 dollari viene tassato al 12% nella seconda forchetta. Notate il reddito fino a 9.525 dollari è già stato tassato nella prima forchetta, pertanto la somma da tassare sarà il totale meno 9.525 dollari.

```
rule "second bracket" when{
    p: Person(income > 9525)
} then {
    p.tax += (min(38700, p.income) - 9525) * 12 / 100;
}
```

Allo stesso modo, tutte le altre "forchette" sono rappresentate nel seguente modo.

```
rule "third bracket" when{
    p: Person(income > 38700)
} then {
    p.tax += (min(82500, p.income) - 38700) * 22 / 100;
}

rule "fourth bracket" when{
    p: Person(income > 82500)
} then {
    p.tax += (min(157500, p.income) - 82500) * 24 / 100;
}

rule "fifth bracket" when{
    p: Person(income > 157500)
} then {
    p.tax += (min(200000, p.income) - 157500) * 32 / 100;
}

rule "sixth bracket" when{
    p: Person(income > 200000)
} then {
    p.tax += (min(500000, p.income) - 200000) * 35 / 100;
}

rule "seventh bracket" when{
    p: Person(income > 500000)
} then {
    p.tax += (p.income - 500000) * 37 / 100;
}
```

Naturalmente, il calcolo delle imposte sul reddito ha molte altre regole per valutare il reddito imponibile, attribuire livelli d'imposta speciali e il rimborso di alcune tasse in alcuni casi. Ma il calcolo delle imposte è un esempio perfetto per il motore di regole.

Combinazioni di prodotti

Infine, ecco un esempio di tipo commerciale. Una pratica comune dei negozi online e "fisici" è offrire uno sconto a chi ordina più prodotti contemporaneamente. Considerate un ristorante, per esempio: un hamburger costa 50 dollari e una bevanda costa 30 dollari e la somma fa 80 dollari. Questa regola potrebbe essere rappresentata semplicemente nel seguente modo.

```
rule "Burger"
  salience 10
  lock_on_active
when{
    b: Burger();
    bl: Bill();
} then {
    bl.amount += 50;
}

rule "Drink"
  salience 10
  lock_on_active
when{
    d: Drink();
    bl: Bill();
} then {
    bl.amount += 30;
}
```

Tuttavia, molti ristoranti offrono uno sconto per le combinazioni. Per esempio, una bevanda con un hamburger viene scontata di 10 dollari. Con un motore di regole, questa regola può essere applicata automaticamente nel seguente modo.

```
rule "Combo" when{
    b: Burger(combo==-1);
    d: Drink(combo==-1);
    bl: Bill();
} then {
    b.combo = bl.nCombo;
    d.combo = bl.nCombo;
    bl.nCombo++;
    bl.amount -= 10;
    update b;
    update d;
}
```

`nCombo` è il numero di combinazioni nello scontrino e un `combo` fra un `Burger` e un `Drink` denota il numero di combinazione (`-1` significa nessuna combinazione) cui appartiene quell'insieme di prodotti. Ogni hamburger o bevanda appartiene a una sola combinazione, per evitare di duplicare gli sconti.

Conclusioni

Gli smart contract blockchain sono perfetti per le regole formali. Gli smart contract sono insiemi di regole eseguite dai computer senza alcun intervento umano e quando si verificano determinate condizioni. Da parte sua, la blockchain garantisce la corretta esecuzione delle regole.

In questo capitolo abbiamo trattato il linguaggio e il motore per regole Lity, il quale consente di costruire ed eseguire regole operative formali negli smart contract blockchain. Molti esempi di questo capitolo sono comparsi originariamente nella documentazione di Lity.

Capitolo 18

Creazione di una EVM specifica per l'applicazione

In questo capitolo

- Uso delle funzioni libENI
- Scrivere una funzione libENI
- Pubblicazione della funzione libENI
- Conclusioni

Una delle funzionalità chiave di Lity si chiama libENI. Consente agli sviluppatori di aggiungere alla macchina virtuale Lity delle funzioni scritte in C/C++. Anche se Solidity e Lity sono entrambi linguaggi Turing completi, sono estremamente inefficienti. E questo si traduce in prestazioni molto lente ed elevati costi per commissioni per molte operazioni tipiche sulla blockchain, come la manipolazione delle stringhe e la crittografia/decrittografia. Le funzioni native libENI consentono agli sviluppatori di supportare queste operazioni negli smart contract blockchain in un modo molto efficiente. L'importanza di libENI è duplice.

- Se state realizzando una vostra blockchain, potete personalizzarla per specifiche applicazioni e casi d'uso unendole una libreria di funzioni libENI. Per esempio, se state realizzando una blockchain rivolta specificatamente allo scambio di dati riservati, potete unirle quelle funzioni libENI comunemente impiegate per la crittografia dei dati. Alcuni fornitori commerciali, come Second State, forniscono strumenti per creare *bundle* personalizzate di libENI, specifiche per le vostre blockchain.

- Se state sviluppando smart contract su una blockchain pubblica basata su Lity, come la blockchain pubblica CyberMiles, potreste aggiungerle nuove funzioni di sistema tramite libENI. Sulla blockchain CyberMiles, i moduli e le funzioni libENI possono essere sviluppati da chiunque e poi aggiunti alla macchina virtuale della blockchain con il consenso dei validatori. È il modo più democratico per estendere la macchina virtuale della blockchain.

NOTA

La roadmap di Ethereum prevede anche l'uso di contratti nativi e precompilati. Questi contratti vengono sviluppati dagli sviluppatori ufficiali di Ethereum e pubblicati insieme agli aggiornamenti software di Ethereum. Le estensioni libENI per le blockchain pubbliche, al contrario, possono essere sviluppate da chiunque e richiedono solo l'approvazione da parte del consenso della blockchain cui si riferiscono.
Per esempio, sulla blockchain CyberMiles, chiunque può proporre di aggiungere alla blockchain una funzione libENI tramite una richiesta. I validatori o i supernodi di CyberMiles voteranno la richiesta per approvarla o rifiutarla. Questo rende possibile un'estensione dinamica e democratica della macchina virtuale all'esterno del ciclo di sviluppo software e all'esterno anche della community dei "core developer". Le funzioni libENI sviluppate dalla community possono essere aggiunte alla macchina virtuale senza fermare, sottoporre a *fork* o riavviare la blockchain.

In questo capitolo, vedremo come impiegare, sviluppare e pubblicare delle funzioni libENI. Impiegheremo CyberMiles come esempio per mostrare come funziona la governance libENI *on-chain*. Il team Lity aggiunge regolarmente sempre nuove implementazioni di libENI e sta sviluppando interi set di librerie per stringhe, crittografia, JSON e altri servizi di uso comune sotto forma di funzioni libENI, efficienti e opzionali, per la macchina virtuale Lity.

Uso delle funzioni libENI

Il software della blockchain CyberMiles offre alcune semplici funzioni libENI già preinstallate. Esse ci consentono di sperimentare immediatamente con le funzioni libENI nei nostri smart contract. Ma innanzitutto, dovrete installare il compilatore `lityc` per compilare gli smart contract scritti nel linguaggio di programmazione Lity.
Potete scegliere di compilare il compilatore `lityc` dal codice sorgente o di scaricare direttamente un file binario compilato per una delle piattaforme supportate. La pagina della distribuzione binaria su Github è `https://github.com/CyberMiles/lity/releases`, ma se preferite eseguire voi stessi la compilazione, procedete nel seguente modo.

```
$ git clone https://github.com/CyberMiles/lity.git
$ cd lity
$ mkdir build
$ cd build
$ sudo apt-get install cmake libblkid-dev e2fslibs-dev libboost-all-dev libaudit-dev
$ cmake ..
$ make
... ...
$ ./lityc/lityc --help
```

Una volta che avrete installato `lityc`, vedremo un paio di esempi, per scoprire come usare le funzioni libENI negli smart contract.

Inversione della stringa

Questo esempio mostra una funzione libENI piuttosto banale, che inverte la stringa che riceve. Quello che segue è un esempio di contratto. Come potete vedere, è molto simile a un normale contratto Solidity. Tuttavia, la parola riservata `eni` non è disponibile in Solidity e non verrebbe compilata impiegando un compilatore Solidity standard.

```
pragma solidity ^0.4.23;

contract ReverseContract {
  function reverse(string input) public returns(string) {
    string memory output = eni("reverse", input);
    return output;
  }
}
```

La parola riservata `eni` è seguita da due parametri. `"reverse"` è il nome della funzione libENI. Ogni funzione libENI aggiunta alla macchina virtuale deve avere un nome univoco. Il parametro stringa `input` è quello che viene passato alla funzione libENI `reverse`. Potete passare alle funzioni un numero arbitrario di parametri.
Salviamo il codice nel file `Reverse.lity`. Dovete utilizzare il compilatore `lityc` per compilare il codice sorgente, per generare il bytecode e l'ABI.

```
$ ./lityc/lityc --bin Reverse.lity
======= ./Reverse.lity:ReverseContract =======
Binary:
608060405234...

$ ./lityc/lityc --abi Reverse.lity
======= ./Reverse.lity:ReverseContract =======
Contract JSON ABI
[{"constant":false,"inputs":[{"name":"input","type":"string"}],"name":"reverse","outputs":[{"
name":"","type":"string"}],"payable":false,"stateMutability":"nonpayable","type":"function"}]
```

Nella console web3-cmt del client travis (simile alla console GETH di Ethereum), potete pubblicare il bytecode e l'ABI del contratto sul nodo CyberMiles che gestite.

```
> personal.unlockAccount(cmt.accounts[0],'1234');
> bytecode="0x608060..."
> abi = [{"constant":false,"inputs":[{"name":"input","type":"string"}],"name":"reverse","out
puts":[{"name":"","type":"string"}],"payable":false,"stateMutability":"nonpayable","type":"f
unction"}]
> contract = web3.cmt.contract(abi);
> contractInstance = contract.new(
  {
    from: web3.cmt.accounts[0],
    data: bytecode,
    gas: "4700000"
  },
```

```
function(e, contract) {
  console.log("contract address: " + contract.address);
  console.log("transactionHash: " + contract.transactionHash);
}
);
```

Una volta che il contratto è pubblicato e che avete ricevuto la conferma dalla blockchain, vedrete sulla console l'indirizzo del contratto. Ora potete richiamare il suo metodo `reverse`.

```
> contractInstance.reverse.call("hello", {from: cmt.accounts[0]})
olleh
```

Poiché la maggior parte delle funzioni libENI richiede l'intervento dei nodi della blockchain per eseguire il proprio lavoro, tipicamente sono previste delle commissioni. Ecco perché dobbiamo specificare un conto `from` per pagare le commissioni per questa chiamata a funzione libENI.

RSA

Questo esempio mostra come impiegare una coppia di chiavi pubbliche e private RSA per crittografare e decrittografare i dati in uno smart contract. Tali funzioni consentono agli account della blockchain di scambiarsi informazioni private tramite smart contract. Sono elementi fondamentali per un'ampia gamma di applicazioni, compreso lo scambio di dati e di contenuti.

NOTA

Ecco un'applicazione RSA interessante nel campo dello scambio di dati. Proviamo a impiegare un *marketplace* di dati medici per illustrare come funziona uno schema di ri-crittografia RSA in questo contesto. I pazienti possiedono i loro record medici e autorizzano Bob (che fa il broker di dati o è un ospedale) ad aggregare e vendere i loro record medici per conto loro. Alice (che è l'utilizzatrice dei dati o una ricercatrice) acquista da Bob i dati dei pazienti. E poi Bob ridistribuisce i profitti ai pazienti. Come automatizziamo e registriamo l'intero processo *on-chain*?

Bob predispone tre chiavi RSA (una chiave pubblica di crittografia, una chiave pubblica di ri-crittografia e una privata di decrittografia) e predispone uno smart contract per la transazione. Lo smart contract contiene entrambe le chiavi pubbliche.

Il singolo paziente autorizza Bob a vendere i propri record crittografando i record impiegando la prima chiave pubblica e inviando al contratto i dati crittografati. Alice si accorda per acquistare i dati da Bob ed effettua il pagamento allo smart contract. Lo smart contract ri-crittografa i record impiegando la seconda chiave pubblica e li rende pubblicamente disponibili. Bob quindi invia *off-chain* ad Alice la terza chiave (privata), che consente ad Alice di decrittografare tutti i record contenuti nel contratto. Alice presenta la chiave privata al contratto e il contratto distribuisce automaticamente i pagamenti ai pazienti e a Bob. In questo processo, Alice e Bob sono gli unici che possono decrittografare il set di dati. Ogni paziente già conosce i propri dati. Il pubblico può verificare la transazione, compresi tutti i pagamenti, ma senza poter vedere i dati.

Il seguente codice mostra un semplice contratto che esegue la crittografia di una comune stringa impiegando una chiave pubblica RSA e poi la decodifica impiegando una chiave privata RSA.

```
pragma solidity ^0.4.0;

contract RSACrypto {
    function encrypt(string pubkey, string plaintext)
                        public pure returns (string) {
        string memory ret;
        ret = eni("rsa_encrypt", pubkey, plaintext);
        return ret;
    }

    function decrypt(string prikey, string ciphertext)
                        public pure returns (string){
        string memory ret;
        ret = eni("rsa_decrypt", prikey, ciphertext);
        return ret;
    }
}
```

In questo esempio, potete vedere che le funzioni libENI `rsa_encrypt` e `rsa_decrypt` accettano più parametri di input. In questo paragrafo, vedremo come impiegare `lityc` per generare al volo il bytecode e l'interfaccia ABI.

```
$ ./lityc/lityc --abi --bin -o output RSACrypto.lity
$ cat output/RSACrypto.abi
[{"constant":true,"inputs":...}]
$ cat output/RSACrypto.bin
608060405234801...
```

Poi, pubblicate il bytecode e l'ABI su una blockchain CyberMiles locale o testnet e riceverete l'indirizzo del contratto.

```
> personal.unlockAccount(cmt.accounts[0],'1234');
> bytecode="0x608060..."
> abi = [{"constant":false,"inputs":...}]
> contract = web3.cmt.contract(abi);
> c = contract.new(
  {
    from: web3.cmt.accounts[0],
    data: bytecode,
    gas: "4700000"
  },
  function(e, contract) {
    console.log("contract address: " + contract.address);
    console.log("transactionHash: " + contract.transactionHash);
  }
 );
```

Per impiegare le funzioni RSA, basta richiamare i metodi dello smart contract e passare loro la chiave e i dati.

```
prikey = "-----BEGIN RSA PRIVATE KEY-----\nMIIEowIBAA...";
pubkey = "-----BEGIN PUBLIC KEY-----\ +X\nlNlozUy...";

# Encrypt
> ciphertext = c.encrypt.call(pubkey, 'Hello World!',
                                {from: cmt.accounts[0]})
"49d511a44a3d2a24...b258e70282a"

# Decrypt
> c.decrypt.call(prikey, ciphertext, {from: cmt.accounts[0]})
"Hello World!"
```

Naturalmente, nel mondo reale, non possiamo richiamare i metodi dello smart contract impiegando la chiave privata, in quanto tutte queste transazioni sono registrate pubblicamente. Questo esempio ha scopi puramente illustrativi.

Scrypt

Questo esempio ha lo scopo di verificare le intestazioni della blockchain Dogecoin in uno smart contract Lity in CyberMiles. Perché mai farlo? Il motivo è che Dogecoin è un clone della blockchain Bitcoin. Il fatto di verificare l'intestazione di un blocco Dogecoin consente allo smart contract di verificare anche le transazioni all'interno di tale blocco. Estendendo questo calcolo a Bitcoin, possiamo sviluppare smart contract CyberMiles in grado di verificare e poi di rispondere automaticamente alle transazioni Bitcoin, rendendo possibile il trading di asset cross-chain.
Tuttavia, la verifica di un'intestazione Dogecoin richiede che lo smart contract esegua un'operazione scrypt, che in termini computazionali è molto costosa per Solidity e la EVM. Vitalik Buterin ha stimato che la sua esecuzione richieda 390.000 unità di commissioni (*gas*) Ethereum, che supera di gran lunga il limite delle commissioni per blocco di Ethereum. Per risolvere questo problema, c'è un premio di 250.000 dollari messo in palio dalle community Ethereum e Dogecoin, per ricompensare la prima vera soluzione che consenta di eseguire un'operazione scrypt in Ethereum per verificare un blocco Dogecoin. In questo paragrafo, vedremo che libENI fornisce una soluzione di questo tipo a un costo molto basso su una macchina virtuale pienamente compatibile con Ethereum.

NOTA

BTCRely è un servizio della community per verificare le transazioni Bitcoin in Ethereum. È configurato come uno smart contract Ethereum, che consente ad altri contratti di richiedere una verifica e di pagare le commissioni, impiegate per incentivare una community di operatori *off-chain* a eseguire la verifica sui propri computer e rinviare poi i risultati. Il progetto Truebit ha un approccio simile alla verifica *off-chain*. Tuttavia, alla fine, questi schemi *off-chain* sono giochi criptoeconomici che contano su incentivi per un "comportamento onesto". Ma sono costosi, lenti, noiosi e non molto affidabili.

Il codice sorgente dell'esempio è disponibile sul sito della documentazione di Lity: `http://lity.readthedocs.io/en/latest/verify-dogecoin-block-on-travis.html`. Qui sotto, potete vedere la sezione più importante dello smart contract, che per eseguire il lavoro richiama la funzione libENI `scrypt`.

```
pragma solidity ^0.4.23;

contract DogecoinVerifier {
  ...

  function verifyBlock(uint version, string prev_block,
        string merkle_root, uint timestamp, string bits, uint nonce)
        pure public returns (bool) {
    DogecoinBlockHeader memory block_header =
        DogecoinBlockHeader(version, prev_block, merkle_root,
                            timestamp, bits, nonce);
    string memory block_header_hex = generateBlockHeader(block_header);
    string memory pow_hash = reverseHex(eni("scrypt", block_header_hex));
    uint256 target = bitsToTarget(bits);
    if (hexToUint(pow_hash) > target) {
      return false;
    }
    return true;
  }

  ...
}
```

Di nuovo, impieghiamo `lityc` per generare il bytecode e l'interfaccia ABI.

```
$ ./lityc/lityc --abi --bin -o output DogecoinVerifier.lity
$ cat output/DogecoinVerifier.abi
[{"constant":true,"inputs":...}]
$ cat output/DogecoinVerifier.bin
6080604052348015610010576000080fd5b506111d5...
```

Ora possiamo pubblicare il bytecode e l'ABI sulla blockchain e riceveremo l'indirizzo del contratto.

```
> personal.unlockAccount(cmt.accounts[0],'1234');
> bytecode="0x608060..."
> abi = [{"constant":false,"inputs":...}]
> contract = web3.cmt.contract(abi);
> contractInstance = contract.new(
    {
      from: web3.cmt.accounts[0],
      data: bytecode,
      gas: "4700000"
    },
```

```
function(e, contract) {
    console.log("contract address: " + contract.address);
    console.log("transactionHash: " + contract.transactionHash);
  }
);
```

Per richiamare il contratto e verificare l'intestazione di un blocco Dogecoin, abbiamo bisogno delle seguenti informazioni. Sono collegate insieme in modo algoritmico a formare l'intestazione valida di un blocco della blockchain. Sono tutte informazioni pubbliche liberamente disponibili tramite l'explorer della blockchain Dogecoin. Nell'esempio seguente, impieghiamo il blocco 2 della blockchain Dogecoin.

- Versione: `1`
- Codice hash del blocco precedente: `82bc68038f6034c0596b6e313729793a887fded6e92a31fbdf70863f89d9bea2`
- Codice hash merkle root della transazione: `3b14b76d22a3f2859d73316002bc1b9bfc7f37e2c3393be9b722b62bbd786983`
- Timestamp: `1386474933` (convertito da `2013-12-07 19:55:33 -0800`)
- Difficoltà (bit): `1e0ffff0`
- Nonce: `3404207872`

Ora possiamo richiamare il metodo `verifyBlock` sul contratto, impiegando i dati precedenti.

```
# Block #2 of dogecoin
> c.verifyBlock.call(1, "82...", "3b...", 1386474933, "1e0ffff0",
                                    3404207872, {from: cmt.accounts[0]})
true

# 1-bit of nonce changed
> c.verifyBlock.call(1, "82...", "3b...", 1386474933, "1e0ffff0",
                                    3404207871, {from: cmt.accounts[0]})
false
```

Anche se ciò non rientra negli scopi di questo libro, la funzione nativa `scrypt` getta le basi per svolgere operazioni decentralizzate *cross-chain* con la blockchain Bitcoin.

Scrivere una funzione libENI

Ora che abbiamo visto come impiegare le funzioni libENI, vedremo come programmare nuove funzioni libENI che possono essere pubblicate dinamicamente sulla blockchain CyberMiles come estensioni della macchina virtuale. Proviamo a impiegare come esempio la semplice funzione libENI `reverse`. L'intero esempio è disponibile nel repository pubblico github di CyberMiles libENI.

Le funzioni libENI sono scritte in C++ come le funzioni della libreria nativa. Dovrete inserire un `#include <eni.h>`, creare una sottoclasse di `eni::EniBase` e implementare le seguenti funzioni.

- Una funzione costruttore che accetta come parametro una stringa. Ricordate di passare la stringa al costruttore della superclasse, `eni::EniBase`, che convertirà la stringa in un `json::Array` contenente gli argomenti dell'operazione ENI.
- Una funzione distruttore.
- La funzione virtuale `parse` per il parsing degli argomenti.
- La funzione virtuale `gas` per calcolare le commissioni per gli argomenti.
- La funzione virtuale `run` per eseguire l'operazione ENI con gli argomenti.

Lo "scheletro" della funzione `reverse` ha il seguente aspetto.

```
#include <eni.h>
class Reverse : public eni::EniBase {
public:
  Reverse(const std::string& pArgStr)
    : eni::EniBase(pArgStr) { ... }

  ~Reverse() { ... }

private:
  bool parse(const json::Array& pArgs) override { ... }
  eni::Gas gas() const override { ... }

  bool run(json::Array& pRetVal) override { ... }
};
```

Ora esaminiamo l'implementazione di queste tre funzioni virtuali.

Parsing degli argomenti

La funzione `parse` accetta un `json::Array` contenente gli argomenti dati dall'operazione libENI. Per garantire che le altre due funzioni, `gas` e `run`, elaborino gli argomenti allo stesso modo, convalidate, pre-elaborate e memorizzate gli argomenti nelle variabili membro nella funzione `parse`.
La funzione `parse` deve restituire `true` quando tutti gli argomenti sono "buoni" e `false` altrimenti (per esempio mancano argomenti o sono del tipo sbagliato).
In questo esempio, il `json::Array` costruito da `eni::EniBase` contiene solo l'argomento stringa dell'operazione libENI `reverse`. Quella che segue è l'implementazione di `parse`.

```
class Reverse : public eni::EniBase {
  ...
private:
  bool parse(const json::Array& pArgs) override {
    m_Str = pArgs[0].toString();
    return true;
  }

  std::string m_Str;
};
```

Stima delle commissioni

Prima che la vostra funzione libENI possa funzionare, dovete stimare quale sarà il suo costo in commissioni. Eseguite un override della funzione virtuale gas e otterrete il costo stimato. In questo esempio, impieghiamo la lunghezza della stringa per determinare le commissioni.

```
class Reverse : public eni::EniBase {
  ...
private:
  eni::Gas gas() const override {
    return m_Str.length();
  }
};
```

Potete restituire 0 per un errore nel calcolo delle commissioni. La macchina virtuale non eseguirà la funzione libENI se gas restituisce 0.

Esecuzione della funzione

Eseguite l'override della funzione virtuale run e inviate il risultato della funzione libENI di nuovo in json::Array come valore restituito.

```
class Reverse : public eni::EniBase {
  ...
private:
  bool run(json::Array& pRetVal) override {
    std::string ret(m_Str.rbegin(), m_Str.rend());
    pRetVal.emplace_back(ret);
    return true;
  }
};
```

Associazione al nome della funzione libENI

Infine, abbiamo bisogno di associare la classe C++ Reverse al nome della funzione libENI, reverse. Per farlo, esportiamo un'interfaccia C con ENI_C_INTERFACE(OP, CLASS), dove OP è il nome della vostra funzione libENI (in questo esempio reverse) e CLASS è il nome della classe implementata (in questo esempio Reverse).

```
ENI_C_INTERFACE(reverse, Reverse)
```

Questo è tutto. Avete scritto un programma C++ per la funzione libENI. Nel prossimo paragrafo, vedremo come trasformare la funzione in un file di libreria e poi come pubblicare il file su una blockchain.

Pubblicazione della funzione libENI

Impieghiamo GCC per compilare le classi libENI per ottenere file binari di libreria. Potete trovare il `Makefile` nella directory `examples/eni/reverse` nel repository pubblico github dedicato a CyberMiles libENI. Ecco le principali impostazioni del compilatore.

```
CPPFLAGS=-I${LIBENI_PATH}/include
CXXFLAGS=-std=c++11 -fPIC
LDFLAGS=-L${LIBENI_PATH}/lib
LDADD=-leni

all:
  g++ ${CPPFLAGS} ${CXXFLAGS} ${LDFLAGS} -shared -oeni_reverse.so eni_reverse.cpp ${LDADD}
```

`${LIBENI_PATH}` è il percorso delle librerie di supporto di libENI sulla vostra macchina, ma trovate tutti i dettagli nella documentazione di github. Una volta lanciato il `make all`, avrete il file di libreria `reverse.so` compilato per il vostro sistema operativo.

Governance CyberMiles

Per pubblicare la funzione libENI `reverse` su una blockchain CyberMiles, impiegheremo transazioni di governance CyberMiles. Innanzitutto, dovete configurare un nodo CyberMiles e poi connettervi a esso impiegando il client `travis` (vedi l'Appendice A). Dal client `travis` avete accesso al modulo JavaScript web3-cmt. Potete creare una nuova transazione per proporre una nuova funzione libENI. La transazione include una breve descrizione della funzione di libreria e la posizione per scaricare i file binari della libreria per coloro che volessero provarla. Inoltre include il codice hash MD5 di questi file. Ecco un esempio.

```
> personal.unlockAccount(cmt.accounts[0],'1234');
> var payload = {
  from: cmt.accounts[0],
  name: "reverse",
  version: "v1.0.0",
  fileUrl:
    '{"ubuntu":"http://host/eni_reverse_ubuntu16.04.so",
      "centos":"http://host/eni_reverse_centos7.so"}',
  md5:
    '{"ubuntu":"b44...906d", "centos":"04a...851"}'
}
> web3.cmt.governance.proposeDeployLibEni(payload, (err, res) => {
  if (!err) {
    console.log(res)
  } else {
    console.log(err)
  }
})
```

Una volta che la transazione proposeDeployLibEni è stata elaborata, tutti i nodi della blockchain CyberMiles scaricheranno e conserveranno in cache i file della libreria e daranno avvio a un periodo di votazione di 7 giorni. Tale periodo può essere personalizzato tramite i parametri expireBlockHeight o expireTimestamp della transazione proposeDeployLibEni. Durante il periodo di votazione, tutti i nodi validatori possono votare la proposta. A questo punto proposalId sarà l'identificatore della transazione proposeDeployLibEni.

```
> personal.unlockAccount(cmt.accounts[0],'1234');
> var payload = {
  from: "0x7eff122b94897ea5b0e2a9abf47b86337fafebdc",
  proposalId: "JTUx+ODHO/OSdgfCOSn66qjn2tX8LfvbiwnArzNpIus=",
  answer: "Y"
}
> web3.cmt.governance.vote(payload, (err, res) => {
  if (!err) {
    console.log(res)
  } else {
    console.log(err)
  }
})
```

Se almeno i due terzi dei voti ha scelto Sì per il proposalId, tutti i nodi pubblicheranno la nuova funzione libENI e la renderanno disponibile, anche una volta che saranno trascorsi i 7 giorni oppure i valori specificati in expireBlockHeight o expireTimestamp.

Conclusioni

In questo capitolo abbiamo visto come creare e pubblicare nuove funzioni libENI per estendere la macchina virtuale Lity. Questo consente agli sviluppatori e anche alla community della catena pubblica di estendere dinamicamente la macchina virtuale con nuove funzionalità senza fermare o sottoporre a fork la blockchain.

Parte V

Creare una blockchain

In questa parte del libro, andremo oltre Ethereum e impareremo a realizzare nuove blockchain. Questo consente agli sviluppatori di aggirare la macchina virtuale e inserire la logica applicativa direttamente nella blockchain, con la massima efficienza. Ma, naturalmente, questo tipo di blockchain applicative sono anche molto meno flessibili e adattabili delle blockchain basate su smart contract.

Impiegando il framework open source Tendermint, impareremo a realizzare blockchain applicative, come pure le applicazioni rivolte all'utente per queste blockchain.

In questa parte

Capitolo 19

Per iniziare

Tendermint fornisce l'infrastruttura software che consente agli sviluppatori di realizzare nuove soluzioni blockchain. L'approccio Tendermint ha due caratteristiche specifiche.

- Tendermint utilizza un algoritmo BFT (*Byzantine Fault-Tolerant*), che sopporta la presenza anche di un terzo di nodi guasti o malevoli.
- In Tendermint il consenso viene raggiunto tramite nodi validatori designati. In rete vi è solo un numero limitato di nodi validatori.

Fondamentalmente, Tendermint è un motore di consenso ad alte prestazioni e scalabile. In compenso, è anche una soluzione debolmente centralizzata: non è completamente decentralizzata come Bitcoin, in quanto richiede la presenza di validatori designati ed è leggermente meno resistente ai guasti (Bitcoin accetta fino al 49% di nodi guasti, mentre Tendermint consente solo un terzo dei nodi).

Poiché Tendermint è un motore di consenso, tenta di suddividere la "logica dell'applicazione" e la "logica del consenso" delle applicazioni blockchain. Tale separazione consente di incorporare il software Tendermint in ogni altra blockchain per sostituire il loro motore di consenso: la *host blockchain* deve solo implementare l'API Tendermint, chiamata ABCI (*Application BlockChain Interface*), così da usare il consenso DPoS di Tendermint.

La separazione netta fra logica dell'applicazione e logica del consenso di Tendermint consente di iniettare una logica personalizzata nelle applicazioni blockchain. Queste applicazioni vanno ben oltre il

In questo capitolo

- **Il sistema**
- **Come funziona**
- **Configurazione di un nodo**
- **Configurazione di una rete**
- **Conclusioni**

concetto tradizionale degli smart contract. Esse possono utilizzare ogni tipo di software aziendale per gestire scenari applicativi complessi.

Il sistema

Ogni nodo di una blockchain Tendermint ha bisogno di eseguire due software: il motore di consenso Tendermint Core e un'applicazione ABCI scritta specificatamente per la blockchain (vedi Figura 19.1).

- Il software Tendermint Core è responsabile della creazione e sincronizzazione della blockchain sulla rete.
- L'applicazione ABCI è responsabile dell'elaborazione e convalida di tutte le transazioni conservate nella blockchain. Ogni blockchain può avere un'applicazione ABCI differente per differenti scenari o logiche applicative. Per esempio, una blockchain che registra transazioni in criptovaluta impiegherà un'applicazione ABCI molto differente rispetto a una che registra attività immobiliari.

NOTA

L'applicazione ABCI può essere arbitrariamente complessa e scritta in qualsiasi linguaggio per ogni stack software. Addirittura, può avere un proprio database per memorizzare e gestire il proprio stato. In un certo senso, è uno smart contract *sotto steroidi*.

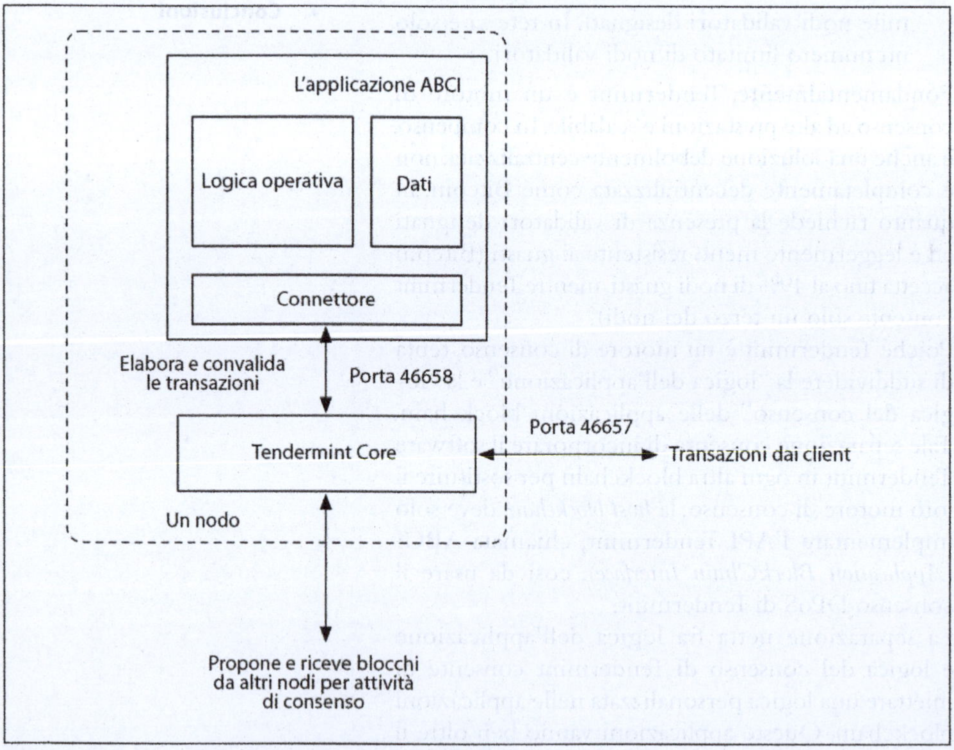

Figura 19.1 Un nodo della blockchain Tendermint.

Come funziona

Un'applicazione esterna invia una richiesta di transazione a ogni nodo della rete. La richiesta viene ricevuta dal software Tendermint Core. Notate che qui non si definisce che cosa esattamente è una "transazione", in quanto vi sono molte applicazioni blockchain differenti, che hanno definizioni molto differenti per le transazioni. Per esempio, alcune applicazioni possono definire le transazioni come un cambio fra token, mentre altre potrebbero considerare una transazione come la registrazione di un evento verificatosi nel mondo reale. Per i nostri scopi, una transazione è semplicemente una serie di byte da registrare nella blockchain. Alla ricezione della richiesta, il software Tendermint Core inoltra immediatamente la richiesta di transazione all'applicazione ABCI in esecuzione sullo stesso nodo. L'applicazione ABCI esegue il parsing dei dati della transazione e determina in via preliminare se si tratta di una transazione valida. In questa fase, la transazione non provoca alcun cambio di stato (non viene scritto nulla nel database gestito dall'applicazione ABCI). Se la determinazione preliminare dell'applicazione ABCI è valida, Tendermint Core la invia in broadcast e sincronizza la transazione su tutti i nodi della rete.

A intervalli di tempo fissati, la rete crea un nuovo blocco con tutte le transazioni che sono state convalidate durante questo arco di tempo. I nodi validatori voteranno il nuovo blocco e, se almeno i due terzi dei nodi validatori concorda, il nuovo blocco verrà aggiunto alla blockchain e inviato in broadcast a tutti i nodi della rete.

Una volta che un nuovo blocco è stato aggiunto alla blockchain, ogni nodo ripeterà tutte le transazioni incluse nel blocco, impiegando per l'elaborazione l'applicazione ABCI locale del nodo. A questo punto, l'applicazione ABCI può aggiornare il proprio database per memorizzare i cambiamenti allo stato dell'applicazione provocati da queste transazioni. La Figura 19.2 riepiloga il processo appena descritto.

NOTA

Dopo che un blocco è stato aggiunto alla blockchain, tutti i nodi eseguono le stesse transazioni nello stesso ordine. Pertanto, dopo che un blocco è stato aggiunto, le istanze dell'applicazione ABCI in tutti i nodi avranno memorizzato nei loro database lo stesso stato persistente. Per esempio, ciò potrebbe prevedere l'aggiornamento del database dei conti dell'utente, se le transazioni hanno trasferito token/fondi.

Nel prossimo paragrafo, vedremo tramite un esercizio come configurare un nodo Tendermint per vedere come collaborano Tendermint Core e l'applicazione ABCI.

Configurazione di un nodo

Innanzitutto, scarichiamo le applicazioni binarie precompilate di Tendermint dalla seguente pagina web: `https://tendermint.com/downloads`.

Per compiere questo passo occorrono i file binari `tendermint` e `abci`. Espandete i package compressi che avete scaricato e otterrete i seguenti file binari eseguibili.

```
tendermint
dummy
counter
abci-cli
```

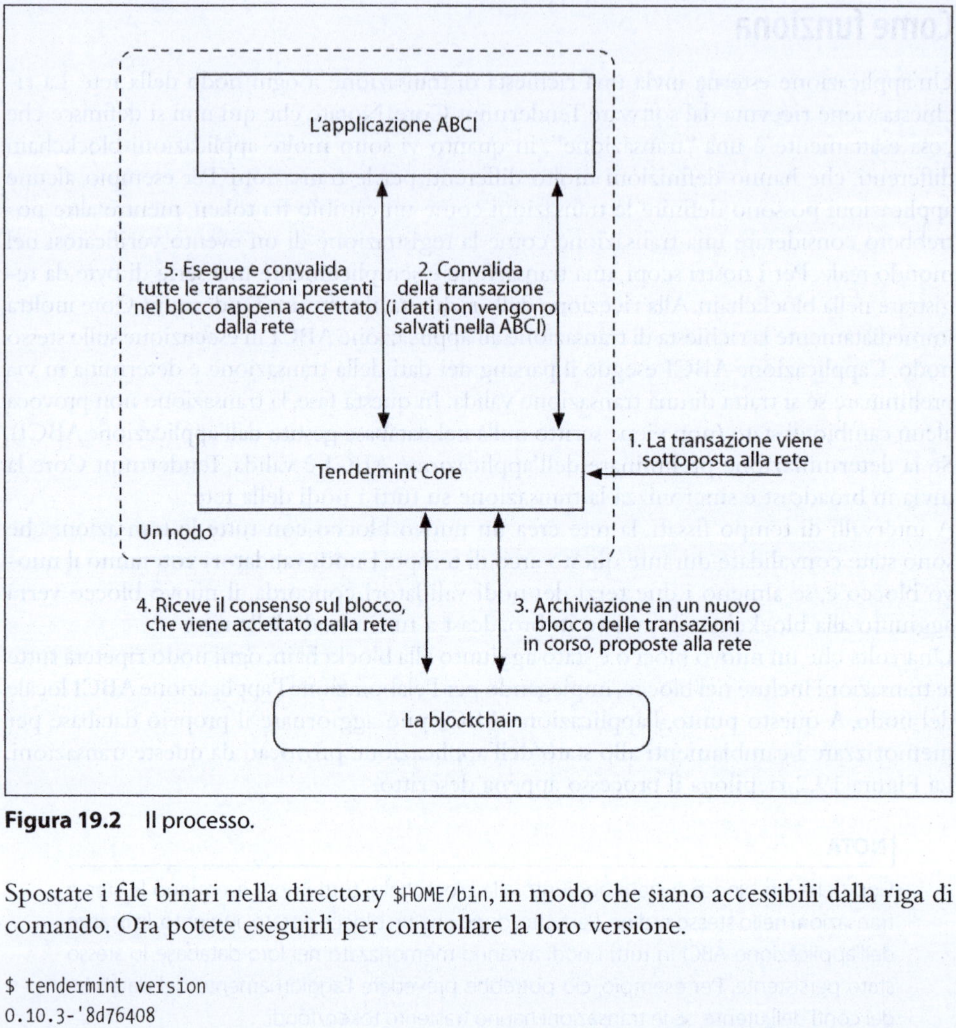

Figura 19.2 Il processo.

Spostate i file binari nella directory `$HOME/bin`, in modo che siano accessibili dalla riga di comando. Ora potete eseguirli per controllare la loro versione.

```
$ tendermint version
0.10.3-'8d76408
```

Il programma `dummy` è una semplice applicazione ABCI. Una volta in esecuzione, ascolta le transazioni da Tendermint Core sulla porta TCP 46658. Essendo un programma "*dummy*", fittizio, non fa altro che approvare e convalidare tutte le transazioni. Potete eseguire il programma `dummy` anche in una finestra dell'interprete dei comandi.

```
$ dummy
Starting ABCIServer
Waiting for new connection...
```

Poi, in un'altra finestra dell'interprete dei comandi, inizializzate il software Tendermint Core su questa macchina. Il comando `init` crea i file di configurazione per una "rete" costituita da un singolo nodo validatore.

```
tendermint init
```

Se avete già inizializzato Tendermint Core in precedenza su questo computer, potete cancellare la directory `$HOME/.tendermint` e reinizializzarla con `init`, o usare il comando seguente.

```
tendermint unsafe_reset_all
```

NOTA

Se ottenete un errore durante l'avvio del nodo Tendermint, assicuratevi di aver chiuso (`kill`) tutti i processi legati a Tendermint in esecuzione sul vostro computer.

Ora, potete lanciare il nodo Tendermint. Il nodo si connette immediatamente con l'applicazione ABCI `dummy` tramite la porta 46658 e inizia a creare blocchi.

```
$ tendermint node
Executed block module=state height=1 validTxs=0 invalidTxs=0
Committed state module=state height=1 txs=0 hash=
Executed block module=state height=2 validTxs=0 invalidTxs=0
Committed state module=state height=2 txs=0 hash=
```

Quello che segue è l'output della finestra di `dummy`: il nodo Tendermint è connesso.

```
$ dummy
Starting ABCIServer
Waiting for new connection...
Accepted a new connection
```

Il nodo Tendermint resta in ascolto sulla porta 46657, in attesa di nuove transazioni. E così, proviamo a inviare alla rete una transazione.

```
curl -s 'localhost:46657/broadcast_tx_commit?tx="hello"'
{
  "jsonrpc": "2.0",
  "id": "",
  "result": {
    "check_tx": {
      "code": 0,
      "data": "",
      "log": ""
    },
    "deliver_tx": {
      "code": 0,
      "data": "",
      "log": ""
    },
    "hash": "995DE4D6FA43728945C235642E5DCCB64C08B4A2",
    "height": 30
  },
  "error": ""
}
```

La transazione viene ricevuta da Tendermint Core sulla porta 46657, viene poi inoltrata all'applicazione ABCI `dummy` sulla porta 46658, viene convalidata da `dummy` e poi registrata nella blockchain da Tendermint Core. L'applicazione `dummy` conserva la coppia chiave/valore nella transazione, all'interno di un proprio database. La console Tendermint mostra quanto segue.

```
$ tendermint node
... ...
Executed block module=state height=30 validTxs=1 invalidTxs=0
Committed state module=state height=30 txs=1 hash=EA4...934
... ...
```

NOTA

Il messaggio `broadcast_tx_commit` invia la transazione (nel parametro tx) al nodo della rete e attende che la transazione sia accettata in un nuovo blocco della blockchain. Vi sono anche altri messaggi che possono inviare transazioni senza attendere conferma. Li vedremo nel prossimo capitolo.

Infine, possiamo interrogare con una query la blockchain, chiedendo conto della transazione che abbiamo appena inviato. La query viene poi passata all'applicazione ABCI `dummy`. Poiché l'applicazione `dummy` conserva il valore di tutte le transazioni che convalida, sarà in grado di interpretare e rispondere alla query e di restituire i risultati tramite Tendermint Core.

```
curl -s 'localhost:46657/abci_query?data="hello"'
{
  "jsonrpc": "2.0",
  "id": "",
  "result": {
    "response": {
      "code": 0,
      "index": 0,
      "key": "",
      "value": "68656C6C6F",
      "proof": "",
      "height": 0,
      "log": "exists"
    }
  },
  "error": ""
}
```

Configurazione di una rete

Naturalmente, la maggior parte delle reti blockchain ha più di un nodo! Per configurare una rete di più nodi, potete fare quanto segue.

Innanzitutto, eseguite il comando `tendermint init` su tutti i computer della rete. Nella directory `$HOME/.tendermint`, vedrete il file `genesis.json`, che contiene la chiave pubblica del nodo. La chiave privata del nodo si trova nel file `priv_validator.json` e non deve mai essere condivisa con nessuno.

```
{
  "genesis_time":"0001-01-01T00:00:00Z",
  "chain_id":"test-chain-dmpZNA",
  "validators":[
    {
      "pub_key":
      {
        "type":"ed25519",
        "data":"F8...DC47D"
      },
      "amount":10,"name":""
    }
  ],
  "app_hash":""
}
```

Poi, modificate il file `genesis.json` su ogni nodo per aggiungere la chiave pubblica di tutti i nodi della rete nell'array dei validatori. Questi nodi sono i "validatori iniziali" di una rete. La rete può aggiungere e rimuovere i validatori dinamicamente, una volta che è in funzione.

Infine, su ogni nodo (computer), potete lanciare `tendermint node` e l'applicazione ABCI (per esempio `dummy`). I nodi si troveranno l'un l'altro grazie alle chiavi pubbliche e così formeranno una rete. Notate che i nodi di una rete devono eseguire la stessa applicazione ABCI, in quanto tutti i nodi devono elaborare e convalidare le transazioni allo stesso modo.

Ora avete una rete blockchain privata Tendermint. Potete farle convalidare e registrare ogni transazione che volete, scrivendo le vostre applicazioni ABCI, come vedremo nel Capitolo 20. La Cosmos Foundation gestisce delle reti pubbliche di test per sviluppatori e validatori. Per il momento vediamo però come funziona la rete blockchain Tendermint.

- Una nuova transazione viene ricevuta e convalidata in via preliminare in un singolo nodo.
- A intervalli di tempo fissati, i nodi validatori "impacchettano" tutte le transazioni fin dall'ultimo blocco e propongono un nuovo blocco.
- Una volta che i validatori concordano su un nuovo blocco, questo viene inviato in broadcast a tutti i nodi.
- Quando un nuovo blocco viene aggiunto alla blockchain, tutti i nodi elaborano tutte le transazioni nello stesso ordine.

Di conseguenza, lo stato dell'applicazione della blockchain (dei database gestiti dall'applicazione ABCI) di tutti i nodi è sincronizzato.

Conclusioni

In questo capitolo abbiamo visto come funziona la blockchain Tendermint, separando la logica del consenso e la logica dell'applicazione. La logica dell'applicazione, incapsulata in un'applicazione ABCI, consente agli sviluppatori di scrivere applicazioni blockchain versatili. Abbiamo inoltre visto come si configura un nodo e una rete Tendermint con una semplice applicazione ABCI.

Capitolo 20

La logica operativa

In questo capitolo

- **Il protocollo**
- **Un'applicazione d'esempio**
- **Implementazione Java**
- **Implementazione Go**
- **Cosmos SDK**
- **Conclusioni**

Nel capitolo precedente, abbiamo spiegato che la "logica operativa" di una rete blockchain Tendermint è incapsulata in un'applicazione ABCI. E così, in quanto sviluppatori, dovrete solo scrivere un'applicazione per controllare il modo in cui la rete elabora e convalida le transazioni. Ogni applicazione ABCI è una blockchain. Ecco alcuni esempi.

- L'exchange decentralizzato Binance è un'applicazione blockchain concepita per il cambio di criptovalute. È realizzata in Tendermint.
- L'applicazione `basecoin` (`https://github.com/tendermint/basecoin`) crea una rete blockchain con una criptovaluta nativa. Potete estendere il token per supportare una vostra criptovaluta eseguendo una fork del progetto, da cui il nome `basecoin`.
- L'applicazione `ETGate` (`https://github.com/mossid/etgate`) si basa su `basecoin` e consente il cambio di token fra le blockchain Ethereum e Tendermint.
- L'applicazione `ethermint` (`https://github.com/tendermint/ethermint`) consente di lanciare la EVM (*Ethereum Virtual Machine*) come un'applicazione ABCI su una blockchain Tendermint. Questo crea una blockchain Ethereum, ma con i validatori BFT di Tendermint al posto dei miner PoW.
- *Plasma Cash* è un'implementazione di una rete di livello 2 per Ethereum basata sul motore Tendermint. È una blockchain che si connette alla rete Ethereum tramite smart contract. La catena Plasma Cash consente di ottenere transazioni ad alta velocità che sarebbero impossibili con Ethereum.

- L'applicazione `merkleeyes` (`https://github.com/tendermint/merkleeyes`) crea una rete blockchain che registra le transazioni su un *merkle tree*. Simula un archivio dati a *journal*. Le operazioni di inserimento e rimozione sull'albero vengono registrate come transazioni nella blockchain e i dati presenti sull'albero possono essere interrogati anche dall'API per query della blockchain.
- CyberMiles è un'applicazione ABCI completa che incorpora DPoS, governance *on-chain*, funzionalità di sicurezza e una EVM avanzata in una singola applicazione ABCI.

In questo capitolo, esploreremo il protocollo ABCI e creeremo una semplice applicazione ABCI. Esploreremo i framework per applicazioni basati su ABCI, come *Cosmos SDK*.

Il protocollo

Abbiamo già visto come funziona ad alto livello una rete Tendermint. In questo paragrafo, ne osserveremo più in dettaglio i meccanismi, compreso lo scambio di messaggi fra Tendermint Core, che gestisce la blockchain e l'applicazione ABCI, che gestisce la logica specifica dell'applicazione.

Il protocollo ABCI specifica le caratteristiche delle comunicazioni a richiesta/risposta fra Tendermint Core e l'applicazione ABCI. Per default, l'applicazione ABCI è in ascolto sulla porta TCP 46658. Tendermint Core invia messaggi all'applicazione ABCI e agisce in base alle risposte che riceve (Figura 20.1). Il protocollo definisce vari tipi di messaggi, che seguono le interazioni fra Tendermint Core e l'applicazione ABCI come descritto nel capitolo precedente.

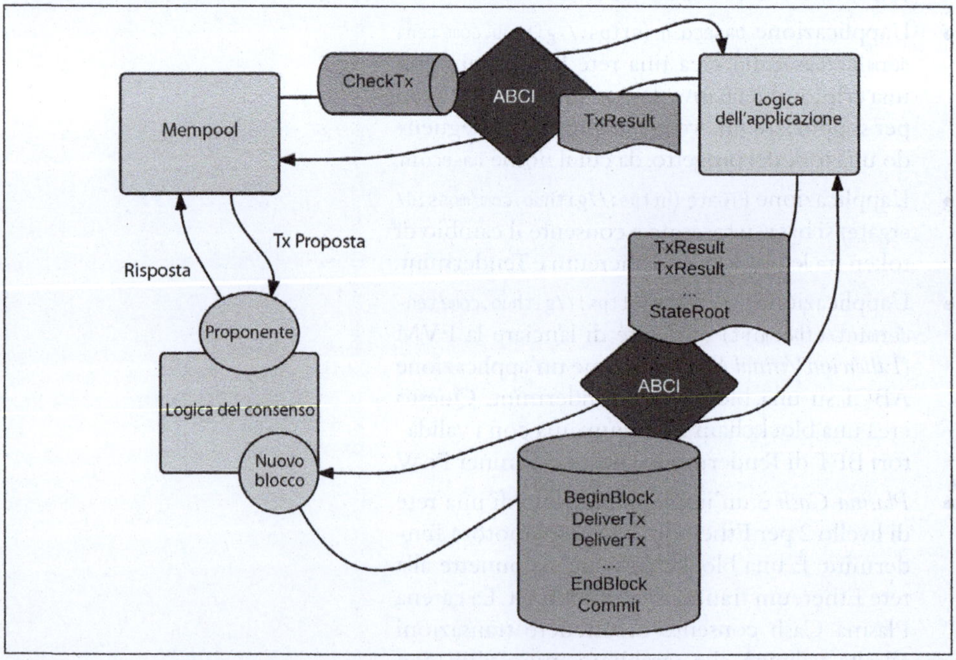

Figura 20.1 Messaggi ABCI in Tendermint: il flusso di consenso (adattato dal progetto Tendermint).

Consenso sul blocco

Il primo tipo di messaggio è `CheckTx`. Quando il nodo riceve una richiesta di transazione (tramite la porta 46657, sulla quale Tendermint Core è in ascolto per default), inoltra la transazione all'applicazione ABCI in messaggi `CheckTx` per la convalida preliminare. L'applicazione ABCI ha una propria logica per analizzare, elaborare e convalidare la transazione e così restituisce un risultato. Se il risultato del `CheckTx` è ok, il nodo Tendermint trasmetterà in broadcast e sincronizzerà la transazione a tutti i nodi della rete blockchain. È importante notare che ogni nodo Tendermint conserva un proprio pool di transazioni che hanno passato con successo il `CheckTx` del nodo: il *mempool* del nodo. I nodi della rete possono anche avere un insieme differente di transazioni nel *mempool*. Quando un nodo propone un nuovo blocco, "impacchetta" insieme le transazioni in un proprio *mempool*. Quando il blocco viene accettato dalla rete (ovvero vi è consenso su di esso), tutte le transazioni presenti nel blocco verranno eliminate da tutti i *mempool* di tutti i nodi della rete. Il flusso del consenso per il nuovo blocco è rappresentato nella Figura 20.2.

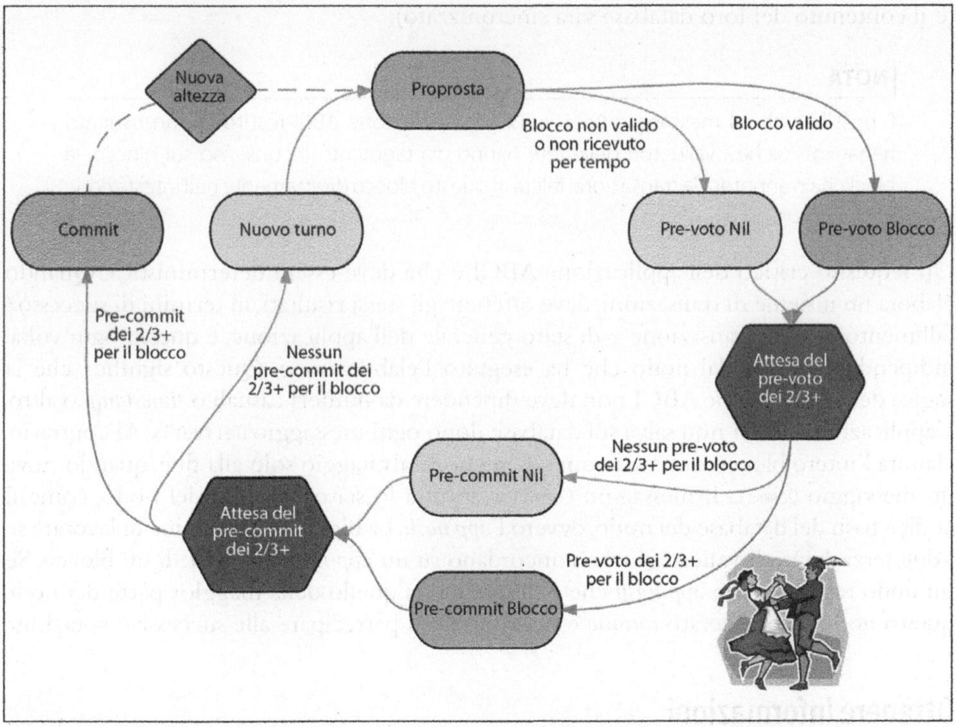

Figura 20.2 Consenso in Tendermint per ogni blocco (adattato dal progetto Tendermint).

Quando una rete Tendermint raggiunge il consenso su un nuovo blocco, i nodi concordano solo sulla struttura del blocco e sulla sua validità crittografica rispetto ai blocchi che lo precedono nella blockchain. I nodi, in realtà, non hanno alcuna idea della validità delle transazioni all'interno del blocco. Per raggiungere un consenso sui risultati delle transazioni all'interno del blocco, abbiamo bisogno del codice hash dell'applicazione, dal messaggio `commit`, come vedremo più avanti.

Consenso sulle transazioni

Il secondo e più importante tipo di messaggio è `DeliverTx`. A intervalli di tempo fissati, tutti i nodi validatori della rete raggiungeranno il consenso e determineranno il blocco successivo da aggiungere alla blockchain. Questo nuovo blocco contiene tutte le transazioni valide sottoposte alla rete nell'intervallo di tempo e viene inviato in broadcast a tutti i nodi della rete. Ogni nodo eseguirà tutte le transazioni presenti nel blocco nell'istanza locale (del nodo) dell'applicazione ABCI. Ogni transazione è inclusa in un messaggio `DeliverTx`. Il blocco parte con un messaggio `StartBlock` all'applicazione ABCI, seguito da una serie di messaggi `DeliverTx` per tutte le transazioni del blocco e termina con un messaggio `EndBlock`.

L'applicazione ABCI elabora i messaggi `DeliverTx` nell'ordine in cui sono stati ricevuti. L'applicazione ABCI gestisce un proprio database e lo aggiorna mentre elabora le transazioni (il database potrebbe essere un registro di conti e ogni transazione trasferisce fondi fra tali conti). Poiché tutti i nodi elaborano lo stesso insieme di transazioni nello stesso ordine, al termine, le applicazioni ABCI di tutti i nodi avranno lo stesso stato persistente (e il contenuto dei loro database sarà sincronizzato).

NOTA

È possibile che il messaggio `DeliverTx` all'applicazione ABCI restituisca un risultato negativo. Poiché i validatori della rete hanno già raggiunto il consenso sul blocco, la blockchain annoterà la transazione fallita in questo blocco direttamente nell'intestazione del blocco stesso.

Un requisito critico dell'applicazione ABCI è che deve essere deterministica. Quando elabora un insieme di transazioni, deve ottenere gli stessi risultati, in termini di successo/fallimento di ogni transazione e di stato generale dell'applicazione, e questo ogni volta, indipendentemente dal nodo che ha eseguito l'elaborazione. Questo significa che la logica dell'applicazione ABCI non deve dipendere da numeri casuali o *timestamp* o altro. L'applicazione ABCI non salva sul database dopo ogni messaggio `DeliverTx`. Al contrario, elabora l'intero blocco di transazioni ed esegue il salvataggio solo alla fine, quando trova un messaggio `Commit`. Il messaggio `Commit` restituirà lo stato corrente del nodo, come il codice hash del database del nodo, ovvero l'*app hash*. La blockchain termina di lavorare se i due terzi dei nodi validatori non concordano su un *app hash* al `Commit` di un blocco. Se un nodo restituisce un *app hash* che è differente da quello della maggior parte dei nodi, questo nodo è considerato *corrotto* e non potrà più partecipare alle successive votazioni.

Ottenere informazioni

Infine, il protocollo ABCI supporta un terzo tipo di messaggio, `Query`, che consente al nodo Tendermint Core di interrogare lo stato persistente dell'applicazione ABCI. Come abbiamo visto in precedenza, l'applicazione ABCI può conservare un proprio database, contenente appositi dati (lo stato dell'applicazione) determinati dalla cronologia delle transazioni convalidate dall'applicazione ABCI. Il nodo della blockchain può sottoporre query a questo database tramite un messaggio `Query`.

Un'applicazione d'esempio

Nei prossimi paragrafi, vedremo nei dettagli la realizzazione di un'applicazione ABCI. L'applicazione tiene traccia di una serie di fatti in base alla loro fonte e conserva i conteggi in un database. I fatti vengono inviati da applicazioni esterne a ogni nodo della blockchain. Se un fatto viene accettato dall'applicazione, verrà registrato nella blockchain come una transazione. Implementeremo questa applicazione nei linguaggi Java e Go. Una volta che la blockchain (Tendermint Core) e l'applicazione ABCI `Facts` sono in esecuzione, potete inviare una serie di fatti come transazioni alla blockchain. Ogni fatto contiene una fonte (`source`) e un'affermazione (`statement`). Ricordate che Tendermint Core è in ascolto sulla porta 46657 delle transazioni inviate alla blockchain.

```
curl -s 'localhost:46657/broadcast_tx_commit?tx="Michael:True%20fact"'
{
  "jsonrpc": "2.0",
  "id": "",
  "result": {
    "check_tx": {
      "code": 0,
      "data": "",
      "log": ""
    },
    "deliver_tx": {
      "code": 0,
      "data": "",
      "log": ""
    },
    "hash": "2A02B575181CEB71F03AF9715B236472D75025C2",
    "height": 18
  },
  "error": ""
}
```

Come abbiamo detto nel capitolo precedente, vi sono molti modi per inviare i dati della transazione (può trattarsi di un array di byte nel parametro `tx`).

- `/broadcast_tx_commit`: questo è il messaggio che abbiamo impiegato. Attende che la blockchain abbia convalidato la transazione e l'abbia aggiunta a un nuovo blocco. Al termine di questo messaggio, potrete vedere i risultati `CheckTx` e `DeliverTx`.
- `/broadcast_tx_async`: questo messaggio invia i dati della transazione a un nodo della blockchain e non attende la risposta della blockchain.
- `/broadcast_tx_sync`: questo messaggio invia i dati della transazione a un nodo della blockchain e attende `CheckTx` per funzionare. Questo messaggio restituisce il risultato di `CheckTx`.

Sulla console dell'applicazione `facts`, potete vedere le transazioni mentre vengono elaborate e convalidate. Notate che vi sono messaggi `CheckTx` e `DeliverTx` in tutti i nodi. Mentre la transazione viene inviata a un solo nodo, il nodo la trasmette in broadcast a tutti i nodi, una volta che passa il CheckTx. E così, ogni nodo vedrà questa transazione, la controllerà, la salverà nel *mempool* e la elaborerà di nuovo quando riceverà il nuovo blocco di consenso contenente questa transazione.

```
Commit 0 items
Check tx : Michael:True fact
The source is : Michael
The statement is : True fact
The fact is in the right format!
Deliver tx : Michael:True fact
The source is : Michael
The statement is : True fact
The count in this block is : 1
The fact is validated by this node!
Commit 1 items
```

Potete anche interrogare la blockchain per conoscere lo stato corrente dell'applicazione. L'applicazione ABCI restituisce un conteggio dei fatti per fonte. Notate che le effettive affermazioni dei fatti vengono conservate nella blockchain sotto forma di transazioni e che l'applicazione ABCI conserva solo il conteggio nel suo archivio. Il campo value in response è una stringa in codifica Base64 del testo della risposta contenuto nel campo log.

```
curl -s 'localhost:46657/abci_query?data="all"'
{
  "jsonrpc": "2.0",
  "id": "",
  "result": {
    "response": {
      "code": 0,
      "index": 0,
      "key": "",
      "value": "4A696D3A312C4D69636861656C3A32",
      "proof": "",
      "height": 0,
      "log": "Jim:1,Michael:2"
    }
  },
  "error": ""
}
```

Ora vedremo come implementare questa semplice applicazione ABCI facts nei linguaggi Java e Go. Scegliete il linguaggio con il quale vi sentite più a vostro agio.

Implementazione Java

L'applicazione Java sfrutta la libreria jTendermint. All'avvio dell'applicazione, si mette in ascolto sulla porta TCP predefinita 46658 per ricevere le transazioni da Tendermint Core, in esecuzione sullo stesso nodo.

Per semplicità, non impiegheremo un database relazionale esterno per memorizzare lo stato dell'applicazione. Al contrario istanziamo nell'applicazione, come archivio per i dati, una tabella di codici hash globale. La chiave della tabella è la fonte univoca dei fatti e il valore è il numero di fatti associati a questa fonte. Il problema, naturalmente, è che lo stato dell'applicazione si perde in caso di crash dell'applicazione. All'avvio dell'applicazione, lancia un *socket server* per ascoltare i messaggi in arrivo dalla blockchain.

```
public final class FactsApp
        implements IDeliverTx, ICheckTx, ICommit, IQuery {

    public static Hashtable<String, Integer> db;
    public static Hashtable<String, Integer> cache;

    private TSocket socket;

    public static void main(String[] args) throws Exception {
        new FactsApp ();
    }

    public FactsApp () throws InterruptedException {
        socket = new TSocket();
        socket.registerListener(this);

        // Inizializza il database
        db = new Hashtable <String, Integer> ();
        cache = new Hashtable <String, Integer> ();

        Thread t = new Thread(socket::start);
        t.setName("Facts App Thread");
        t.start();
        while (true) {
            Thread.sleep(1000L);
        }
    }
    ... ...
}
```

Il metodo `ResponseCheckTx` gestisce i messaggi `CheckTx` provenienti da Tendermint Core. Come sappiamo, il messaggio `CheckTx` viene inviato quando il nodo della blockchain riceve una richiesta di transazione. L'applicazione ABCI esegue semplicemente il parsing del "fatto" ricevuto dal messaggio, dividendolo in un elemento `source` e un elemento `statement`. Se il parsing del messaggio ha successo, l'applicazione ABCI restituisce `ok` e la transazione viene inviata in broadcast e sincronizzata con tutti i nodi della rete. Per brevità, sono state rimosse le istruzioni di invio dei messaggi alla console dell'applicazione `facts`, che abbiamo già visto in precedenza.

```
public ResponseCheckTx requestCheckTx (RequestCheckTx req) {
    ByteString tx = req.getTx();
    String payload = tx.toStringUtf8();
```

```
    if (payload == null || payload.isEmpty()) {
        return ResponseCheckTx.newBuilder()
            .setCode(CodeType.BAD)
            .setLog("payload is empty").build();
    }

    String [] parts = payload.split(":", 2);
    String source = "";
    String statement = "";
    try {
        source = parts[0].trim();
        statement = parts[1].trim();
        if (source.isEmpty() || statement.isEmpty()) {
            throw new Exception("Payload parsing error");
        }
    } catch (Exception e) {
        return ResponseCheckTx.newBuilder()
            .setCode(CodeType.BAD)
            .setLog(e.getMessage()).build();
    }

    return ResponseCheckTx.newBuilder().setCode(CodeType.OK).build();
}
```

NOTA

Il `CheckTx` di questo esempio è semplicistico. Nella maggior parte delle applicazioni, il `CheckTx` utilizzerà lo stato corrente dell'applicazione, tratto dal suo database per controllare la transazione. Lo stato dell'applicazione (per esempio, l'*app hash*) viene aggiornato dall'ultimo messaggio `Commit` del blocco. Il metodo `CheckTx` non dovrebbe mai modificare lo stato dell'applicazione.

Poi, dopo che la rete raggiunge il consenso sul blocco successivo, ogni nodo invierà le transazioni in questo blocco come una serie di messaggi `DeliverTx` all'applicazione ABCI. Il metodo `ResponseDeliverTx` gestisce i messaggi `DeliverTx`. Esegue nuovamente il parsing del "fatto" contenuto nel messaggio e poi li conteggia, suddivisi per fonte, in un'area cache temporanea. Poiché tutti i nodi vedranno esattamente lo stesso insieme di messaggi `DeliverTx` esattamente nello stesso ordine, essi aggiorneranno il database dell'applicazione in sequenza. In pratica, vi sarà un secondo `DeliverTx` che opererà sul database dopo le modifiche previste dal primo `DeliverTx`. Tuttavia, il `DeliverTx` dovrebbe aggiornare solo una copia temporanea (spesso in memoria) del database e le modifiche vengono inviate al database permanente (spesso su disco) solo al `Commit`. Questo non è solo un meccanismo efficiente, ma garantisce anche che lo stato del database dell'applicazione sia sempre sincronizzato con lo stato di `Commit` dell'ultimo blocco. In questo semplice esempio, tuttavia, il database della nostra applicazione è in memoria e l'elaborazione di `DeliverTx` non dipende dallo stato corrente del database.

```
public ResponseDeliverTx receivedDeliverTx (RequestDeliverTx req) {
    ByteString tx = req.getTx();
    String payload = tx.toStringUtf8();
```

```
    if (payload == null || payload.isEmpty()) {
        return ResponseDeliverTx.newBuilder()
            .setCode(CodeType.BAD)
            .setLog("payload is empty").build();
    }

    String [] parts = payload.split(":", 2);
    String source = "";
    String statement = "";
    try {
        source = parts[0].trim();
        statement = parts[1].trim();
        if (source.isEmpty() || statement.isEmpty()) {
            throw new Exception("Payload parsing error");
        }
    } catch (Exception e) {
        return ResponseDeliverTx.newBuilder()
            .setCode(CodeType.BAD)
            .setLog(e.getMessage()).build();
    }

    // Nel gestore del messaggio delivertx,
    // contiamo unicamente i fatti di questo blocco.
    if (cache.containsKey(source)) {
        int count = cache.get(source);
        cache.put(source, count++);
    } else {
        cache.put(source, 1);
    }

    return ResponseDeliverTx.newBuilder().setCode(CodeType.OK).build();
}
```

Quando l'applicazione ABCI vede il messaggio `Commit`, salva tutti i conteggi temporanei nell'archivio `Hashtable`. Restituisce poi il codice hash dell'archivio come un app hash. Tutti i nodi devono concordare su questo app hash dopo il commit di questo blocco. Se un nodo restituisce un app hash differente da quello degli altri nodi, è considerato corrotto e non potrà più partecipare alle successive votazioni per il consenso.

```
public ResponseCommit requestCommit (RequestCommit requestCommit) {
    Set<String> keys = cache.keySet();
    for (String source: keys) {
        if (db.containsKey(source)) {
            db.put(source, cache.get(source) + db.get(source));
        } else {
            db.put(source, cache.get(source));
        }
    }
    cache.clear();
```

```
    return ResponseCommit.newBuilder()
      .setData(ByteString.copyFromUtf8(
      String.valueOf(db.hashCode()))).build();
}
```

Infine, un'applicazione esterna può interrogare la blockchain per conoscere lo stato dell'applicazione. In questo caso, Tendermint Core passerà all'applicazione un messaggio `Query`. Il metodo `ResponseQuery` gestisce questo messaggio e restituisce i conteggi per tutte le fonti dell'archivio dati.

```
public ResponseQuery requestQuery (RequestQuery req) {
  String query = req.getData().toStringUtf8();

  if (query.equalsIgnoreCase("all")) {
    StringBuffer buf = new StringBuffer ();
    String prefix = "";
    Set<String> keys = db.keySet();
    for (String source: keys) {
      buf.append(prefix);
      prefix = ",";
      buf.append(source).append(":").append(db.get(source));
    }
    return ResponseQuery.newBuilder().setCode(CodeType.OK).setValue(
            ByteString.copyFromUtf8((buf.toString()))
    ).setLog(buf.toString()).build();
  }

  if (query.startsWith("Source")) {
    String keyword = query.substring(6).trim();
    if (db.containsKey(keyword)) {
      return ResponseQuery.newBuilder().setCode(CodeType.OK).setValue(
          ByteString.copyFromUtf8(db.get(keyword).toString())
      ).setLog(db.get(keyword).toString()).build();
    }
  }

  return ResponseQuery.newBuilder()
      .setCode(CodeType.BadNonce).setLog("Invalid query").build();
}
```

La blockchain conserva i dati convalidati `source : statement` inviati dalle applicazioni esterne. L'applicazione ABCI conserva i conteggi dei fatti sulla base delle fonti e i conteggi sono sincronizzati su tutti i nodi, in quanto l'applicazione ABCI di tutti i nodi esegue esattamente lo stesso insieme di transazioni che sono state scritte sulla blockchain. Impieghiamo Maven per compilare un eseguibile binario dell'applicazione. Potete consultare il file `pom.xml` nel repository del codice sorgente per vedere come compilare il file eseguibile JAR.

```
$ mvn clean package
```

Potete eseguire l'applicazione ABCI dalla riga di comando ed essa si connetterà automaticamente a un'istanza di Tendermint Core in esecuzione sullo stesso nodo.

```
$ java -jar facts-1.0.jar
```

Implementazione GO

Tendermint stesso è realizzato nel linguaggio di programmazione GO. Non sorprenderà quindi scoprire che il linguaggio GO è una piattaforma ben supportata per realizzare applicazioni ABCI. Il metodo `main` dell'applicazione resta in ascolto dei messaggi ABCI sulla porta 46658.

```
package main

import (
  "flag"
  "os"
  "strings"
  "bytes"
  "strconv"
  "github.com/tendermint/abci/example/code"
  "github.com/tendermint/abci/server"
  "github.com/tendermint/abci/types"
  cmn "github.com/tendermint/tmlibs/common"
  "github.com/tendermint/tmlibs/log"
)

func main() {
  addrPtr := flag.String("addr", "tcp://0.0.0.0:46658", "Listen address")
  abciPtr := flag.String("abci", "socket", "socket | grpc")
  flag.Parse()

  logger := log.NewTMLogger(log.NewSyncWriter(os.Stdout))

  var app types.Application
  app = NewFactsApplication()
  // Avvia il listener
  srv, err := server.NewServer(*addrPtr, *abciPtr, app)
  if err != nil {
    logger.Error(err.Error())
    os.Exit(1)
  }
  srv.SetLogger(logger.With("module", "abci-server"))
  if err := srv.Start(); err != nil {
    logger.Error(err.Error())
    os.Exit(1)
  }
```

```
  // Attende per sempre
  cmn.TrapSignal(func() {
    // Ripulitura
    srv.Stop()
  })
}
```

Come nell'applicazione Java, per semplicità impiegheremo una mappa in memoria per memorizzare lo stato dell'applicazione (i conteggi dei fatti).

```
type FactsApplication struct {
  types.BaseApplication

  db map[string]int
  cache map[string]int
}

func NewFactsApplication() *FactsApplication {
  db := make(map[string]int)
  cache := make(map[string]int)
  return &FactsApplication{db: db, cache: cache}
}
```

Il metodo `CheckTx` gestisce i messaggi `CheckTx` in arrivo da Tendermint Core. Come sappiamo, il messaggio `CheckTx` viene inviato quando il nodo della blockchain riceve una richiesta di transazione. L'applicazione ABCI esegue semplicemente il parsing del fatto dal messaggio in un elemento fonte (`source`) e un elemento affermazione (`statement`). Se il parsing del messaggio ha successo, l'applicazione ABCI restituisce ok e la transazione viene inviata in broadcast e sincronizzata con tutti i nodi della rete.

```
func (app *FactsApplication) CheckTx (tx []byte) types.ResponseCheckTx {
  parts := strings.Split(string(tx), ":")
  source := strings.TrimSpace(parts[0])
  statement := strings.TrimSpace(parts[1])
  if (len(source) == 0) || (len(statement) == 0) {
    return types.ResponseCheckTx{
        Code:code.CodeTypeEncodingError,
        Log:"Empty Input"
    }
  }
  return types.ResponseCheckTx{Code: code.CodeTypeOK}
}
```

NOTA

Il metodo `CheckTx` di questo esempio è semplicistico. Nella maggior parte delle applicazioni, `CheckTx` utilizzerà lo stato corrente dell'applicazione, tratto dal suo database, per controllare la transazione. Lo stato dell'applicazione (per esempio, l'*app hash*) viene aggiornato dall'ultimo messaggio `Commit` del blocco. Il metodo `CheckTx` non dovrebbe mai modificare lo stato dell'applicazione.

Poi, dopo che la rete raggiunge il consenso sul blocco successivo, ogni nodo invierà all'applicazione ABCI le transazioni contenute in questo blocco come una serie di messaggi `DeliverTx`. Il metodo `DeliverTx` gestisce i messaggi `DeliverTx`. Esegue nuovamente il parsing del fatto nel messaggio e poi conteggia i fatti per fonte in un'area cache temporanea. Poiché tutti i nodi vedranno esattamente lo stesso insieme di messaggi `DeliverTx` esattamente nello stesso ordine, essi aggiorneranno il database dell'applicazione in sequenza. In pratica, vi sarà un secondo `DeliverTx` che opererà sul database dopo le modifiche previste dal primo `DeliverTx`. Tuttavia, il `DeliverTx` dovrebbe aggiornare solo una copia temporanea (spesso in memoria) del database e le modifiche vengono inviate al database permanente (spesso su disco) solo al `Commit`. Questo non è solo un meccanismo efficiente, ma garantisce anche che lo stato del database dell'applicazione sia sempre sincronizzato con lo stato di `Commit` dell'ultimo blocco.

```
func (app *FactsApplication) DeliverTx (tx []byte) types.ResponseDeliverTx {
  parts := strings.Split(string(tx), ":")
  source := strings.TrimSpace(parts[0])
  statement := strings.TrimSpace(parts[1])
  if (len(source) == 0) || (len(statement) == 0) {
    return types.ResponseDeliverTx{
      Code:code.CodeTypeEncodingError,
      Log:"Empty Input"
    }
  }

  if val, ok := app.cache[source]; ok {
    app.cache[source] = val + 1
  } else {
    app.cache[source] = 1
  }
  return types.ResponseDeliverTx{Code: code.CodeTypeOK}
}
```

Quando l'applicazione ABCI vede il messaggio `Commit` , salva tutti i conteggi temporanei nell'archivio a mappa. Poi restituisce il codice hash del conteggio totale delle voci contenute nell'archivio dati sotto forma di *app hash*. Tutti i nodi devono concordare su questo *app hash* dopo il commit di questo blocco. Se un nodo restituisce un *app hash* differente da quello degli altri nodi, è considerato corrotto e non potrà più partecipare alle successive votazioni per il consenso.

```
func (app *FactsApplication) Commit() types.ResponseCommit {
  for source, v := range app.cache {
    if val, ok := app.db[source]; ok {
      app.db[source] = val + v
    } else {
      app.db[source] = v
    }
  }
  app.cache = make(map[string]int)

  hash := make([]byte, 8)
```

```
  binary.BigEndian.PutUint64(hash, uint64(totalCount))
  return types.ResponseCommit{Data: hash}
}
```

Infine, un'applicazione esterna può interrogare la blockchain per conoscere lo stato dell'applicazione. In questo caso, Tendermint Core passerà all'applicazione un messaggio `Query`. Il metodo `Query` gestisce questo messaggio e restituisce i conteggi per tutte le fonti presenti nell'archivio dati.

```
func (app *FactsApplication) Query (reqQuery types.RequestQuery)
                                    (resQuery types.ResponseQuery) {
  query := string(reqQuery.Data)

  if (strings.EqualFold(query, "all")) {
    var buffer bytes.Buffer
    var prefix = ""
    for source, v := range app.db {
      buffer.WriteString(prefix)
      prefix = ","
      buffer.WriteString(source)
      buffer.WriteString(":")
      buffer.WriteString(strconv.Itoa(v))
    }
    resQuery.Value = buffer.Bytes()
    resQuery.Log = buffer.String()
  }

  if (strings.HasPrefix(query, "Source")) {
    source := query[6:len(query)]
    if val, ok := app.db[source]; ok {
      resQuery.Value = []byte(strconv.Itoa(val))
      resQuery.Log = string(val)
    }
  }
  return
}
```

La blockchain conserva i dati convalidati `source : statement` inviati dalle applicazioni esterne. L'applicazione ABCI conserva i conteggi dei fatti sulla base delle fonti e i conteggi sono sincronizzati su tutti i nodi, in quanto l'applicazione ABCI di tutti i nodi esegue esattamente lo stesso insieme di transazioni che sono state scritte sulla blockchain. Impieghiamo gli strumenti standard per compilare l'applicazione GO.

```
$ go build
```

Potete eseguire l'applicazione dalla riga di comando ed essa si connetterà automaticamente a un'istanza di Tendermint Core in esecuzione sullo stesso nodo.

```
$ ./facts
```

Cosmos SDK

Tendermint fornisce un framework molto flessibile per programmare la logica operativa per il motore di consenso. Tuttavia, come abbiamo visto, con ABCI dovrete scrivere l'intera logica dell'applicazione da zero. Dal punto di vista di Tendermint, i dati dell'applicazione sono costituiti semplicemente da un array di byte. Molte applicazioni blockchain richiedono lo stesso insieme di funzionalità di base, come gestione di conti/indirizzi, emissione di token e gestione del PoS. Per uno sviluppatore è noioso e soggetto a errori scrivere continuamente questi componenti per tutte le blockchain Tendermint. Ciò ha portato alla nascita dei framework per applicazioni per ABCI, con lo scopo di realizzare i principali componenti operativi. Cosmos SDK è una libreria di componenti per Tendermint. È scritta in GO e lo stesso progetto Cosmos Hub è stato realizzato con Cosmos SDK. Cosmos SDK è in continua evoluzione e i suoi dettagli tecnici non rientrano negli scopi di questo libro. Sul sito web di Cosmos SDK (`https://github.com/cosmos/cosmos-sdk`) trovate la documentazione aggiornata e i tutorial. In questo paragrafo, troverete solo un'introduzione ad alto livello della struttura e delle funzioni di questo SDK. Lo strumento di sviluppo fornisce il supporto per l'infrastruttura di base richiesta dalla maggior parte delle applicazioni ABCI.

- Cosmos SDK consente agli sviluppatori di creare e gestire con facilità un numero qualsiasi di archivi chiave/valore all'interno di `KVStore`. Questi archivi di dati vengono usati per gestire i dati di stato dell'applicazione durante le operazioni `CheckTx` e `DeliverTx`. Per esempio, `DeliverTx` ha bisogno di elaborare tutte le transazioni presenti nel blocco su una copia cache dello stato della blockchain e poi di eseguire il commit di queste modifiche al termine del processo.
- Cosmos SDK fornisce una libreria di marshalling e un-marshalling dei dati chiamata `go-amino`. Tale libreria consente di convertire con facilità gli array di byte delle transazioni in oggetti GO e viceversa.
- Cosmos SDK fornisce un oggetto router per indirizzare tutti i messaggi da un connettore RPC a vari moduli dell'SDK, per ulteriori elaborazioni. Il router è configurato in modo da consentire ai messaggi di essere elaborati da più moduli in un ordine ben determinato.

Nell'applicazione Cosmos SDK, potete configurare il router per i messaggi in arrivo. Quanto segue è un esempio tratto dai tutorial di Cosmos SDK.

```
app.Router().
    AddRoute(bank.RouterKey, bank.NewHandler(app.bankKeeper)).
    AddRoute(staking.RouterKey, staking.NewHandler(app.stakingKeeper)).
    ... ...
```

I messaggi in arrivo nelle transazioni vengono prima elaborati dal modulo `bank` e poi dal modulo `staking`. L'app `app.bankKeeper` è un metodo *callback* implementato dallo sviluppatore dell'applicazione per elaborare gli eventi emessi dal modulo `bank`. Per esempio, potrebbe rispondere a degli eventi quando un utente trasferisce fondi a un altro utente. Cosmos SDK fornisce una ricca libreria di moduli. Attualmente, la maggior parte di essi si occupa della gestione di criptovalute e token.

- Il modulo `auth` controlla e convalida le firme nelle transazioni.
- Il modulo `bank` gestisce i conti e gli indirizzi degli utenti.
- Il modulo `mint` gestisce il *minting* e l'emissione di cripto-token durante il funzionamento della blockchain.
- Il modulo `staking` gestisce il modo in cui gli utenti possono accumulare i loro token per supportare la sicurezza della rete in un sistema PoS (*Proof-of-Stake*).
- Il modulo `distribution` gestisce la distribuzione di ricompense (per interesse sulle somme) agli utenti.
- Il modulo `slashing` gestisce le punizioni per quegli utenti che agiscono in modo malevolo nel sistema.
- Il modulo `ibc` gestisce il protocollo per exchange di asset *cross-chain* supportato da Cosmos Hub.

Al momento della scrittura del libro, Cosmos SDK implementa funzionalità di base per una generica blockchain PoS. Non supporta ancora ogni funzionalità della macchina virtuale. Per supportare le blockchain programmabili, la roadmap di Cosmos SDK prevede l'inclusione della macchina virtuale sotto forma di moduli per elaborare transazioni. Il futuro di Cosmos SDK sembra quindi promettente.

Conclusioni

In questo capitolo, abbiamo esplorato il protocollo ABCI e abbiamo visto come realizzare applicazioni blockchain. Queste applicazioni ABCI consentono alla blockchain di demandare all'esterno molti compiti intensivi dal punto di vista computazionale. Gli sviluppatori possono ora scrivere in modo molto efficiente applicazioni con una logica complessa delle transazioni. Un ambito da tenere ben controllato è lo sviluppo di Cosmos SDK, che potrebbe semplificare enormemente lo sviluppo di applicazioni blockchain basate su Tendermint.

Capitolo 21

Creazione di un client della blockchain

In questo capitolo

- **Panoramica dell'approccio**
- **Applicazione di esempio**
- **PHP**
- **Java**
- **Conclusioni**

Nel capitolo precedente, abbiamo visto come realizzare applicazioni ABCI per gestire la logica operativa di una blockchain. Ciò ci consente di sviluppare la complessa logica necessaria per elaborare, trasformare e convalidare le transazioni da registrare nella blockchain. Per ogni transazione, l'applicazione ABCI può applicare regole, calcolare effetti persistenti (cambiamenti ai saldi dei conti per una transazione in valuta) e salvare i risultati in un database *off-chain*. Poiché l'applicazione ABCI può essere scritta in qualsiasi linguaggio e con ogni stack software e può supportare una logica arbitraria quanto alle transazioni, questo ci consente di realizzare un'ampia varietà di blockchain dotate di apposite finalità e ottimizzazioni. Ogni applicazione ABCI è una blockchain.

Tuttavia, con tutta la sua potenza, l'applicazione ABCI è comunque basata su transazioni. In termini del tradizionale software aziendale, l'applicazione ABCI è *middleware*, il quale fornisce la logica operativa e delle transazioni. Non fornisce un'interfaccia utente o una logica dell'applicazione di alto livello. Come Ethereum, anche le applicazioni ABCI richiedono un livello di DApp, ovvero di "app decentralizzate" che siano accessibili agli utenti finali. La DApp utilizza le funzioni e i dati forniti dalla blockchain (ovvero dall'applicazione ABCI) e pertanto la DApp è un client della blockchain.

NOTA

Una DApp Tendermint è molto differente da una DApp Ethereum che abbiamo trattato nei precedenti capitoli. Una DApp Ethereum è un client per gli smart contract pubblicati nella blockchain. Si limita a richiamare i metodi pubblici mostrati dal contratto. Una DApp Tendermint, al contrario, ha pieno accesso ai record delle transazioni conservate nella blockchain, come pure ai database *off-chain* gestiti dall'applicazione ABCI. È una "DApp sotto steroidi".

In questo capitolo, vedremo come realizzare una DApp sulla piattaforma Tendermint, impiegando l'esempio dei fatti del capitolo precedente. Realizzeremo un'applicazione web, ma il principio è lo stesso per ogni tipo di interfaccia utente di tipo moderno.

Panoramica dell'approccio

L'approccio più semplice per realizzare una DApp consiste nel realizzare un'applicazione esterna che interagisce con l'API della blockchain. Come abbiamo descritto nei precedenti capitoli, i comandi dell'API vengono inviati tramite la porta TCP/IP 46657 a ogni nodo della rete blockchain. L'applicazione invia transazioni e query rispettivamente tramite i metodi `/broadcast_tx_commit` e `/abci_query` dell'API. La DApp esiste all'esterno della blockchain, senza conoscere il funzionamento interno dell'applicazione ABCI, in perfetto stile *blockchain as a Service* (Figura 21.1).

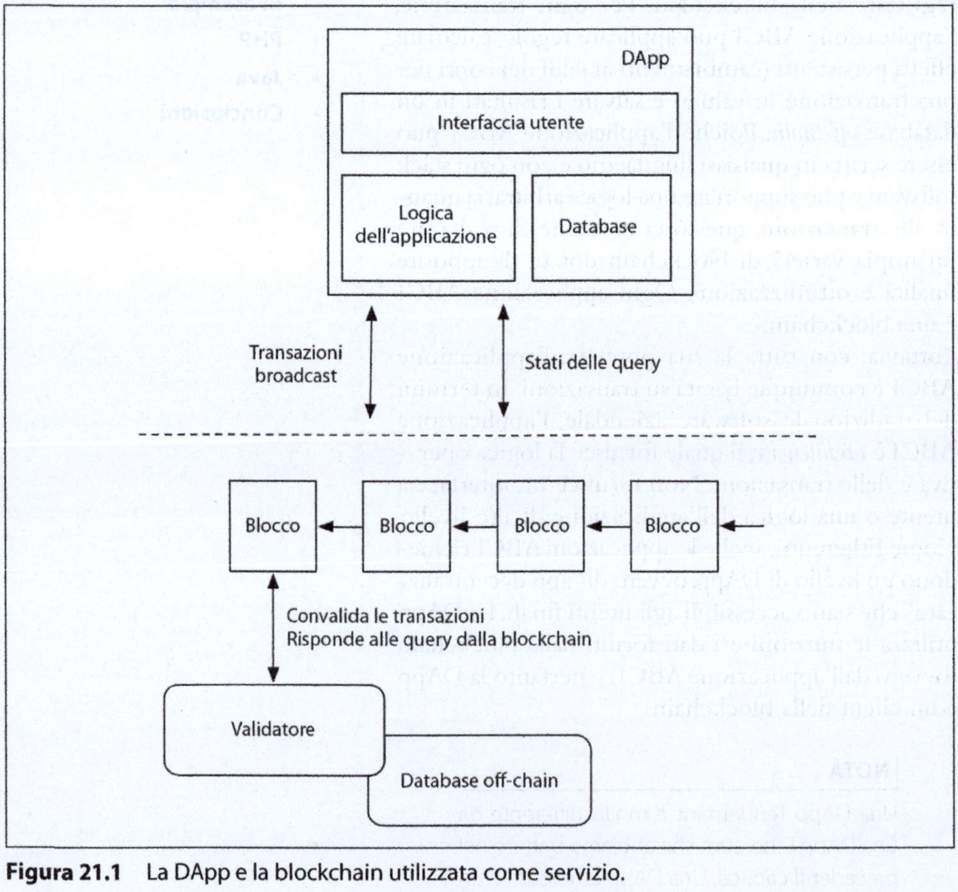

Figura 21.1 La DApp e la blockchain utilizzata come servizio.

Tuttavia, questo tipo di DApp non è che un sito web o un'app mobile. Tipicamente la DApp viene creata e gestita da un'entità centrale e accede alla blockchain tramite un protocollo predefinito e personalizzato di gestione dei dati e non ha accesso alla vera struttura, sottostante, dei dati.

Un'alternativa consiste nel realizzare un'applicazione distribuita che opera all'interno di ogni nodo. Questa applicazione potrebbe essere profondamente integrata con l'applicazione ABCI, con un accesso locale ai database (Figura 21.2). Il vantaggio di questo approccio è un livello di decentralizzazione più elevato e un'architettura più efficiente dell'applicazione. Gli svantaggi di questo approccio sono che esso crea una dipendenza software a livello del nodo livello e aumenta i potenziali rischi di sicurezza per la blockchain, in quanto i nodi forniscono i servizi dell'applicazione attraverso Internet. Questi svantaggi aumentano le difficoltà di pubblicazione e gestione dell'applicazione.

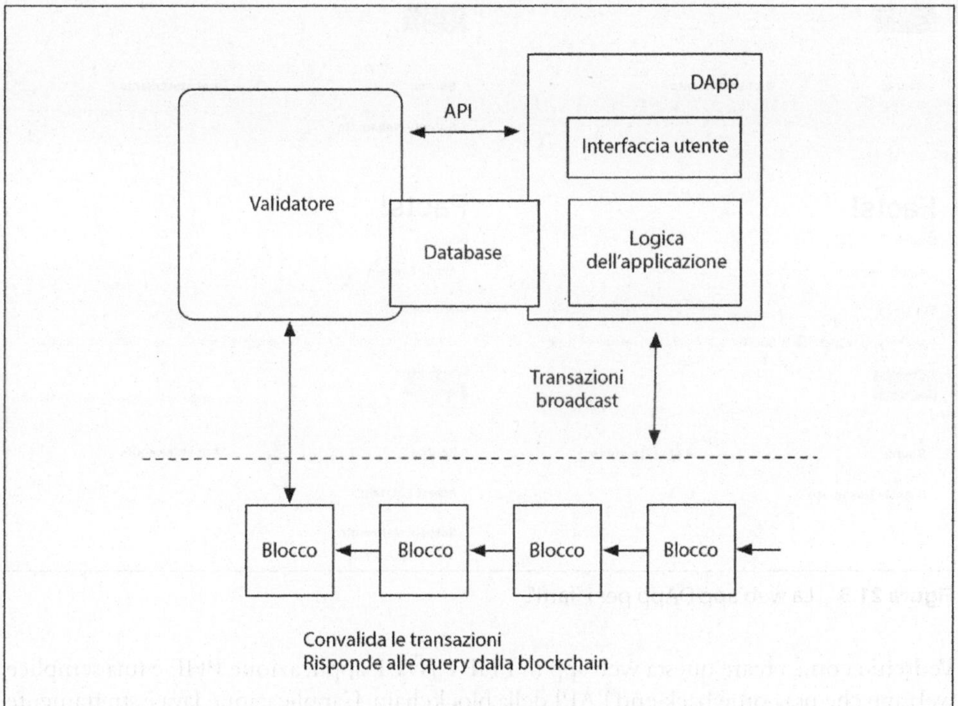

Figura 21.2 Una DApp ad architettura fortemente integrata.

NOTA

Anche in un'architettura decentralizzata, in cui il software della DApp è in esecuzione su ogni nodo, vi deve comunque essere un punto d'ingresso centralizzato. Per esempio, se la DApp è una web app, avrà bisogno di un URL. In questo caso, ci sarà anche bisogno di un bilanciamento centralizzato del carico, in grado di suddividere il traffico sui vari nodi della blockchain.

Applicazione di esempio

L'applicazione che mostriamo è una web app di interfaccia basata sull'applicazione a "fatti" del Capitolo 20 e consente all'utente di inserire dei fatti, con le fonti (`source`) e le affermazioni (`statement`), in una pagina web. E la stessa pagina visualizza il conteggio delle affermazioni suddivise per fonte (Figura 21.3).

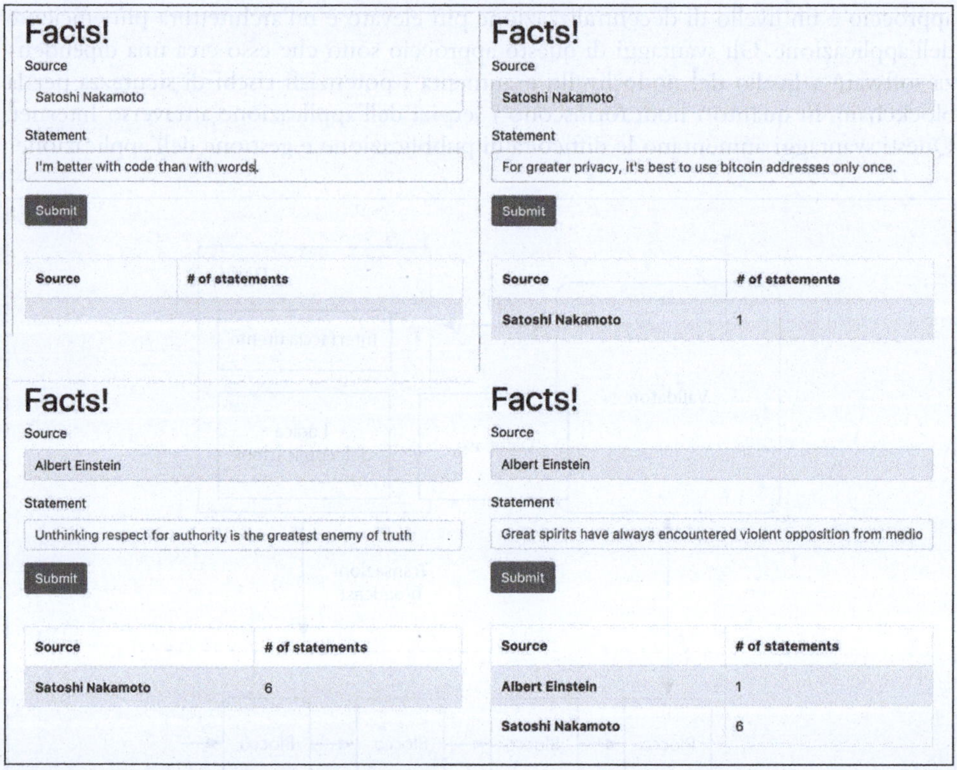

Figura 21.3 La web app DApp per i "fatti".

Vedremo come creare questa web app in PHP e Java. L'applicazione PHP è una semplice web app che usa come back end l'API della blockchain. L'applicazione Java è strettamente integrata con l'applicazione ABCI.

PHP

Abbiamo sviluppato una web app PHP per utilizzare l'API della blockchain tramite la connessione al socket TCP. La blockchain ospita Tendermint Core e l'applicazione ABCI Facts che abbiamo descritto nel Capitolo 20.

Il codice PHP controlla se questa richiesta contiene l'invio di un *form* e, in caso affermativo, il codice PHP invierà la transazione alla blockchain e attenderà il suo *commit*.

```
$source = $_REQUEST['source'];
$stmt = $_REQUEST['stmt'];
if (empty($source) or empty($stmt)) {
  // Dati non validi
} else {
  $transaction_req = 'localhost:46657/broadcast_tx_commit?tx="'
        . urlencode($source) . ':'
        . urlencode($stmt) . '"';
  $ch = curl_init($transaction_req);
  curl_setopt($ch, CURLOPT_RETURNTRANSFER, TRUE);
  curl_exec($ch);
  curl_close($ch);
}
```

Poi, il codice PHP interroga la blockchain tramite la sua API di query per conoscere il conteggio dei fatti in base alla fonte. La query viene poi passata all'applicazione ABCI. Come abbiamo visto, l'applicazione ABCI è responsabile del parsing della query, della creazione della risposta e dell'invio della risposta attraverso la blockchain. La risposta ABCI è contenuta in un messaggio JSON strutturato. Il campo `value` nel messaggio della risposta contiene i risultati codificati in numeri esadecimali. Il codice PHP legge il contenuto esadecimale, lo interpreta e poi visualizza i risultati in una tabella.

```
<?php
  ... ...
  $query_req = 'localhost:46657/abci_query?data="all"';
  $ch = curl_init($query_req);
  curl_setopt($ch, CURLOPT_RETURNTRANSFER, TRUE);
  $json_str = curl_exec($ch);
  $json = json_decode($json_str, true);
  $result = hex2str($json['result']['response']['value']);
  curl_close($ch);

  $entries = explode(",", $result);
?>
... ...
<table class="table table-bordered table-striped">
  <thead>
    <tr>
      <th>Source</th>
      <th># of statements</th>
    </tr>
  </thead>
  <tbody>
<?php
  foreach ($entries as $entry) {
    list($s, $c) = explode(":", $entry);
?>
    <tr>
      <td><b><?= $s ?></b></td>
      <td><?= $c ?></td>
    </tr>
```

```
<?php
  }
?>
  </tbody>
</table>
```

Java

La web app Java svolge le stesse funzionalità dell'applicazione PHP, ma è direttamente integrata con l'archivio dati dell'applicazione ABCI. A dire il vero, l'applicazione ABCI è in esecuzione all'interno della stessa JVM della web app Java. Vedremo come funziona il tutto.

Nel file `web.xml` della web app Java, specifichiamo che verrà lanciato un *servlet* non appena l'applicazione viene caricata in Tomcat.

```
<servlet>
  <servlet-name>StartupServlet</servlet-name>
  <servlet-class>
    com.ringful.blockchain.facts.servlets.StartupServlet
  </servlet-class>
  <load-on-startup>1</load-on-startup>
</servlet>
```

Tale servlet carica ed esegue l'applicazione ABCI.

```
public class StartupServlet extends GenericServlet {

  public void init(ServletConfig servletConfig) throws ServletException {
    super.init(servletConfig);
    try {
      // Questo avvia i socket listener ABCI
      FactsApp app = new FactsApp ();
      getServletContext().setAttribute("app", app);
    } catch (Exception e) {
      e.printStackTrace();
    }
  }
}
```

Poi, nel filtro all'inizio della pagina web `index.jsp`, controlliamo innanzitutto se questa richiesta invia un nuovo fatto (`source` e `statement`). Se è così, il filtro invia la transazione alla blockchain impiegando una comune connessione a socket TCP.

```
public class IndexFilter implements Filter {
  private FactsApp app;
  FilterConfig config;
```

```
public void destroy() { }

public void doFilter (ServletRequest request,
        ServletResponse response, FilterChain chain)
                throws IOException, ServletException {
  if (app == null) {
    app = (FactsApp) config.getServletContext().getAttribute("app");
  }

  String source = request.getParameter("source");
  String stmt = request.getParameter("stmt");
  if (source == null || source.trim().isEmpty() ||
      stmt == null || stmt.trim().isEmpty()) {
    // Non fa nulla
  } else {
    CloseableHttpClient httpclient = HttpClients.createDefault();
    HttpGet httpGet = new HttpGet(
      "http://localhost:46657/broadcast_tx_commit?tx=%22" +
      URLEncoder.encode(source) + ":" +
        URLEncoder.encode(stmt) + "%22");
    CloseableHttpResponse resp = httpclient.execute(httpGet);

    try {
      HttpEntity entity = resp.getEntity();
      System.out.println(EntityUtils.toString(entity));
    } finally {
      resp.close();
    }
  }

  // Invia l'archivio dati dell'applicazione alla pagina web
  // perché JSTL lo visualizzi in una tabella.
  request.setAttribute("facts", app.db);

  chain.doFilter(request, response);
}

public void init(FilterConfig filterConfig) throws ServletException {
  this.config = filterConfig;
}
}
```

Il filtro poi interroga direttamente l'archivio dati dell'applicazione ABCI per ottenere il conteggio dei fatti per fonte (`source`). Notate che non passiamo attraverso l'API di query a socket della blockchain. Per questa semplice applicazione, la query per l'archivio dati è semplice e ben supportata dall'API di query della blockchain, ma possiamo immaginare applicazioni in cui la DApp fa ampio uso dei dati *off-chain* dell'applicazione, con una complessa logica operativa e dell'interfaccia utente.

```
<table class="table table-bordered table-striped">
  <thead>
    <tr>
      <th>Source</th>
      <th># of statements</th>
    </tr>
  </thead>
  <tbody>
    <c:forEach items="${facts}" var="fact">
      <tr>
        <td><b>${fact.key}</b></td>
        <td>${fact.value}</td>
      </tr>
    </c:forEach>
  </tbody>
</table>
```

L'applicazione Java si trova nel repository GitHub del libro. Potete compilare un file WAR pronto per la pubblicazione su Apache Tomcat lanciando il seguente comando Maven:

```
$ mvn clean package
```

Conclusioni

In questo capitolo abbiamo visto come realizzare un'intera applicazione blockchain accessibile agli utenti finali. Abbiamo mostrato un'applicazione web, ma potrebbe trattarsi anche di un servizio web a supporto di applicazioni client ben più "ricche" (e magari mobile). Anche se è possibile realizzare DApp completamente decentralizzate, la maggior parte delle DApp viene creata e gestita da aziende che offrono servizi ai loro utenti.

Parte VI

Cripto-economia

Le applicazioni blockchain differiscono dal software tradizionale per un aspetto fondamentale. Tramite l'impiego delle criptovalute, le applicazioni blockchain introducono incentivi economici per la sicurezza della rete, la fiducia, lo scambio di dati e i comportamenti degli utenti. A parte l'architettura del software, la struttura economica e gli incentivi sono aspetti critici per il successo degli ecosistemi e delle applicazioni blockchain.

In questa parte esamineremo la struttura degli incentivi di questa cripto-economia. Tratteremo argomenti come la classificazione e la valutazione dei token e la vendita e gli *exchange* dei token *crowd funded*.

In questa parte

Capitolo 22

Cripto-economia e struttura dei token

Mentre la criptovaluta è stata originariamente inventata nell'ambito del meccanismo di consenso della blockchain, i successivi sviluppi hanno dimostrato che la criptovaluta è critica per favorire l'adozione delle blockchain. L'effetto rete dell'ecosistema di una blockchain si basa fortemente sulla criptovaluta, che incentiva i contributori e i consumatori a interagire sulla rete.

In questo capitolo, parleremo della struttura delle criptovalute (token), ovvero di cripto-economia. Queste conoscenze vi aiuteranno a comprendere meglio quali tipi di applicazioni sono più adatte alle blockchain.

Vi sono tre grandi categorie di criptovalute (token): token per servizi di rete, token per servizi applicativi e token per titoli (investimenti). Alcune criptovalute possono anche appartenere a più categorie.

NOTA

Lo schema di classificazione dei token di questo capitolo è coerente con le fondamenta teoriche descritte da Christian Catalini (MIT) e Joshua S. Gans (Università di Toronto) nel loro pionieristico contributo *Some Simple Economics of the Blockchain* (`https://papers.ssrn.com/sol3/papers.cfm?abstract_id=2874598`). Essi hanno identificato due servizi chiave dei token blockchain: pagare i costi di verifica e i costi di rete, che corrispondono, rispettivamente, ai nostri token per servizi di rete e per servizi applicativi.

In questo capitolo

Token per servizi di rete

La blockchain stabilisce una collaborazione fra nodi non fidati. Fornisce un sistema *trust-as-a-service*, che può andare da un registro sicuro, all'applicazione degli smart contract (per esempio, l'esecuzione garantita di un determinato software), fino alla conservazione trasparente dei record. I token per servizi di rete vengono usati dagli utenti della blockchain per "pagare" i servizi di rete. Gli utenti acquisiscono e spendono i token perché traggono valore e un servizio dal sistema appena menzionato di *trust-as-a-service*. Una blockchain è una rete decentralizzata e non vi è alcuna "corporation" in mezzo a emettere ordini e pagare stipendi. Le regole e i protocolli della rete blockchain devono essere gestiti e applicati dai membri della community (per esempio, i contributori) in cambio di token. I contributori mettono l'hardware e il software per supportare i nodi della blockchain e per partecipare ai processi di consenso e *governance*. Questi contributori sono detti miner (nelle blockchain con consenso PoW) o validatori (nelle blockchain con consenso PoS). Trovate le descrizioni di PoW e PoS nel Capitolo 2.

I miner e i validatori ricevono i token per la creazione di nuovi blocchi nell'ambito del protocollo di consenso. Vengono "pagati" anche per eseguire calcoli di convalida delle transazioni di un blocco, o per eseguire gli smart contract coinvolti nelle transazioni. Questa commissione per la transazione viene tipicamente pagata dalle parti che hanno dato origine alle transazioni. Per far crescere una blockchain, i miner e i validatori devono essere ricompensati tramite le commissioni. Si forma una sorta di circuito, dove coloro che forniscono servizi di gestione della rete (i miner e i validatori) ricevono le commissioni in token; poi vendono questi token negli *exchange*; coloro che consumano servizi di rete (gli utenti) acquistano token dagli *exchange* per pagare le commissioni (Figura 22.1).

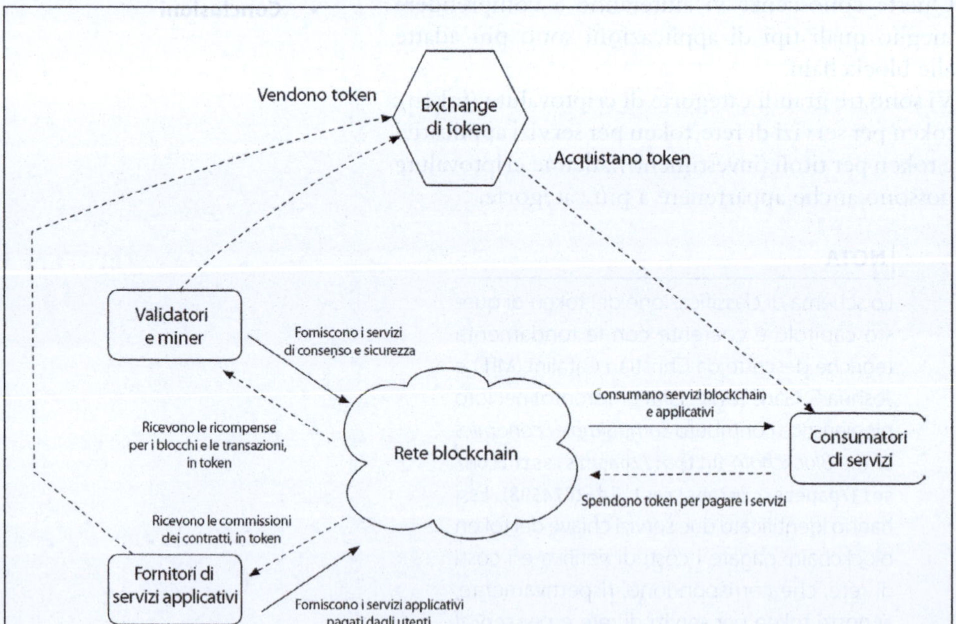

Figura 22.1 Il circuito del sistema economico di una blockchain.

Inizialmente, il token per servizi di rete ha valore scarso o nullo. Ma mentre la rete blockchain cresce in termini di utilità, sempre più persone chiedono di impiegare i servizi offerti dalla rete. Il "valore intrinseco" di un cripto-token può pertanto essere legato al valore del servizio fornito dalla sua rete blockchain (vedete a questo proposito la teoria del "fat protocol" trattata nel Capitolo 1). Se molte persone intendono pagare per impiegare la rete, il cripto-token vedrà una crescita significativa del proprio valore. Esaminiamo alcuni esempi.

BTC (Bitcoin)

In generale, servizio di rete di Bitcoin consiste nel registrare in modo sicuro e trasparente le transazioni digitali. Tuttavia, il vero servizio consiste nel fornire un metodo fidato di conservazione di un valore.

Prima di Bitcoin, tutti i token digitali pubblicamente disponibili erano duplicabili infinitamente e pertanto erano inutili per la conservazione del valore. Oggi, Bitcoin diviene una riserva di valore ("oro digitale") perché può essere conservato e trasferito crittograficamente. Finora, nessuno è stato in grado di attaccare il sistema Bitcoin registrando transazioni fraudolente. E così, questa "fiducia" è un servizio fondamentale fornito dalla blockchain Bitcoin. È lo stesso tipo di servizio che l'oro o i diamanti forniscono nella società fisica. Analogamente, la capitalizzazione di Bitcoin viene spesso paragonata a una "riserva aurea" mondiale.

> **NOTA**
>
> Bitcoin viene accettato da una porzione significativa della popolazione come "oro digitale". Le sue particolari caratteristiche comprendono il vantaggio di essere la prima (il che la rende la criptovaluta più nota), la sicurezza del suo registro (mai attaccato) e la sua limitata disponibilità (esistono solo 21 milioni di bitcoin). Nessuna di queste caratteristiche esisterebbe senza il lavoro dei miner Bitcoin. Coloro che usano Bitcoin oggi stabiliscono di fatto il valore della sua rete blockchain.

Mano a mano che sempre più persone si interessa all'impiego dei bitcoin come sistema di accumulo di valore, sempre più persone pagano anche i servizi di rete in bitcoin.

ETH (Ethereum)

Il servizio di rete Ethereum consiste nel fornire una piattaforma fidata che garantisce l'esecuzione del codice (gli smart contract). Quando le parti accedono a uno smart contract sulla blockchain Ethereum, hanno la garanzia che il contratto verrà eseguito in base al codice in esso contenuto. Questo livello di integrità è garantito dai contributori della community Ethereum (miner e validatori) che gestiscono i nodi Ethereum. Questi membri della community vengono pagati con il cripto-token di Ethereum: ETH. Mano a mano che crescerà il numero di persone che chiedono di impiegare la blockchain Ethereum per applicare i propri smart contract, crescerà la richiesta e quindi anche il valore di ETH.

È interessante notare che, come BTC, anche ETH è sempre più considerato per l'accumulo di valore ma per uno scopo differente. Mentre sulla rete Ethereum si attivano sempre più applicazioni DeFi (*Decentralized Finance*), come l'*exchange* Uniswap, la *stable coin* MakerDAO e anche il *fundraising* tramite ICO, la criptovaluta ETH viene sempre più utilizzata, come effetto collaterale degli investimenti finanziari. I possessori di ETH ricevono interessi, dividendi o "ricompense" per i loro ETH impegnati in queste attività. L'ETH è diventato un asset di investimenti in grado di generare profitti. Come vedremo più avanti in questo capitolo, questo riduce la velocità di circolazione degli ETH, creando un circolo virtuoso per la capitalizzazione di ETH.

Vi sono molti sforzi volti a migliorare la blockchain Ethereum, fra cui EOS, QTUM, Cosmos ATOM e CyberMiles CMT. I loro cripto-token hanno un valore simile a quello di ETH.

ZEC (ZCash)

Il servizio di rete ZCash serve per registrare transazioni anonime e crittografate in modo che nessuno possa conoscere le parti coinvolte in queste transazioni. Gli utenti che privilegiano la privacy impiegano questo servizio per condurre le loro transazioni e devono pagare commissioni alla community dei gestori della rete per ogni transazione in ZCash.

Token per servizi applicativi

Come abbiamo detto nel Capitolo 1, le reti blockchain hanno tutte le potenzialità di sostituire le corporation nella produzione di beni e servizi digitali. A parte il sistema *trust-as-a-service*, un'opportunità economica molto maggiore è che i membri della community possano contribuire ai servizi applicativi venduti nelle reti blockchain. La blockchain aggrega le offerte di servizi e gestisce le transazioni di acquisto/vendita in cripto-token. Il valore del token può essere associato direttamente al valore dei servizi forniti dalla blockchain. Vediamo l'esempio di un ipotetico token SSC (*Storage Sharing Coin*) per illustrare come può funzionare un token per servizi applicativi.

La blockchain SSC fornisce uno spazio di archiviazione cloud ai suoi utenti. Tale spazio è fornito dai milioni di membri della community, i quali contribuiscono con una loro quota di spazio libero su disco rigido e con l'ampiezza di banda Internet dei loro computer. La blockchain aggrega questi spazi di archiviazione e li offre in vendita *on-demand* via Internet.

Quando gli utenti richiedono e utilizzano lo spazio di archiviazione cloud fornito dalla blockchain, devono pagarlo in token SSC. La blockchain accetta token SSC, fornisce lo spazio e distribuisce i token SSC ai fornitori di spazio. Tutto questo si svolge tramite protocolli e regole codificate nel software e applicate in base al consenso sulla blockchain.

Il sistema SSC non richiede necessariamente una propria blockchain. Potrebbe essere implementato come una serie di smart contract su blockchain Ethereum o CyberMiles. Gli smart contract specificano i parametri economici del sistema, compresi la fornitura di token, la struttura delle commissioni, l'uso dei token, le regole di distribuzione e così via.

Ovviamente, SSC rappresenta solo la punta dell'iceberg. Oltre all'archiviazione dei dati, i membri della community possono fornire vari altri prodotti e servizi digitali, che possono andare dalla proprietà intellettuale, alla gestione dei dati personali, all'elettricità fotovoltaica generata, alle registrazioni cliniche.

L'aspetto comune è che questi prodotti digitali hanno un loro valore. La funzione essenziale della blockchain consiste nell'aggregarli tramite membri non fidati della community e distribuire equamente i profitti. A loro volta, agli utenti viene chiesto di pagare i prodotti e i servizi digitali nel cripto-token nativo della blockchain.

Token per titoli (investimenti)

L'utilizzo più interessante e rivoluzionario dei cripto-token è per rappresentare valori mobiliari, come quote azionarie o anche quote di proprietà di una casa o di un'automobile. A differenza dei titoli classici, questa nuova forma di titoli è programmabile e gestita da smart contract operanti sulle blockchain. Ciò apre molti casi d'uso interessanti nel mondo dell'intelligenza artificiale.

Per esempio, consideriamo un'automobile a guida autonoma che funga da taxi o da servizio Uber. Genera denaro e fornisce profitti ai suoi proprietari o azionisti. Grazie a token programmabili, potete ricevere i profitti generati dall'automobile quando risultano verificate alcune condizioni dinamiche: quando l'automobile è coperta dall'assicurazione, quando viaggia in aree e a velocità prestabilite e quando trasporta solo passeggeri rispondenti a un certo profilo. A loro volta, i vostri token saranno anche considerati responsabili per le passività e le perdite legate a questa attività. Un altro azionista della stessa automobile potrebbe voler trarre profitti da una strategia commerciale più rischiosa e voler essere pagato quando l'automobile è sottoposta a maggiori rischi. Un esempio è il seguente.

- Quando l'automobile viaggia di giorno e il traffico è normale (basso rischio di collisioni), riceveranno profitti i proprietari dei token A.
- Quando l'automobile viaggia in ore di punta con tariffe più elevate e soggetta a un rischio di collisioni più elevato, riceveranno profitti i proprietari dei token B, i quali saranno anche ritenuti responsabili dei maggiori rischi.
- Quando l'automobile viaggia di notte in quartieri con un rischio elevato di caricare passeggeri ubriachi, la tariffa sarà ancora più elevata, visto che vi è un rischio ancora più elevato di danni. I proprietari del token C trarranno i loro profitti, ma saranno anche responsabili dei potenziali danni.

I regolamenti attuali per i titoli sono concepiti per l'epoca delle azioni e delle quotazioni "classiche" e pertanto richiedono sostanziali aggiustamenti prima di poter concepire l'idea di titoli smart e programmabili. Tuttavia, vi sono stati molti tentativi innovativi. Ecco alcuni esempi.

La DAO

L'esperimento Ethereum di una DAO (*Decentralized Autonomous Organization*) consisteva nel dare origine a un fondo di investimenti governato da smart contract in termini di decisioni di investimento e distribuzione dei profitti. Se da un lato tale impegno non ha avuto successo a causa di problemi tecnici, l'idea è stata molto illuminante. La *Securities and Exchanges Commission* (SEC) degli Stati Uniti l'ha sottoposta a esame e ha deciso che emetteva titoli – anche se programmabili, smart e molto più trasparenti rispetto ai classici titoli.

Fondi d'investimento in token

Anche società di capitale più tradizionali hanno raccolto nuovi fondi tramite il meccanismo ICO (*Initial Coin Offering*). Fra gli esempi citiamo il fondo *Blockchain Capital* (`http://blockchain.capital`) e *Science Incubator* (`https://www.science-inc.com`). Gli azionisti di questi fondi non vengono chiamati LP (*Limited Partner*), ma proprietari di token, dotati di una liquidità istantanea sulle loro quote e di un ritorno per l'investimento in base ai cripto-token in loro possesso.

A causa delle notevoli potenzialità di mercato, vi consigliamo di seguire da vicino gli sviluppi in questo campo.

Valutazione di mercato dei token

L'uso dei cripto-token per pagare i servizi blockchain aumenta la capitalizzazione di questi token. In realtà, il prezzo di un token è uno dei fattori principali nel promuoverne l'adozione e nel creare un effetto rete di una blockchain.

A fine 2017, un approccio molto utilizzato per stabilire il valore delle reti blockchain consisteva semplicemente nel moltiplicare il prezzo unitario dei token per il numero totale di token in circolazione, ottenendo così una "capitalizzazione di mercato" (vedere `http://coinmarketcap.com`). Questo calcolo è analogo a quello applicato a una società: in base al valore delle sue azioni. Tuttavia, come abbiamo detto nel Capitolo 1, una rete blockchain è molto differente da un'azienda. Innanzitutto, la rete blockchain è non-profit e il rapporto prezzo/utili è senza significato. Non vi è ancora alcuna misura convenzionale per le "vendite"; si può solo misurare il volume delle transazioni in corso sulla rete (analogo al "valore lordo", o *Gross Merchandise Value*).

Crediamo che un approccio più appropriato per stabilire il valore delle reti blockchain sia tramite il loro output economico, così come le valute nazionali vengono misurate in base all'output economico (per esempio, il Prodotto Interno Lordo) dei rispettivi paesi. In una rete blockchain, vi sono i fornitori di servizi (per esempio, i miner, i validatori, i fornitori di servizi applicativi) e i consumatori. I cripto-token sono concepiti per facilitare le transazioni fra le parti e, soprattutto, per incentivare le interazioni collaborative nell'ecosistema.

> **NOTA**
>
> Per i token per titoli (investimenti), la valutazione è determinata dalle prestazioni dell'asset di base e dalle regole di condivisione dei profitti relative al token. Vi sono molte teorie e approcci pratici (per esempio il metodo *Discount Cash Flow*) per calcolare il valore dei titoli, ma non ne parleremo in dettaglio in questo libro.

Token di servizio

Per i token per servizi di rete e applicativi, la teoria macroeconomica indica che il prezzo di ogni token può essere determinato dai seguenti fattori La formula sottostante calcola il "valore di cambio".

$$Prezzo\ di\ un\ token = \frac{1}{P} = \frac{T}{V \cdot M}$$

- P è il "livello dei prezzi", ovvero il prezzo dei servizi misurati in token. Pertanto, il prezzo del token è sempre 1/P.
- T è il valore totale dei servizi o dei prodotti che la community della rete blockchain produce in un'unità di tempo (per esempio un anno). Il valore a lungo termine del token è determinato dal valore dei servizi forniti dalla sua blockchain. In questo senso, il token è "coperto" dal valore dei suoi servizi.
- M è la somma totale dei token disponibili per il trading di tali servizi e prodotti.
- V è la "velocità" del denaro (la sua velocità di circolazione) misurata come il numero di volte che un token cambia proprietà nell'unità di tempo. È l'inverso del tempo medio di conservazione dei token da parte dei proprietari. Più elevata è la velocità, più bassa è la valutazione dei token, dal momento che ogni token può essere riutilizzato più volte per acquistare nuovi prodotti e servizi.

Rispetto alla dotazione di denaro e alla velocità del sistema di valute tradizionali, possiamo stimare V in base a come la somma totale M viene utilizzata nel sistema.

- M0 fa riferimento al denaro "cash" in circolazione.
- M1 fa riferimento al denaro a elevata liquidità e disponibile, compreso M0 e i conti correnti e i *traveller's check*. Negli Stati Uniti, M1 USD ha avuto una velocità pari a 5,5 nel 2017.
- M2 fa riferimento al denaro meno liquido, come quello nei conti di risparmio e impegnato nei mercati finanziari. Il denaro M2 spesso ha lo scopo di accantonare del valore o di fungere da mezzo di trading, puro. La velocità M2 USD è stata di circa 1,5 nel 2017.

Poiché i conti di risparmio riducono enormemente la velocità M2 delle valute nazionali, la velocità del denaro è un parametro che può essere designato nel protocollo della blockchain. Ecco alcuni esempi.

- Bitcoin viene spesso usato per conservare un valore e pertanto gli utenti tendono a tenere i bitcoin per lunghi archi di tempo. Ciò dà ai bitcoin una velocità monetaria estremamente lenta e questo ne aumenta il valore. In altre parole, i possessori di bitcoin tendono a conservarli per lunghi periodi e questo limita drasticamente la disponibilità di bitcoin sul mercato, portando a un incremento del prezzo.
- Un token di servizio per smart contract (per esempio ETH e CMT) ha un tempo di "permanenza" naturale, dovuto alla struttura stessa degli smart contract. Per esempio, nei contratti vincolanti, i token devono essere mantenuti nel conto del contratto per alcuni giorni prima che la transazione vincolata possa avvenire.
- In un'applicazione blockchain di e-commerce, gli acquirenti spesso acquistano token in blocco e i venditori devono aspettare che essi acquisiscano una certa somma di token prima di poterli incassare. Lo fanno per minimizzare le commissioni di cambio per la conversione fra cripto-token e valute *fiat* (per esempio USD).
- In un token per servizi applicativi come SSC, la rete blockchain potrebbe richiedere ai consumatori dei servizi di depositare e di tenere a saldo i token necessari per molti giorni, per garantire un servizio ininterrotto.

Notate che il prezzo calcolato tramite l'equazione del valore di cambio rappresenta il valore attuale intrinseco del token. L'effettivo prezzo commerciale del token dovrebbe riflettere le aspettative delle persone per quello che sarà il prezzo del token entro alcuni anni. Tuttavia, poiché il denaro futuro è meno prezioso del denaro di oggi, abbiamo bisogno di applicare un tasso di sconto. Supponiamo che il volume di mercato cresca a un tasso annuo del *gr*%, considerando sia la crescita del mercato in generale sia la penetrazione dell'ecosistema della blockchain nel mercato; e che il tasso di sconto annuo sia del *dr*%. Il tasso di sconto dr% è tipicamente compreso fra il 5% e il 10% a seconda del rischio di mercato (il tasso di interesse che si subisce prendendo a prestito del denaro in questo mercato). Dopo *n* anni, il prezzo del token può essere scontato al valore attuale in:

$$Prezzo\ attuale\ del\ token = \frac{T_0 \cdot (1 + gr\%)^n}{V \cdot M_n \cdot (1 + dr\%)^n}$$

T_0 è il PIL della rete della blockchain quest'anno (anno 0). M_n è il numero di token mobili nell'anno n, che dipende dalla struttura del sistema economico. Tipicamente, impieghiamo n=5 per calcolare il valore attuale del token.

Considerazioni progettuali

In generale, più valore aggiunto fornisce la rete blockchain, più può influenzare gli utenti a trattenere i token e a ridurre la velocità del denaro. Questo è il motivo per cui consideriamo le reti blockchain in grado di aggregare piccoli fornitori di servizi più preziose di quelle che, semplicemente, fanno incontrare acquirenti e venditori.

Un difetto comune, da principianti, consiste nel realizzare *appcoin* che fungono unicamente da mezzo di scambio. In pratica, i fornitori e i consumatori dei servizi usano i token solo durante una transazione. Scambiano il token da e verso altre valute immediatamente prima e immediatamente dopo la transazione. Poiché nessuno si trattiene il token, c'è sempre un'abbondanza di token in vendita, e ciò porta il suo valore praticamente a zero. Il Premio Nobel per l'Economia Paul Krugman una volta disse: "Per avere successo, il denaro deve essere da un lato un mezzo di trading e dall'altro una riserva di valore ragionevolmente stabile". Come abbiamo detto, un *appcoin* che venga impiegato semplicemente come mezzo di trading è fondamentalmente instabile e può precipitare a zero. Il requisito della riserva di valore è di dare agli utenti un motivo per conservare la valuta al di là delle transazioni e pertanto di mantenere stabile la velocità monetaria del sistema. Tuttavia, è anche un tipico problema alla "è nato prima l'uovo o la gallina?": la valuta può diventare una riserva di valore solo se ha a una velocità monetaria stabile. Nel caso di Bitcoin, i primi miner hanno deciso di tenere i bitcoin minati, nella speranza che il prezzo crescesse in futuro. Ciò ha ridotto la velocità monetaria e ha aiutato a trasformare i bitcoin in "oro digitale", una riserva di valore. Per la maggior parte dei token di servizio, un buon protocollo potrebbe prevedere nell'ambito del servizio una forma di "accumulo" (per esempio per lo *staking* e il diritto di voto o come sistema di riserva) e creare così una riserva di valore.

Un approccio alternativo

Un approccio alternativo per applicare l'equazione del valore di cambio è il seguente. Il vantaggio di questo approccio alternativo è che considera la "base monetaria" dell'asset in dollari. Se il token ha più scopi (per esempio è un token per titoli e anche un token per servizi applicativi), possiamo ottenere la base monetaria dell'asset in due modi e poi sommarli, come vedremo di seguito.

$$Base\ monetaria\ dell'asset = M = \frac{P \cdot Q}{V}$$

- M è la base monetaria dell'asset. In altre parole, è il valore totale dell'asset in dollari. È la "capitalizzazione di mercato" dei token.
- P è il livello di prezzo del servizio fornito dalla rete. Questo prezzo è in dollari per unità di servizio.
- Q è la quantità di quel servizio disponibile sulla rete. Pertanto, il prodotto di P e Q è il PIL totale dell'ecosistema della rete.
- V è la velocità del denaro nello stesso periodo in cui è stato calcolato il PIL.

Come per il metodo (DCF) che abbiamo impiegato prima, abbiamo bisogno di scontare la base monetaria futura degli asset al loro valore attuale, per prendere in considerazione le aspettative future del mercato. Supponiamo che l'ecosistema della blockchain cresca a un tasso annuo del gr% e che il tasso di sconto sia del dr% annuo (con dr% compreso fra il 5% e il 10%, a seconda del rischio). Il valore attuale della base monetaria è il seguente. P e Q sono entrambi valori attuali.

$$Valore\ attuale\ della\ base\ monetaria = M = \frac{P \cdot Q \cdot (1 + gr\%)^n}{V \cdot (1 + dr\%)^n}$$

Per calcolare il prezzo di ogni token, potete dividere M per il numero di token mobili in n anni. Di nuovo, tipicamente usiamo n=5 per ottenere previsioni in un ragionevole futuro. Ora, immaginate un token che possa essere impiegato sia per titoli di investimento sia come mezzo di trading. Il valore del token come investimento può essere calcolato impiegando i metodi tradizionali di valutazione degli asset di investimento, per esempio impiegando il metodo DCF (*Discounted Cash Flow*), scontando e sommando tutto il flusso di denaro fresco generato dall'ecosistema nel futuro. Al contrario, la capitalizzazione di mercato del token come mezzo di trading può essere calcolata dall'equazione precedente. Queste due capitalizzazioni di mercato sono additive.

NOTA

L'approccio alla valutazione trattato in questo paragrafo è stato originariamente proposto da Chris Burniske. Potete scoprire di più sugli approcci agli investimenti nel suo libro *Cryptoassets: The innovative investor's guide to bitcoin e beyond* (`https://www.bitcoinand-beyond.com`).

Possiamo quindi dividere tutti i token in circolazione in due categorie: guadagni e pagamenti. Se un token viene impiegato il 30% delle volte per pagamenti e il restante 70% delle volte come guadagno per dividendi, metteremo 0,3 token nel pool di pagamento e 0,7 token nel pool dei guadagni. Il prezzo generale del token raggiunge un equilibrio quando il prezzo di ogni caso d'uso corrisponde agli altri.

$$EP = \frac{M_s}{N_s} = \frac{M_e}{N_e}$$

- EP è l'*Equilibrium price* dei token.
- M_s e M_e sono, rispettivamente, i valori attuali dei token dai dividendi degli investimenti e dagli utilizzi negli *exchange*.
- N_s e N_e sono, rispettivamente, i numeri di token impiegati principalmente per investimenti o negli *exchange*.

$$(M_s + M_e) = EP \times (N_s + N_e)$$

$$\textit{Capitalizzazione totale di mercato di un token} = EP \times [\text{Token mobili totali}]$$

È facile dimostrare che quando il token è solo ed esclusivamente un token di servizio, questo metodo alternativo fornisce esattamente lo stesso prezzo del token della formula che abbiamo impiegato per i token di servizio. Abbiamo solo assegnato significati alternativi ai valori dell'equazione. Questo nuovo metodo è più semplice da applicare in situazioni in cui il token ha più utilizzi.

Argomenti avanzati

Ora che abbiamo trattato le basi dell'economia dei token tratteremo alcuni argomenti più complessi della struttura dei token. Non entreremo nei dettagli tecnici, ma cercheremo di fornirvi un'idea del mondo della ricerca in cripto-economia, così che i lettori interessati possano approfondire l'argomento da soli.

Pricing non monetario

Nei paragrafi precedenti, abbiamo trattato il valore intrinseco dei token di servizio. Nel mondo reale, tuttavia, spesso abbiamo bisogno di determinare il prezzo dei token in termini non monetari. Per esempio, in un sistema PoW come Bitcoin, i miner vengono ricompensati per i loro sforzi. Se è troppo facile per i miner guadagnare nuove ricompense per i bitcoin minati, il prezzo di mercato dei bitcoin non crescerà mai, in quanto i miner venderanno semplicemente i loro token per trarre i profitti non appena li hanno minati. Per comprendere questo fenomeno, diciamo che è equivalente ad aggiungere al sistema nuovi token a un passo più veloce della crescita del PIL della rete. Il prezzo del token cadrà, a causa di un eccesso di valuta.

Tuttavia, la maggior parte delle reti blockchain offre meccanismi che consentono ai futuri utenti di "guadagnare" token esattamente con lo scopo di incrementare il PIL della rete. Un obiettivo di primaria importanza per un token pubblico è quello di innescare l'effetto rete. Una volta che la vendita del token è terminata, spesso è desiderabile fornire nuovi incentivi che consentono ai nuovi utenti di guadagnare token contribuendo all'effetto rete in altri modi. Tutti questi mezzi portano a un incremento del PIL della rete e a un incremento di prezzo del token.

Per i progettisti di protocolli, è molto importante saper bilanciare gli interessi degli acquirenti di token e di coloro che guadagnano dai token e assicurarsi che ognuno riceva i token a un prezzo equo. Un esempio di protocollo ben progettato, è proprio Bitcoin. I miner Bitcoin non ricevono i loro BTC gratis. Devono spendere denaro in elettricità, macchine di mining, *data center* e proprietà immobiliari. Se il prezzo di BTC sale, sempre più persone vorranno unirsi a loro o espandere le proprie attività di mining e pertanto incrementare la potenza di calcolo (*hash rate*) disponibile nella rete. Il protocollo è progettato in modo che un incremento di *hash rate* sulla rete faccia sì che l'algoritmo di mining Bitcoin innalzi automaticamente la propria difficoltà, con costi più elevati per i miner. La regolazione automatica della difficoltà di mining crea un ciclo di feedback negativo che mantiene il costo del mining sempre in sincrono con l'attuale prezzo di mercato dei BTC. Per questo motivo, non esistono "giri gratis" nell'ecosistema Bitcoin. In molte nuove reti blockchain, vengono impiegati meccanismi di "Proof-of-*XYZ*" per consentire agli utenti di guadagnare nuovi token dalla rete. Il protocollo deve avere un ciclo di feedback negativo simile a quello del sistema Bitcoin per garantire che il "costo" dei nuovi token (per mining o minting) sia allineato con il loro attuale prezzo di mercato.

Le stable coin

Un obiettivo importante nella progettazione di cripto-token consiste nel creare una valuta "stabile", ovvero che abbia un tasso di cambio stabile con una valuta corrente. Vi sono almeno due importanti casi d'uso per una *stable coin*.

- Un token deve avere un valore stabile per poter essere utilizzato come mezzo di pagamento. Nessuno impiegherà un token a elevata fluttuazione per acquistare dei beni, in quanto è impossibile capire come cambierà il prezzo pagato anche nell'arco della prossima ora.
- Una *stable coin* può operare come riserva sicura per coloro che trattano in token. Come sappiamo, i prezzi dei cripto token spesso mostrano un'elevata correlazione. Spesso si impennano o precipitano contemporaneamente. Per chi tratti in token, in una fase di mercato bassa, non vi è alcun token sicuro in cui "parcheggiare" il denaro in attesa che il mercato raggiunga il fondo. L'unica scelta sembra essere quella di uscire e poi rientrare nel mercato impiegando valute correnti, creando problemi con le tasse, la velocità di commercio e automazioni algoritmiche. Una *stable coin* è molto richiesta negli *exchange*.

Una *stable coin* non è un buon candidato al momento della vendita iniziale, dal momento che nessuno vorrà acquistare un token che, si sa già, non crescerà. Ma le *stable coin* algoritmiche tipicamente vanno a coppie e il token che rappresenta l'*asset pool* ha la capacità di crescere di prezzo. Nei prossimi due paragrafi parleremo di due approcci comuni all'emissione di *stable coin* su reti blockchain, senza una "banca centrale".

Stable coin "collatelarizzate"

Una *stable coin* "collateralizzata" da asset in valuta può sempre essere incassata con un valore stabile. Per esempio, gli utenti possono acquistare una *stable coin* sempre a 1 dollaro. L'emettitore può essere un'entità centralizzata e manterrà i dollari come riserva.

L'emettitore promette di rimborsare sempre e bruciare 1 *stable coin* a 1 dollaro. Le *stable coin* potranno poi essere utilizzate per eseguire transazioni in una rete blockchain. Ogni transazione genererà una commissione, raccolta dall'emettitore.
Un utente può scegliere di conservare e riutilizzare le sue *stable coin*, senza scambiarle in dollari immediatamente prima e dopo l'uso. Questo perché:

- per incassare le *stable coin* in dollari deve affrontare commissioni KYC (*Know Your Customer*) e bancarie;
- per ricevere i potenziali dividendi delle commissioni delle transazioni.

L'emettitore ha interesse a conservare e non scambiare i propri dollari, per approfittare di quanto segue:

- le potenziali commissioni delle transazioni in *stable coin*;
- i tassi di interesse per i dollari che conserva in cambio delle *stable coin*.

Nello scenario precedente, abbiamo un generico emettitore di *stable coin*. In realtà, molte altre entità di una rete blockchain hanno i loro incentivi a emettere *stable coin* e molti altri modi per avvantaggiarsene. Ecco alcuni esempi.

- *Emissioni per cash flow*: le *stable coin* potrebbero essere emesse da un'azienda che ha un flusso stabile di valuta corrente. Le *stable coin* potrebbero essere emesse dai profitti prodotti dall'azienda e poi rivolte ai clienti. Questo consentirebbe all'azienda di finanziare e promuovere alcuni comportamenti degli utenti, creando come effetto collaterale una *stable coin*.
- *Emissione di prestiti*: le *stable coin* possono essere create da un cripto-prestito. L'emettitore potrebbe impegnare dei bitcoin ed emettere delle *stable coin* da spendere come valuta corrente (dollari, euro…). Quando i possessori delle *stable coin* le incasseranno, l'emettitore venderà i bitcoin per coprire l'incasso in valuta corrente. In questo caso, devono essere attivate delle regole per cambiare i bitcoin in valuta corrente quando il prezzo dei bitcoin cala.
- *Emissioni per pagamenti*: le *stable coin* potrebbero essere emesse da utenti con elevati volumi di transazioni su una rete di trading. L'utente deposita delle valute correnti necessarie per i pagamenti ed emette le proprie *stable coin*. L'utente poi impiega le *stable coin* generate per i suoi pagamenti. I destinatari del pagamento potranno riutilizzare le *stable coin* per altri pagamenti. L'emettitore conserva i suoi depositi in valuta corrente come passività per l'importo in sospeso in *stable coin*. In questo caso, l'emettitore garantisce sostanzialmente i pagamenti nell'intera rete, che rientra nelle responsabilità dei forti utilizzatori della rete. Un grande vantaggio di questo approccio è che può essere decentralizzato.

Come possiamo vedere, vi sono molte motivi per i quali delle entità possono mettere da parte asset collaterali ed emettere *stable coin*. Immaginiamo un futuro con varie *stable coin* per applicazioni differenti e con differenti vantaggi per l'emettitore.

NOTA

La valuta USDT è una *stable coin* ampiamente utilizzata. Si basa sui dollari in possesso dell'emettitore. In teoria, i possessori di USDT possono scambiarli alla pari con i dollari in qualsiasi momento. Ciò dà a USDT un prezzo stabile, legato al dollaro. Tuttavia, contando sul credito e sull'affidabilità di un emettitore centrale, USDT è solo una piccola "banca centrale" privata. Questo approccio è molto contrario allo spirito della community delle blockchain. Tuttavia, la popolarità di USDT dimostra che vi è una reale esigenza di *stable coin*.

Stable coin algoritmiche

Un'altra interessante ma ancora inattuata classe di *stable coin* è costituita dalle stable coin algoritmiche. L'idea è quella di creare un *asset pool* che acquista token quando il loro prezzo cala e li vende quando il prezzo cresce. Questo per impiegare il meccanismo di mercato che crea una *stable coin*. Il vantaggio principale delle *stable coin* algoritmiche è che non richiedono di avere un'uguale somma in valuta corrente per rimanere stabili. Esse hanno la possibilità di attrarre dinamicamente capitali e asset nel sistema, i quali fungono da valore collaterale per resistere alle fluttuazioni di mercato.

Vi sono molti tentativi. Per esempio, il protocollo Maker crea due token interconnessi. Entrambi fluttuano liberamente. Ma tramite il trading del token Market Maker (MKR), il token basato su asset DAI dovrebbe mantenere un prezzo stabile. Non entreremo nei dettagli del protocollo Maker, dal momento che, al momento attuale, è ancora in una fase molto sperimentale. I lettori interessati possono leggere il suo *White Paper* in `https://makerdao.com/whitepaper`.

Conclusioni

In questo capitolo abbiamo parlato della struttura economica delle criptovalute blockchain. Nel resto del libro, vedremo come realizzare reti blockchain a supporto di una criptovaluta.

Capitolo 23

Initial Coin Offering (ICO)

di Ash SeungHwan Han

In questo capitolo

- **Una breve storia**
- **L'utilità di una ICO**
- **ICO contro finanziamenti di capitale tradizionali**
- **Valutazione di un progetto ICO**
- **Rischi per la partecipazione a ICO**
- **Conclusioni**

Se frequentate il mondo delle blockchain, avrete sicuramente già sentito nominare il termine "ICO". ICO sta per *Initial Coin Offering*, termine che deriva da IPO (*Initial Public Offering*). È stato chiamato anche "contributo", "donazione" o TGE (*Token Generation Event*) a seconda del progetto o delle caratteristiche del token come pure dell'interpretazione legale. In questo capitolo, forniremo un'introduzione alle ICO e vedremo quando e come devono essere impiegate.

Una breve storia

L'accesso al mercato dei capitali è una caratteristica distintiva del capitalismo moderno. Per poter avviare un nuovo business o sviluppare un nuovo progetto, in genere è necessaria una certa quantità di capitale. Tramite una ICO, tali fondi vengono raccolti e i partecipanti ricevono dei token emessi dal progetto, tramite un meccanismo blockchain. Se il prezzo del token sale, i partecipanti ne traggono un profitto. Se l'IPO è uno strumento di *fundraising* tradizionale per un'azienda, l'ICO è un nuovo metodo basato su blockchain.

La prima ICO si è verificata nel settembre 2013, per Mastercoin. Venne raccolto un totale di 4.740 bitcoin, che all'epoca valevano 600.000 dollari. Gestito da una fondazione, il *fundraising* venne impiegato per sviluppare Mastercoin e promuovere il suo ecosistema.

Poco dopo vennero altre ICO. Nel 2013, NXT indisse una sua ICO e nel 2014 completarono la loro ICO progetti come Ethereum, Counterparty,

Digibyte, NEM, Maidsafe, Supernet, Storej e così via. Nel 2015 fu il turno di Augur, Synereo, NEO e IOTA. Nel 2016, il meccanismo dell'ICO iniziò a esplodere e fu all'origine di oltre 70 progetti, fra i quali DAO, Waves, Stratis, Iconomi, Komodo, Golem e Chronobank. Nel 2017, vennero finanziati in questo modo oltre 900 progetti, che raccolsero approssimativamente 6 miliardi di dollari. Il mercato delle ICO è andato incontro a una costante crescita.

I progetti ICO sono stati un grande successo per il *fundraising*. Il più grande ICO è rappresentato dal progetto Filecoin, che nel settembre 2017 ha raccolto 257 milioni di dollari. Il secondo è Tezos, che nel luglio 2017 ha raccolto 232 milioni di dollari. Tezos ha poi raccolto 65.627 BTC e 361.122 ETH, per una somma totale di 1,4 miliardi di dollari il 13 gennaio 2018.

Ethereum, un progetto nato nel 2014, ha giocato un ruolo cruciale nel promuovere le ICO. Ethereum è una piattaforma blockchain in cui gli utenti possono scrivere dei programmi ed eseguirli sulla Ethereum Virtual Machine. In Ethereum, la specifica ERC20 fornisce un approccio standard all'emissione di nuovi token, che possono poi essere venduti tramite ICO. ERC20 è pertanto chiamato "il codice delle ICO".

Grazie ai token ERC20 in Ethereum, non vi è alcuna necessità di realizzare o gestire una nuova blockchain per emettere cripto-token. Impiegando codice sorgente prontamente disponibile, basta semplicemente usare la blockchain Ethereum per emettere dei token. Pertanto, le ICO divengono tecnicamente molto più semplici e proprio a questa bassa "barriera d'ingresso" si deve il boom delle ICO nel 2017.

Fra i principali progetti per la piattaforma blockchain che hanno condotto ICO di successo vi sono Ethereum, Cosmos, EOS, Qtum, NEO, Cardano, Waves, NEM, CyberMiles e altri.

L'utilità di una ICO

L'ICO fornisce un meccanismo che consente di definire un prezzo di mercato per un nuovo cripto-token. Il valore dei cripto-token in vendita, alla fine, sarà determinato dal mercato dell'offerta e della domanda. Tuttavia, all'inizio di un nuovo token, è difficile prevedere un prezzo di mercato. L'ICO consente ai primi partecipanti di giungere a un consenso sul valore del token e poi offre ai primi adottatori l'opportunità di acquistare il token al prezzo stabilito dal consenso.

Quando venne lanciato Bitcoin, non aveva un prezzo. Successivamente, quando le persone hanno cominciato a impiegare i loro bitcoin nelle transazioni e nel trading, il prezzo dei bitcoin ha iniziato a fluttuare ampiamente, a seconda del tempo, della posizione e della natura delle transazioni. Ci vollero anni prima che si raggiungesse un consenso sul prezzo dei bitcoin in un determinato istante. Una volta raggiunto questo consenso, Bitcoin divenne una vera valuta per conservare e scambiare importi. Il 13 gennaio 2018, Bitcoin divenne la 18-esima valuta al mondo in termini di "capitalizzazione di mercato" totale. Al confronto, il dollaro di Hong Kong (HKD) è al 16-esimo posto, il rublo (RUB) è al 24-esimo posto e il dollaro di Singapore (SGD) è al 33-esimo posto.

Come mostra la cronologia di Bitcoin, possono essere necessari anni prima che il mercato converga verso un prezzo concordato di una criptovaluta. In realtà, la maggior parte delle criptovalute che non sono passate attraverso una ICO, non ha prezzo e pertanto diventa molto difficile scambiarle o utilizzarle per transazioni. Senza un token commerciabile, il progetto blockchain sottostante non può fornire incentivi o contare su effetti per la sua community.

Facilitatori di un progetto blockchain

Come abbiamo visto, una caratteristica chiave di un progetto blockchain è il suo effetto rete. Una ICO contribuisce all'innesco dell'effetto rete. Un progetto blockchain si espande quando sempre più persone partecipano autonomamente e offrono un contributo al progetto. Il valore del progetto blockchain è nella rete che crea. Se il valore futuro della rete viene valutato e distribuito ai partecipanti fin dall'inizio, allora ancora più persone parteciperanno e sentiranno la proprietà nel progetto. Ciò crea un ciclo di feedback positivo per l'avvio della rete.

Dal punto di vista dell'effetto rete, è importante sapere quante persone partecipano all'ICO e ci sono. In generale, è più vantaggioso che i partecipanti siano molti e che possano contribuire direttamente al progetto dell'ICO. Per esempio, se un progetto consiste nel creare una rete blockchain l'industria dell'intrattenimento, le partecipazioni all'ICO da parte di cantanti, attori, case discografiche, distributori e case di produzione di film sarà particolarmente prezioso, in quanto essi aiuteranno a far crescere la rete e pertanto anche il valore del suo token, dopo l'ICO.

L'effetto rete per progetti PoS

Come abbiamo descritto nel Capitolo 2, vi sono due tipi principali di blockchain: PoW (*Proof-of-Work*) e PoS (*Proof-of-Stake*). Mentre Bitcoin ed Ethereum (almeno inizialmente) sono entrambi blockchain PoW, la nuova generazione di blockchain scalabili e ad alte prestazioni è tutta di tipo PoS.

Tuttavia, quando si tratta di dare avvio all'effetto rete, le blockchain PoW rappresentano una strada già nota. I token PoW vengono rilasciati gradualmente ai miner che hanno investito denaro nella costruzione dell'infrastruttura della blockchain. I miner competono gli uni con gli altri per creare una rete differente e decentralizzata. Tuttavia, i miner hanno un sicuro interesse nel vedere la blockchain della rete avere successo e nel veder quindi crescere il prezzo del token.

Nel caso di blockchain PoS, al contrario, spesso il numero totale di token emessi è fisso (o predeterminato) ed è anche possibile che una singola persona possegga tutti i token. Come creare, allora, una rete con molti "azionisti", tutti impegnati a far crescere la blockchain PoS? L'ICO fornisce esattamente questo meccanismo.

Un approccio semplicistico per distribuire i token in un progetto PoS consiste nel tenere una vendita di token, che tutti possono acquistare. Tuttavia, ciò potrebbe portare allo sviluppo di un monopolio che danneggerebbe la blockchain se qualcuno intendesse acquistare la maggioranza dei token e avere così più del 51% del potere di voto PoS. Tale fenomeno è chiamato *Byzantine Attack* o "Attacco del 51%". La soluzione consiste nel tenere una vendita pubblica dei token (per esempio, una ICO) e ottimizzare le regole in modo da includere quanti più partecipanti pubblici possibile (per esempio, stabilire particolari regole di capitalizzazione e di ammissione all'ICO). Pertanto, per le blockchain PoS, sono tre i fatti che possono influenzare significativamente la stabilità del sistema.

- Possibilità di un'ICO pubblica.
- Numero di partecipanti all'ICO.

- Somma da raccogliere nell'ICO.

È imperativo avere quanti più partecipanti possibile e che la capitalizzazione totale di mercato dei token sia sufficientemente elevata da evitare un attacco da parte di un solo partecipante o di una minoranza di partecipanti che cerchi di dominare il meccanismo di consenso.

Fundraising

Naturalmente, oltre a creare istantaneamente una comunità di veri azionisti per far crescere la rete blockchain, l'ICO aiuta il progetto a raccogliere denaro. La maggior parte dei progetti blockchain è di tipo "comunitario", senza una corporation centrale, cosa che li rende poco adatti a investimenti azionari. Tuttavia, come abbiamo visto ripetutamente (per esempio nel caso di Uber, Amazon, Facebook), la costruzione dell'effetto rete richiede significative quantità di capitali. Il ricavato dalla vendita dei token può essere impiegato esattamente per questi scopi. L'ICO può raccogliere fondi per miglioramenti tecnologici, attività e *governance* di rete, requisiti legali, incentivi alla community, pre-pagamento dei futuri servizi di rete e molti altri scopi.

Naturalmente, diffondendosi l'idea delle ICO, anche le aziende che non utilizzano direttamente la tecnologia blockchain si sono avvicinate al *fundraising* tramite ICO. Questo è un fenomeno interessante che ha dato origine al concetto di "token per titoli (investimenti)": token che rappresentano la proprietà di un asset invece di un meccanismo di pagamento in una blockchain. Le finalità che spingono a usare ICO come meccanismo di *fundraising* sono sostanzialmente le seguenti.

Elevata richiesta

La quantità di capitale cresce in modo esplosivo nel mercato delle criptovalute, perché gli investitori sono molto attratti da progetti che garantiscono un intenso effetto rete o che offrono nuovi modi di investimento. Rispetto al *venture capital* tradizionale, il *fundraising* tramite ICO ha un più basso livello di difficoltà e una più elevata capacità di attrarre capitale.

Effetto marketing

L'effetto marketing di un'ICO è analogo all'effetto rete. Tramite l'opera di "evangelizzazione" dei primi adottatori e acquirenti, il progetto richiama l'interesse del grande pubblico. I progetti ICO possono accedere con successo al marketing globale tramite molteplici canali.

Liquidità istantanea

I cripto-token sono commerciabili istantaneamente, anche se non sono elencati negli *exchange*. Inoltre, far rientrare un cripto-token in un *exchange* è molto meno difficile che entrare nel mercato delle azioni. Tramite gli *exchange* e il commercio, i progetti possono acquisire ulteriore capitale e catturare altri partecipanti.

ICO contro finanziamenti di capitale tradizionali

Cercheremo ora di approfondire l'aspetto di *fundraising* delle ICO, dal momento che il grande pubblico percepisce il meccanismo delle ICO come un modo per raccogliere denaro. Le caratteristiche distintive di una ICO possono essere descritte per confronto con il modello tradizionale degli investimenti a *venture capital*.

Barriera d'ingresso come investimento

Nel modello tradizionale di *venture capital* (VC), un investitore deve contribuire a un fondo VC come LP (*limited partner*). È richiesta un'elevata somma di capitale per investire e i GP (*general partner*, coloro che prendono decisioni di investimento nel fondo per conto dei LP) prendono una grossa fetta sia in commissioni sia in termini di interessi. Al contrario, nel caso di una ICO, chiunque in tutto il mondo può partecipare, indipendentemente dal capitale investito. Il fatto che chiunque possa investire in una *startup* rende le ICO un meccanismo di investimento innovativo.

> **NOTA**
>
> È importante notare che in alcuni paesi c'è la possibilità che alcune ICO vengano considerate investimenti in titoli. Per essere in regola con la legislazione vigente, è consigliabile che l'emettitore dell'ICO controlli l'identità di ogni investitore che intenda partecipare alla vendita pubblica di token (con una verifica *Know Your Client*, KYC).

Barriera d'ingresso come fundraising

Vi sono molte difficoltà, per una *startup*, nel ricevere investimenti di tipo *venture capital*. Si è soggetti a una valutazione, che è un processo lento e noioso. Poiché il *venture capital* è una risorsa scarsa, la *startup* non ha potere di trattativa sui contratti. Di conseguenza, il contratto di investimento spesso è fortemente a favore dell'investitore, il che mette a rischio il progetto e i suoi fondatori. Inoltre, spesso i *venture capitalist* pretendono di avere un notevole controllo sui processi decisionali commerciali.

Le ICO consentono una partecipazione pubblica e globale al processo d'investimento. Mentre un'offerta *venture capital* può esaurirsi dopo alcuni meeting infruttuosi con i *venture capitalist*, le ICO possono rivolgersi ad alcuni investitori di un pool molto più ampio. Nel 2017, molti progetti ICO hanno raccolto più capitali in un periodo più breve rispetto ai progetti finanziati tradizionalmente tramite *venture capital*.

Leggi/documenti

Un tipico investimento di tipo *venture capital* è sottoposto a specifiche norme di legge, come pure un pesante lavoro amministrativo. Anche dopo che l'affare *venture capital* è concluso, può essere necessario molto tempo (perfino mesi) prima che il finanziamento sia attivo e prima che il team possa iniziare a lavorare. Attualmente, le ICO richiedono una regolamentazione minima, una documentazione minima (spesso basta uno smart contract su Ethereum) e il finanziamento è immediato. Tuttavia, le cose potrebbero cambiare molto in futuro, se i paesi decideranno di regolarizzare questo settore. Per esempio, la maggior parte dei progetti ICO già prevede l'esclusione di cittadini cinesi e statunitensi. Naturalmente, questo significa anche che il progetto deve effettuare verifiche e registrazioni KYC di tutti i potenziali partecipanti per poter avviare l'investimento. Questo è qualcosa che non può essere fatto impiegando solo smart contract su una blockchain.

Liquidità dopo il fundraising

La liquidità immediata è il principale motivo per cui le ICO hanno avuto una crescita senza precedenti. In un investimento tradizionale di tipo *venture capital*, la disponibilità liquida degli asset richiede che gli investitori attendano il prossimo turno di investimento o che si svolga l'IPO. Questo richiede tempo e si corre anche il rischio che il successivo turno di investimento non si svolga affatto.

Al contrario, dal momento che una ICO si svolge nella blockchain, le transazioni di investimento possono essere eseguite anche senza intermediari. Inoltre, se l'asset è elencato in un *exchange* di criptovalute, questo crea una liquidità aggiuntiva. L'abbondanza di liquidità incoraggia sempre più persone a entrare nel mercato.

Partecipazione della community

Per un progetto blockchain, spesso la partecipazione della community è cruciale per far scattare l'effetto rete e per il successo dell'intero progetto. Al contrario, il ruolo di un *venture capitalist* in un progetto si limita alla raccolta del capitale, non al creare una community. Una ICO è, per definizione, un processo di creazione di una community. La community creata dall'ICO nella fase di investimento rappresenterà poi la base per il successivo sviluppo del progetto.

Rischi

Gli investimenti a *venture capital* e a ICO espongono a tipi di rischi differenti.

Un tipico progetto ICO tende a trovarsi in una fase più embrionale rispetto a un tipico progetto alla ricerca di *venture capital*. La maggior parte dei progetti ICO riceve fondi in base solo a un'idea tecnologica e a una *roadmap* di costruzione di una rete. In termini di maturità del progetto, le ICO possono essere considerate investimenti ad alto rischio. Tuttavia, dal momento che i progetti ICO raccolgono liquidità molto più velocemente rispetto ai sistemi tradizionali, il rischio di perdere l'investimento è molto più ridotto, poiché gli investitori non metteranno i loro capitali nel progetto se non alla fine. In termini di rischi di liquidità, si può dire che le ICO presentano un rischio inferiore rispetto agli investimenti azionari.

Dimensioni del mercato

Il mercato *venture capital* tradizionale è gigantesco. Secondo il database Crunchbase, approssimativamente 22.700 *startup* hanno ricevuto un totale di 213 miliardi di dollari di investimenti.

In base ai dati raccolti da Coindesk, le ICO hanno raccolto circa 3,5 miliardi di dollari di fondi dal gennaio al novembre 2017. Le ICO hanno presentato un afflusso di capitali esponenziale nel 2017.

Valutazione di un progetto ICO

Ora vedremo come valutare un progetto ICO considerando i suoi componenti chiave. Una tipica ICO è costituita dai seguenti componenti: progetto, team, capitale, community e assetto legale.

Progetto

Il progetto è l'obiettivo e lo scopo dell'ICO. La natura del progetto stabilisce quanto capitale dovrà essere raccolto durante una ICO e come i token dovranno essere allocati ai vari scopi. Occorre definire un obiettivo chiaro, una *roadmap* e delle scadenze. Il progetto deve essere realistico in termini di obiettivi e orizzonti temporali.

Team

Come in ogni sforzo imprenditoriale, è il team a determinare il successo finale del progetto. Il team deve essere composto da imprenditori, manager ed esperti del dominio in tutte le aree di specializzazione previste dal progetto. Occorre designare chiaramente i ruoli di ciascun membro. Nella valutazione del progetto, occorre considerare il livello di dedizione al progetto di ciascun membro del team, e il tempo che ognuno può dedicare al progetto.

Struttura di fundraising

L'ICO raccoglie fondi vendendo token. La struttura di vendita dei token può variare molto da progetto a progetto. Per esempio, possono essere messi in vendita tutti i token tutti in una volta. Spesso, tuttavia, una parte dei token disponibili può essere riservata per una pre-ICO rivolta a un determinato gruppo di investitori (per esempio, in una vendita privata) e il resto verrà venduto al pubblico in un secondo tempo.

Tabella di distribuzione dei token

La distribuzione dei token creati da una ICO gioca un ruolo cruciale nella creazione dell'ecosistema di un progetto. Tipicamente, varie parti dei token verranno riservate al team, ai partecipanti all'ICO e/o allo sviluppo dell'ecosistema. Il piano di distribuzione deve essere definito in base agli obiettivi del progetto.

Community

Come abbiamo detto, la creazione e la crescita di una community gioca un ruolo cruciale per la blockchain della ICO per un progetto. La blockchain pubblica è decentralizzata e pertanto la sua utilità aumenta con il numero di partecipanti e con le dimensioni della sua rete. Se da un lato l'ICO aiuta ad avviare la crescita, la community deve cominciare a generare una propria crescita e a creare un effetto rete positivo dopo l'ICO.Vi devono essere meccanismi chiari con i quali i partecipanti all'ICO possano essere coinvolti nel progetto. La community può rispondere a domande, ospitare eventi o contribuire allo sviluppo tecnico del progetto.

La maggior parte dei progetti cerca di dare origine a una community globale. Per esempio, le community Bitcoin ed Ethereum tengono vari eventi in tutto il mondo e manifestano un forte senso di solidarietà.

Assetto legale

Poiché lo scopo di una ICO è quello di realizzare una rete blockchain, tipicamente se ne occupa un'organizzazione non-profit (per esempio, una fondazione) che fornisce la *governance* e la cura della rete. A causa di vari rischi legali in alcuni paesi, molte ICO scelgono Singapore o la Svizzera come sede legale delle loro fondazioni. Tuttavia, spesso il lavoro viene svolto con la collaborazione di una società for-profit, che fornisce dei servizi alla fondazione tramite contratti. È una struttura complessa, che deve essere predisposta in base alle norme legali. Gli investitori di un'ICO sono incoraggiati a valutare l'assetto legale e i sistemi di protezione dei loro investimenti garantiti dalla fondazione che raccoglie i fondi.

Durante l'ICO, la fondazione deve anche tenersi aggiornata sui cambiamenti del panorama legale locale e globale. Per esempio, può dover escludere i cittadini o i residenti di alcuni paesi per evitare di incorrere in sanzioni o violazioni delle leggi sulla sicurezza.

Rischi per la partecipazione a ICO

Essendo una forma largamente non regolamentata di *fundraising*, le ICO sottopongono a significativi rischi gli investitori. Parleremo ora dei principali fattori di rischio associati ai progetti ICO.

Rischio di hacking

Le ICO sono meccanismi tecnici, che coinvolgono conti in criptovalute, smart contract, procedure KYC e così via e il denaro che raccolgono è molto. Per questo motivo, sono soggette all'interesse degli hacker.

Possono essere attaccati i progetti ICO. Progetti di alto profilo, come DAO, Polkadot e Coindash, sono tutti caduti vittima di attacchi di hacker, con perdite per centinaia di milioni di dollari. In questi casi, mentre gli investitori possono ricevere comunque i token promessi, la perdita dei fondi d'investimento influenzerà negativamente lo sviluppo del progetto.

Anche lo stesso processo di partecipazione a un'ICO può essere rischioso. Alcuni partecipanti sono caduti vittima di *phishing*, inviando i propri fondi (o ricevendo i token) agli indirizzi sbagliati.

Rischi nello sviluppo del progetto

Come ogni *startup*, il progetto dell'ICO può fallire anche dopo la raccolta di fondi, cosa che fa sì che i token venduti con l'ICO risultino di valore nullo.

- L'intera ICO può essere una truffa. Per esempio, lo scopo di un'ICO potrebbe non essere il progetto, ma l'ICO stessa.
- La tecnologia necessaria per il progetto potrebbe non esistere o non venire sviluppata.
- Il progetto non riesce a sviluppare l'effetto rete e a trovare sufficienti partecipanti.
- Sul mercato esistono già soluzioni migliori.
- Non vi è alcun vero mercato per la soluzione ideata.

Tutti questi problemi possono essere contenuti applicando la dovuta cautela sul progetto. Tuttavia, i piccoli investitori spesso non hanno le risorse e l'esperienza per poter applicare tale cautela. Questo apre spazi per la nascita di agenzie professionali e indipendenti di valutazione delle ICO.

Rischi legati al team

Alla fine, il successo di ogni progetto dipende dal team. Spesso i componenti del team sono anche il maggiore elemento di incertezza e la parte più rischiosa del progetto. Spesso i team delle ICO si sono smembrati e sono spariti con i fondi raccolti. La somma e la distribuzione dei capitali raccolti può essere fonte di dissidi all'interno del team. Alcuni progetti falliscono per il fatto che i membri del team non concordano sul modo in cui compensare equamente gli altri. Alcuni team, poi, sono proprio tecnicamente incompetenti a intraprendere il progetto.

Conclusioni

In questo capitolo abbiamo visto che cos'è una ICO e perché un'ICO è così importante nella progettazione di una blockchain, oltre la semplice raccolta fondi. Vi sono molti rischi associati a questa forma non regolamentata di *fundraising*, ma se viene svolta bene, essa può anche dare notevoli soddisfazioni finanziarie e creare una community di utenti collaborativi.

Una ICO è semplicemente un evento di raccolta di capitali e di avvio di una community, ma è anche l'inizio di un lungo viaggio. Per avere successo e creare valore per i suoi token, ogni progetto deve concentrarsi su obiettivi. E si tratta di una lunga maratona!

Ash Han ha fornito importanti contributi alla stesura di questo capitolo.

Capitolo 24

Exchange di criptovalute

di Ash SeungHwan Han

In questo capitolo

- Tipi di exchange
- Decentralizzazione
- Prodotti e servizi
- Conclusioni

Un componente chiave nell'ecosistema delle criptovalute è rappresentato dagli *exchange*: gli "uffici di cambio". Quando diciamo che un bitcoin sul conto vale 10.000 euro, significa che è possibile cambiarlo in questo momento con 10.000 euro che possono essere versati su un conto. Le criptovalute (i token) possono avere un valore e diventare liquidità solo se possono essere attivamente scambiate. Come abbiamo trattato nei capitoli precedenti, i cripto-token possono fare la loro parte nell'incentivare lo sviluppo della blockchain e per scatenare l'effetto rete solo se si sono affermate e se hanno un valore ben preciso per tutti i membri della community. In questo capitolo, esploreremo i servizi offerti dagli *exchange* di criptovalute. Parleremo dei vari tipi di *exchange* e del loro ruolo nell'ecosistema.

Tipi di exchange

Gli *exchange* consentono di cambiare delle criptovalute in altre criptovalute, ma anche in valute correnti come l'euro o il dollaro. In generale, vi sono tre tipi di *exchange*.

Exchange in valute correnti

Un *exchange* in valute correnti consente di eseguire conversioni fra criptovalute e valute correnti. Operano sotto licenza governativa in modo da poter operare insieme alle banche così da permettere l'incasso su conto corrente o carte di credito. Questi *exchange* sono soggetti a rigidi regolamenti statali e in genere possono trattare solo un insieme limitato di criptovalute (come bitcoin ed ether).

Gli *exchange* in valute correnti in genere sono affidabili e godono di una buona reputazione, in quanto sono istituzioni regolamentate e semi-finanziarie. Tuttavia, sono anche piuttosto restrittive e centralizzate. Per esempio, devono verificare e registrare le informazioni anagrafiche degli utenti, per le attività di protezione anti-frode e per scopi fiscali. Sono comodi, ma la loro esistenza non è in linea con il mondo decentralizzato delle blockchain delle criptovalute e per questo motivo, molti li considerano solo un primo passo verso un sistema finanziario pienamente decentralizzato.

Alcuni esempi di *exchange* di criptovalute che gestiscono conti in euro/dollari sono Kraken e GDax (di Coinbase).

Exchange per token

Un *exchange* che consente solo di cambiare coppie di cripto-token. Poiché in questo tipo di cambio non sono coinvolte valute di corso legale, questi *exchange* sono molto meno regolamentati e pertanto possono crescere molto più velocemente. Questi *exchange* rappresentano attualmente (prima metà del 2018) i luoghi in cui si cambiano i volumi di gran lunga più elevati di criptovalute al mondo. Tuttavia, se i regolamenti si occuperanno anche di questi *exchange*, la loro crescita futura è in dubbio. In particolare, forse questi *exchange* devono essere regolamentati e tutti coloro che li utilizzano dovrebbero usare nomi reali e pagare le tasse sui loro guadagni.

La maggior parte degli *exchange* per token fornisce anche la possibilità di cambiare i token in *stable coin*, per "parcheggiare" temporaneamente i loro asset nel caso di forti fluttuazioni del mercato senza mai cambiarli in valute di corso legale. Fra queste *stable coin* vi è USDT, che dovrebbe simulare un deposito in dollari con un cambio 1:1. Lo status legale di queste *stable coin* è però piuttosto oscuro.

Esempi di *exchange* per token sono Binance, OKEX e HuoBi. L'attuale generazione di *exchange* per token è molto centralizzata e gestita da singole società che opera per trarre profitti da tale attività. Talvolta gli *exchange* emettono un loro cripto-token (per esempio BNB per Binance) che facilita le attività di marketing e la formazione di utili per gli azionisti della società e i proprietari di token tramite sconti e riscatti.

NOTA

Nei paesi in cui il commercio di cripto-token è vietato, c'è un altro tipo di *exchange* chiamato OTC (*Over The Counter*). Gli *exchange* elencano solo gli ordini e consentono alle parti di incontrarsi, per poi condurre affari fuori dalla piattaforma. Spesso c'è un meccanismo che consente alle parti di confermare la chiusura dell'accordo e il rilascio dell'ordine. È come un Craigslist per le criptovalute.

Exchange per titoli in token

Questa è una tendenza emergente nel mondo delle criptovalute e il suo scopo è quello di gestire i token classificati come investimenti. Come i mercati azionari, questi *exchange* saranno soggetti alle leggi del settore finanziario. Vi sono molte classi di fondi scambiati solo da investitori accreditati e sottoposti a rigidi regolamenti. Si tratta di *exchange* altamente centralizzati, ma essi rappresentano anche la più grande opportunità per un'adozione diffusa dei cripto-token. I fondi in token sono chiamati anche STO (*Security Token Offering*).

Vi sono molti progetti per realizzare *exchange* per token per titoli (investimenti). Ecco i principali.

- OpenFinance Network (`http://OpenFinance.io`) è uno dei primi *exchange* pienamente legale per titoli in token negli Stati Uniti. Crea uno standard tecnico aperto chiamato S3 (*Smart Securities Standard*, `https://github.com/OpenFinanceIO/smart-securities-standard`), che connette i contratti per token ERC20 ai servizi KYC (*Know Your Client*) e AML (*Anti-Money Laundry*) della rete OpenFinance. Questo consente ai token ERC20 di determinare se i possessori sono in regola con le leggi e agire di conseguenza.
- Il progetto tZero ha già raccolto 100 milioni di dollari tramite una ICO per realizzare un *exchange* legale per il trading di titoli in token.
- Il progetto Templum sta realizzando una piattaforma per fondi di investimento, ICO e per il mercato secondario.
- Circle, una società di cripto-pagamenti P2P, ha recentemente acquisito l'*exchange* statunitense Poloniex per realizzare un *exchange* legale per il mercato dei fondi d'investimento.
- Il progetto Harbor sta realizzando un protocollo decentralizzato per STO (*Security Token Offering*) ed *exchange* per fondi.
- Il progetto Polymath punta a realizzare un sistema blockchain che cattura il profilo personale di tutti gli investitori per determinare chi può fare trading di quali tipi di fondi e con chi. Questo è un progetto ambizioso può fungere da elemento di solidità per gli *exchange* per titoli.

Come potete vedere, vi sono molti tentativi di realizzare token per titoli. Se questi tentativi avranno successo, il panorama degli asset in cripto token cambierà radicalmente aspetto.

Decentralizzazione

Come abbiamo detto, uno più grandi problemi degli *exchange* per cripto-token oggi è la centralizzazione. Per un ecosistema che è fondato sull'idea della decentralizzazione, è ironico che l'infrastruttura più critica sia dominata da grandi società centralizzate. I motivi sono vari.

- Per gli *exchange* di valute correnti, i requisiti legali di regolamentazione del settore bancario (per esempio, per l'impiego di identità reali la responsabilità per cattive condotte) obbliga a creare entità centralizzate.
- Tuttavia, la maggior parte del volume di scambi non avviene su *exchange* per valute correnti. La maggior parte del tradingi si verifica su *exchange* per token. Qui un modello centralizzato facilita la gestione degli ordini.
- Gli *exchange* centralizzati possono incentivare la partecipazione e il trading attivo.

La decentralizzazione non obbliga le due parti a inviare token e asset a un conto su un *exchange* e a operare all'interno del sistema dell'*exchange*. Un *exchange* decentralizzato può far incontrare le due parti in qualsiasi parte del mondo e poi cambiare i token direttamente dai wallet privati delle due parti. Un *exchange* decentralizzato non è quindi una vera entità, ma un protocollo di rete, probabilmente operante sotto forma di smart contract in una blockchain.

A parte i motivi ideologici, vi sono anche fondati motivi pratici per creare e impiegare *exchange* decentralizzati. Per esempio, gli *exchange* decentralizzati sono molto più sicuri. Gli *exchange* di criptovalute sono irresistibili per gli hacker. Quasi tutti gli *exchange* sono stati colpiti, in passato. E così, il processo di invio e conservazione di asset sui conti di un *exchange* non è sempre sicuro. È, naturalmente, molto più sicuro operare direttamente da un wallet privato, come avviene nel caso degli *exchange* decentralizzati.

Vi sono molte idee, per lo più sperimentali, per realizzare *exchange* decentralizzati.

- EtherDelta e BTS sono gli *exchange* decentralizzati originali delle blockchain Ethereum e BitShare. Sono smart contract che consentono ai trader di piazzare ordini e fare trading da conti privati.
- I protocolli più recenti come Kyber Network tentano di essere qualcosa di più di un "cambiavalute". Offrono vari servizi finanziari, come la gestione di contratti e pagamenti.
- DAEX è un protocollo per liquidazioni decentralizzate. L'idea è che gli *exchange* centralizzati sono ottimi per cambiare le valute, ma la liquidazione dei conti (per esempio, l'effettivo trasferimento di tutti gli asset) per sicurezza dovrebbe essere eseguita dal conto privato del trader. DAEX fornisce una sicurezza decentralizzata per gli *exchange* centralizzati.
- 0x è un protocollo che considera tutti i moduli di una rete di *trading*, dai wallet agli ordini, al protocollo di *trading*, alle interfacce. Consente di realizzare un nuovo *exchange* da zero e di impiegare il massimo livello di decentralizzazione in ogni modulo.
- Il protocollo Bancor punta a creare un nuovo token a smart contract che può operare da intermediario per fornire una controparte di *trading* per qualsiasi token. Il tasso di cambio è calcolato dal protocollo e pertanto c'è sempre liquidità. Anche se il sistema Bancor soffre ancora di problemi implementativi (il sistema è ancora in fase demo e non effettivamente utilizzabile), è un'idea che vale la pena di esplorare.
- Tutti questi sistemi operano su reti mono-blockchain. Lo smart contract per l'*exchange* decentralizzato deve esistere su determinate blockchain e può gestire solo gli asset di tali blockchain. I protocolli Plasma, Polkadot e Cosmos IBC forniscono meccanismi di *exchange* su più blockchain. Possono garantire la distruzione del token nella blockchain del mittente e la creazione nella blockchain del destinatario. Essi forniscono una base per realizzare *exchange* decentralizzati *cross-chain*.

Vi sono molte ricerche e sperimentazioni sugli *exchange* decentralizzati. Nei prossimi anni, vedremo quali di queste idee verranno accettate dal mercato.

Prodotti e servizi

I prodotti e servizi offerti dagli *exchange*, decentralizzati o meno, sono simili.

- Tutti gli *exchange* offrono il *trading* "spot", tramite il quale potete cambiare immediatamente i token e gli asset in vostro possesso, ovvero nel vostro wallet o nel vostro conto.
- Molti *exchange* forniscono *trading* di *future*. È un metodo in cui la transazione si basa sul prezzo futuro di un token. Generalmente, esistono *future* a 1-giorno, 7-giorni, 30-giorni e così via e quando arriva una certa data, il prezzo corrente viene confrontato con il prezzo futuro.
- Per i token che non esistono ancora, alcuni *exchange* consentono di eseguire il *trading* di IOU (*I Owe yoU*). Poiché il token non è ancora stato emesso, è una specie di *future* basato sul futuro token. Per esempio, nei giorni che precedettero l'hard fork SegWit di Bitcoin, venivano scambiati sia i bitcoin standard sia i bitcoin SegWit, anche se questi ultimi non esistevano ancora.
- Alcuni *exchange* supportano il *margin trading*. In questo scenario, la quantità che può essere scambiata può essere maggiore di quella effettivamente disponibile. Se il *margin trading* è di 10 volte, il *trading* sarà di 10 bitcoin per ogni bitcoin. Pertanto, se c'è un incremento di prezzo del 10%, avrete un profitto del 100%. Naturalmente, si verifica anche l'opposto, se il prezzo cala.

Uno dei più interessanti "prodotti" offerti da molti *exchange* è un cripto-token specifico della piattaforma. Alcuni esempi sono BNB di Binance e HT di Huobi. Questi token vengono usati per incentivare gli utenti a cambiare la loro valuta e a richiamare altri utenti sull'*exchange*. Tipicamente forniscono sconti sulle commissioni di *trading*, bonus per "passaparola" e anche una quota dei profitti dell'*exchange*. Molti nella community, compresi i regolatori, considerano questi token simili ad azioni emesse dagli *exchange*, non esattamente token di servizio.

A parte i servizi di *trading*, alcuni *exchange* tentano anche di fornire servizi finanziari più tradizionali. Per esempio, gli *exchange* possono fornire servizi di custodia per aiutare nella gestione dei fondi. Coinbase è uno dei primi servizi legali di custodia. L'*exchange* può fungere da "banca" e prestare ai suoi utenti dei token, applicando un interesse. L'*exchange* può anche offrire agli investitori un portfolio di token come "fondo comune" o anche "fondo indicizzato".

Conclusioni

Gli *exchange* sono elementi critici dell'ecosistema dei cripto-token e spesso sono estremamente profittevoli per i loro operatori. La grande sfida, oggi, consiste nel garantire la sicurezza degli *exchange*, tramite il giusto livello di decentralizzazione e immaginare l'assetto in cui possono operare legalmente gli *exchange*.

Appendice A

Primi passi con CyberMiles

In questa appendice

- **Pubblicazione di un nodo**
- **Console interattiva nel nodo**
- **Conclusioni**

CyberMiles è una blockchain pubblica compatibile con Ethereum basata su consenso DPoS (*Delegated Proof-of-Stake*). Oltre ad apportare molte nuove funzionalità all'ecosistema Ethereum, può rappresentare anche un'alternativa molto più veloce, più economica e più affidabile alla blockchain Ethereum. Sulla blockchain CyberMiles possono operare senza modifiche tutti gli smart contract Ethereum. Inoltre, l'ecosistema CyberMiles offre strumenti di sviluppo di facile utilizzo migliori delle loro controparti Ethereum. Pertanto, CyberMiles rappresenta una buona scelta per imparare a usare il protocollo Ethereum e per iniziare lo sviluppo di applicazioni.
Se da un lato nella blockchain pubblica CyberMiles vi sono molti strumenti che permettono di iniziare rapidamente a creare smart contract Lity e a sviluppare DApp, per capire davvero come funziona la blockchain, dovreste gestire un nodo e sincronizzarlo con la rete blockchain. Il nodo può funzionare su un server o anche su un portatile, se necessario. In questa Appendice, vedremo come impiegare Docker per gestire un nodo CyberMiles e vedremo come interagire con il nodo tramite strumenti a riga di comando.

Pubblicazione di un nodo

Il modo più rapido per eseguire il deployment di un nodo CyberMiles consiste nell'impiegare Docker per avere il software più aggiornato del nodo e un'istantanea dell'ultimo blocco di dati. Le istruzioni seguenti spiegano come realizzare un nodo testnet CyberMiles. Innanzitutto, dovete installare il software Docker: `https://docs.docker.com/install`. L'immagine

Docker di Travis viene memorizzata in Docker Hub. L'ambiente Testnet impiega la release `vTestnet`, che può essere estratta automaticamente da Travis.

```
docker pull cybermiles/travis:vTestnet
```

Poi, scarichiamo la configurazione e i dati della blockchain in una directory locale, `$HOME/.travis`, che poi possiamo rendere accessibile a Docker. Ecco i file di configurazione:

```
$ rm -rf $HOME/.travis && mkdir -p $HOME/.travis/config
$ curl https://raw.githubusercontent.com/CyberMiles/testnet/master/travis/init/config/config.
toml > $HOME/.travis/config/config.toml
$ curl https://raw.githubusercontent.com/CyberMiles/testnet/master/travis/init/config/
genesis.json > $HOME/.travis/config/genesis.json
```

Dovete modificare il file `config.toml` per specificare il nome del vostro nodo.

```
$ vim ~/.travis/config/config.toml
# qui potete cambiare il nome
moniker = "<il_nome_del_vostro_nodo>"
```

Poi, scaricate l'ultimo blocco di dati:

```
$ wget $(curl -s http://s3-us-west-2.amazonaws.com/travis-ss-testnet/latest.html)
```

Estraete il file tar e copiate le subdirectory `data` e `vm` dalla directory espansa a `$HOME/.travis`. Infine, avviate Docker associando la directory `$HOME/.travis` del computer locale alla directory `/travis` di Docker.

```
$ docker run --name travis -v $HOME/.travis:/travis -t -p 26657:26657 cybermiles/
travis:vTestnet node start --home /travis
```

Potete lanciare un nodo mainnet CyberMiles impiegando una sequenza di operazioni molto simile. L'unica differenza è rappresentata dagli URL di download della configurazione e del blocco dati. Ulteriori informazioni in `https://travis.readthedocs.io/en/latest/connect-mainnet.html`.

Console interattiva nel nodo

Una volta che un nodo CyberMiles è sincronizzato con la blockchain, potete usare il programma Travis per connettervi a esso e inviare comandi per interagire con la rete. Tutto ciò che dovete fare è connettere Travis al nodo. Il comando seguente deve essere eseguito sullo stesso computer di Docker.

```
$ docker exec -it travis bash
> ./travis attach http://localhost:8545
```

NOTA

Assicuratevi di non esporre mai la porta 8545 del firewall quando avete attivato il modulo personal. Se lo farete, darete agli hacker la possibilità di sottrarvi tutte le criptovalute del nodo.

Travis apre una console interattiva nel nuovo terminale e potete usare l'API JavaScript `web3-cmt` per accedere alla blockchain. Per esempio, i seguenti comandi creeranno su questa rete un nuovo conto di criptovaluta. Ripeteteli alcune volte e nella lista `cmt.accounts` compariranno alcuni conti. Come abbiamo visto in precedenza, ogni conto è costituito da una coppia di chiavi, una pubblica e l'altra privata. Solo la chiave pubblica viene registrata nella blockchain, in ogni transazione che coinvolge questo conto.

```
> personal.newAccount()
Passphrase:
Repeat passphrase:
"0x7631a9f5b7af9705eb7ce0679022d8174ae51ce0"
> cmt.accounts
["0x7631a9f5b7af9705eb7ce0679022d8174ae51ce0", ...]
```

Quando create o sbloccate dei conti dalla console Travis, la chiave privata del conto viene memorizzata nel file `keystore`, nel file system del nodo. Poi, potete inviare alcuni CMT da un conto all'altro. O, se il vostro nodo è sulla testnet, potete ottenere alcuni CMT testnet dal *faucet* `https://travis-faucet.cybermiles.io`.

```
> personal.unlockAccount("0x7631a9f5b7af9705eb7ce0679022d8174ae51ce0")
Unlock account 0x7631a9f5b7af9705eb7ce0679022d8174ae51ce0
Passphrase:
true
> cmt.sendTransaction({from:"0x7631a9f5b7af9705eb7ce0679022d8174ae51ce0", to:"0xfa9ee3557ba75
72eb9ee2b96b12baa65f4d2ed8b", value: web3.toWei(0.05, "cmt")})
"0xf63cae7598583491f0c9074c8e1415673f6a7382b1c57cc9b06cc77032f80ed3"
```

L'ultima riga riporta l'ID della transazione per inviare 0,05 CMT da un conto all'altro. Nel prossimo esempio, vedremo come realizzare e pubblicare uno smart contract e poi richiamare la sua funzione.

Per compilare uno smart contract dal codice sorgente, potete impiegare l'IDE Europa. Oppure potete usare il compilatore a riga di comando `lityc`, che fornisce funzionalità più avanzate di Europa, come la sicurezza e le verifiche di conformità (vedete il Capitolo 15). L'obiettivo è lo stesso: generare l'ABI e il bytecode dal codice sorgente Lity/Solidity in modo che possano essere pubblicati nella blockchain. Qui sotto potete vedere come impiegare `lityc` per questo scopo. Potete installare `lityc` seguendo le istruzioni fornite qui: `https://lity.readthedocs.io`. I seguenti comandi generano il bytecode e l'ABI dal codice sorgente `HelloWorld.lity`.

```
$ lityc --bin HelloWorld.lity
======= ./HelloWorld.lity:HelloWorld =======
Binary:
608060405234...

$ lityc --abi HelloWorld.lity
======= ./HelloWorld.lity:HelloWorld =======
Contract JSON ABI
[ { "constant": false, "inputs": [], "name": "kill", "outputs": [], "payable": false,
"stateMutability": "nonpayable", "type": "function" }, { "constant": false, "inputs": [ {
"name": "_new_msg", "type": "string" } ], "name": "updateMessage", "outputs": [], "payable":
```

```
false, "stateMutability": "nonpayable", "type": "function" }, { "inputs": [], "payable":
false, "stateMutability": "nonpayable", "type": "constructor" }, { "constant": true,
"inputs": [], "name": "owner", "outputs": [ { "name": "", "type": "address" } ], "payable":
false, "stateMutability": "view", "type": "function" }, { "constant": true, "inputs": [],
"name": "sayHello", "outputs": [ { "name": "", "type": "string" } ], "payable": false,
"stateMutability": "view", "type": "function" } ]
```

Sulla console Travis, ora potete pubblicare sulla blockchain CyberMiles il bytecode e l'ABI del contratto.

```
> personal.unlockAccount(cmt.accounts[0],'1234');
> bytecode="0x608060..."
> abi = ... the ABI output ...
> contract = web3.cmt.contract(abi);
> contractInstance = contract.new(
  {
    from: web3.cmt.accounts[0],
    data: bytecode,
    gas: "4700000"
  },
  function(e, contract) {
    console.log("contract address: " + contract.address);
    console.log("transactionHash: " + contract.transactionHash);
  }
);
```

Una volta che il contratto è pubblicato e che avete ricevuto la conferma dalla blockchain, vedrete sulla console l'indirizzo del contratto. Ora potete richiamare le sue funzioni.

```
> contractInstance.sayHello.call({from: cmt.accounts[0]})
Hello World
> contractInstance.updateMessage.call("Hi", {from: cmt.accounts[0]})
```

Alternativamente, potete ottenere l'istanza del contratto dall'indirizzo di deployment e poi richiamare le sue funzioni.

```
> contractInstance = web3.cmt.contract(abi).at("0x1234ABCD...");
```

La console Travis fornisce un accesso affidabile e interattivo alla blockchain CyberMiles. Vi consigliamo di impararne il funzionamento e poi di utilizzarla per esplorare la blockchain.

Conclusioni

La blockchain CyberMiles è ottimizzata per applicazioni di e-commerce. È pienamente compatibile con la blockchain Ethereum, ma è molto più veloce, economica e sicura. Offre un intero pacchetto di strumenti di sviluppo e *deployment*, con lo scopo di facilitare lo sviluppo di smart contract e DApp. Pertanto, la blockchain CyberMiles rappresenta un'eccellente alternativa per iniziare e affinarsi nello sviluppo di applicazioni Ethereum.

Indice analitico

H

I

J

K

L

M

N

O

P

R

S